吉林大學中國古文字研究中心
Research Center of Chinese Paleography of Jilin University

古文字與中華文明傳承發展工程

古文字與出土文獻

青年學者論壇（2019）論文集

吉林大學中國古文字研究中心 編

本書獲得教育部、國家語委的資助

本書出版得到"古文字與中華文明傳承發展工程"支持

目　録

"酉"字兩系説

程　浩

（清華大學出土文獻研究與保護中心）

在過去的認識中，"酉"在商周的文字資料中出現次數較多，結構也比較穩定，如甲骨文中的"酉"字寫作如下等形：

A. 　（《合集》22016）　　　（《合集》30973）　　　（《花東》34）

B. 　（《合集》22546）　　　（《合集》30975）　　　（《花東》161）

C. 　（《合集》22323）　　　（《合集》32686）　　　（《花東》291）

D. 　（《合集》22228）

A 是酒器的象形。B 在 A 的基礎上加點爲飾，或以爲象酒在器中之形，也有學者認爲乃是"釀秬爲酒"之意。[1] C 的下部以十字形代替了 A、B 中的圈足，這種特殊寫法的"酉"多見於午組、婦女、花東子卜辭等。由於形體上極爲近似，此式的"酉"字時常被誤釋爲"𪄕（擒）"。對於學界早期在此字釋讀方面的失誤，近年來蔣玉斌、葛亮、王子楊等先生均已作了詳細的辨析。[2] 從《合集》22258"祼酉"、30244"百酉"等辭例來看，這類十字圈足的 C 還應是"酉"字。至於這類寫法出現的原因，黄天樹先生認爲是一種流行於武丁中、晚期之交的書寫習慣。[3] 如果從甲骨文中常見的"禽"與"酉"字形相近這點出發進行

---

① 説均見于省吾主編：《甲骨文字詁林》，中華書局，1999 年，第 2830—2832 頁。

② 蔣玉斌：《殷墟子卜辭的整理與研究》，吉林大學博士學位論文，2006 年，第 28 頁；葛亮：《甲骨文田獵動詞研究》，《出土文獻與古文字研究》第 5 輯，上海古籍出版社，2013 年，第 131—142 頁；王子楊：《甲骨文字形類組差異現象研究》，中西書局，2013 年，第 183—184 頁。

③ 黄天樹：《黄天樹古文字論集》，學苑出版社，2006 年，第 147 頁。

考慮,也不能排除"鬯"字的這類寫法乃是受"禽"字影響的可能。D見於圓體類卜辭,與同組類的"其"形體不同,從辭例來看應是"鬯"字。① 該式省去了盛酒之器的圈足,是甲骨文"鬯"字的最簡形體,但是由於組類比較特殊,出現的頻率也較低,並不具有典型意義。

西周金文中的"鬯"字作:

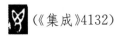(《集成》4132) 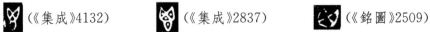(《集成》2837) (《銘圖》2509)

其結構較之A、B、D等並没有發生太大變化。目前所見商代與西周時期的"鬯"字,基本上都是這種象酒器之形的一般形體。學界對此字的理解,也大致停留在獨體象形的層面上。

值得注意的是,這類寫法的"鬯"截至目前在東周時期的古文字資料中幾乎没有出現過。這種現象對於早期社會中常用的祭祀用品"鬯"來說,無疑是十分費解的。究竟此時確實没有"鬯"字行世,亦或此字還有其他形體,一直是一個懸而未決的疑難問題。

隨着近年戰國簡帛的大量湧現,這一問題的解決迎來了新的契機。收入清華簡第九輯整理報告的《禱辭》篇,有一個字出現了多次,兹將其字形與辭例列示於下(釋文用寬式,下同):

a. 余敢獻 与 與龜(清華簡《禱辭》簡6)

　　曾孫某敢用鮮 与（清華簡《禱辭》簡17)

　　吾使君 与 食(清華簡《禱辭》簡21)

　　余使君 与 食(清華簡《禱辭》簡23)

此字雖屬楚文字首見,但在簡文中的辭例却十分顯豁。從簡文將其與龜、食連用並以"鮮"修飾來看,整理報告將其釋爲"鬯"的省體應該没有太大問題。然而與前文所舉甲骨金文中的標準寫法比觀,我們會發現《禱辭》中的這個"鬯"字在形體上顯然是有一定差異的。

實際上,先期公布的清華簡《封許之命》中,就已經出現了類似寫法的"鬯"字:

b. 𢍰 (清華簡《封許之命》簡5)

---

① 王子楊:《甲骨文字形類組差異現象研究》,中西書局,2013年,第79頁。

其辭例爲"錫汝蒼珪，秬一卣"，"秬卿一卣"作爲賞賜物在金文中屢見不鮮，因而《封許之命》中的這個字讀爲"卿"可以説是毫無疑問的。但是過去的論者往往把這類形體與"兇""恩"等字混淆在一起，遂導致該篇公布後仍有學者將 b 之讀"卿"視作訛字或者假借。現在有了《禱辭》中 a 式的"卿"字以資參照，可知《封許之命》中的 b 與 a 乃是一繁一簡的關係，均應直接釋爲"卿"。與《禱辭》同在第九輯的《治政之道》有"沉□珪璧、犧牷、饋卿，以祈其多福"等語，其"卿"字寫作，字形雖稍有漫漶，但構形與 b 式基本無異。

　　明確了這類形體的字是"卿"而非"兇"或"恩"後，楚文字中一系列與之相關的字便可隨之確釋或改釋：

　　c. 蔑師見，毀折戮殘，唯災作彰，象彼獸鼠（上博簡《融師有成氏》簡 6）

　　d.《鵲巢》之歸，則者……（上博簡《孔子詩論》簡 11）

　　e.《鵲巢》出以百兩，不亦有乎（上博簡《孔子詩論》簡 13）

　　f. 其所愛，必曰吾奚舍之（上博簡《孔子詩論》簡 27）

　　g. 吁（左塚漆梮）

《融師有成氏》中的 c 過去都釋"兇"，由於文意不甚明了，並沒有引起太多懷疑。但是該篇簡文通篇都是四字韻文，如果這裏按東部的"兇"來讀，則與陽部的"彰"、魚部的"鼠"無法相諧。在我們看來，此字仍應釋爲"卿"，與句中的"彰"同屬陽部，與"鼠"是魚陽對轉的關係。考慮到卿常可與易聲字相通，如馬王堆帛書《六十四卦》便將《周易》震卦的"匕卿"寫作"匕觴"，我們傾向於將句中的"卿"字讀爲"傷"。"蔑師見傷"是説蔑師被擊傷，文意可與後句中表示打擊義的"毀折戮殘"[1]相銜接。簡文之後又講蔑師"唯災作彰，象彼獸鼠，有足而縛，有手而梏"，或許就是受傷被俘所致。

　　見於《孔子詩論》的 d、e、f 三式皆從"辵"，何琳儀先生最早將其聲符釋爲"卿"。[2] 由於之前對此類形體的"卿"字没有很好的認識，何先生的説法一直未能得到應有的重視。現在看來，這個字聲符的上部無論是作丨、丰、十哪種寫法，都是與 b、c 一脉相承的，皆應釋"卿"。至於此字在簡文中的讀法，何先生認爲讀"蕩"，似乎不如直接讀爲"暢"好。

---

① 此四字從禤健聰先生讀，見禤健聰：《戰國竹書〈融師有成〉校釋》，《廣東教育學院學報》2008 年第 4 期。

② 何琳儀：《滬簡〈詩論〉選釋》，上海大學古代文明研究中心、清華大學思想文化研究所編：《上博館藏戰國楚竹書研究》，上海書店出版社，2002 年，第 248 頁。

在古書中,"暢"是"鬯"的常訓,《禮記·曲禮下》"天子鬯",《春秋繁露·執贄》作"天子用暢",《漢書·郊祀志》"草木鬯茂",顏師古注云:"與暢同。"d、e 所在的《孔子詩論》簡 11、簡 13 説解的是《詩經·召南·鵲巢》篇,該篇的主旨是"之子于歸",也就是諸侯嫁女。簡文"《鵲巢》之歸,則暢者""《鵲巢》出以百兩,不亦有暢乎",描繪的都是婚嫁時的歡暢氣氛。至於簡 27 的"暢其所愛","暢"有舒展、表達之義,大致可以理解爲盡展心中所愛。

　　g 見於荆州出土的左塚漆梮,其字形可以分析爲 a 累增"心"旁,姑且寬式隸定爲"悵"。此字在漆梮中與"吁"聯寫,相同情況的還有"智疏""恭訢""聖裕"等,一般認爲在字義上應當有一定的關聯。從"智"與"疏"的情況來看,這四組雙字兩兩之間很可能是反義詞的關係。"訢"可通"殄",上博簡《吴命》"懿絶我二邑之好","懿"即讀"殄"。[1] "恭殄",是順服與顛覆相對。"裕"可通"俗",嶽麓秦簡《爲吏治官及黔首》"寬俗忠信"中的"俗"即讀"裕"。"聖俗",是聰明與平庸相對。再回過頭來看"吁悵"。"吁"有憂愁之義,《詩經·周南·卷耳》"云何吁矣",毛傳:"吁,憂也。"如果把"悵"按照常例讀爲"暢",與"吁"將是很好的對應關係。

　　以上與"鬯"字有關的 c、d、e、f、g 諸式,學界過去之所以會將其與"兇""惥"等混淆,確是由於形體相近不易分辨。但是細審明確釋爲"鬯"的這些字,我們可以發現其與"兇"還是有着顯著區別的:戰國楚文字中的"鬯",上部均有︳、ㅓ、十 等筆,而"兇"皆無。此類筆畫的有無,是判別楚文字"鬯"的基本依據。[2] 至於這些筆畫之於"鬯"字的構字功能,何琳儀先生曾推測它們是飾筆或者"形聲標音",[3]金宇祥先生則認爲是一種專門的"區別符號"。[4] 但是結合這類形體在早期文字中的寫法來看,它們在"鬯"字的構形中最初還是作爲部首使用的,很有可能是"匕"的訛變。

　　楚文字中往往保留着一些其他區系文字已經失傳的早期形體。甲骨文中有這樣一些字形就與楚文字中的這類"鬯"字有關:

h. (《合集》32849)　　　　　　　(《合集》9226 反)

① 復旦大學出土文獻與古文字研究中心研究生讀書會:《〈上博七·吳命〉校讀》,復旦大學出土文獻與古文字研究中心網站,2008 年 12 月 30 日。

② 程燕先生已經先於筆者認識到這一點,她指出:"上面有︳、ㅓ、十 的看來都應該釋作'鬯'。"見程燕:《清華五劄記》,武漢大學簡帛網,2015 年 4 月 10 日。

③ 何琳儀:《滬簡〈詩論〉選釋》,上海大學古代文明研究中心、清華大學思想文化研究所編:《上博館藏戰國楚竹書研究》,上海書店出版社,2002 年,第 248 頁。

④ 金宇祥:《〈清華五·封許之命〉"鬯"字芻議》,復旦大學出土文獻與古文字研究中心網站,2015 年 8 月 5 日。

i. ꗭ(《合集》261)　　ꗭ(《合集》32854)

j. ꗭ(《懷》1571)　　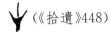(《合集》31999)

k. ꗭ(《拾遺》448)　　ꗭ(《拾遺》448)

以 h、i 爲主要形體的這組字大量出現於賓組與歷組,在卜辭中皆用作人名。過去由於把此字的下部誤識爲"卑",有"羅""畢"等多種釋法。① 裘錫圭先生在其《論"歷組卜辭"的時代》一文的一條注釋中説到:"人名'卣'从'匕'从'凶'。字或从'卑',實非'罕'字,而爲'凶'之異體。"②正確指出此字从"卣"。最近王子楊先生又專門對這類字形進行了梳理。③ 從現在的認識來看,此字下部所从即爲前文所列示的 A、C 兩式的"卣",應無太大問題。

至於上部所从的"匕"應該如何分析,由於此字在甲骨文中是人名專用字,音、義皆不可知,不能僅圍於卜辭。實際上,"匕"作爲一種把取器,與存放"卣"的酒器關係密切,"匕"在"卣"字構形中的作用是值得特別注意的。《周易・震卦》有"震驚百里,不喪匕卣",即將匕卣連用。考古發掘中商周時期的匕往往附於容器出土,如陝西永壽發現的西周晚期銅匕出土時置於鼎中;寶雞福臨堡春秋中期秦墓出土的甗,器中置有一銅匕;湖北隨州曾侯乙墓出土的戰國早期升鼎與鬲皆附有匕。④ 這種現象提醒我們,"匕"很有可能與盛放"卣"的酒器一樣,是參與了"卣"字構形的。沿着這條思路,我們大膽猜想从"匕"的這類"卣"字的造字本義乃是用匕從酒器中盛酒的會意。考慮到"匕"在日常使用中的功能,將其構形理解爲用匕搗舂、攪拌穀物以釀酒亦無不可。需要特別注意的是,作爲會意字的這類从"匕"的"卣"字,中部的酒器之形中從不加點,與本文開篇所討論的B、C 等式以點象器中之酒的構字理據完全不同,應視作兩種各自獨立的演變系列。

上舉甲骨文中的 j、k,從辭例來看與 h 當爲同一人,説明三式均是一字之異體。較之於 h、j 的下部首先是省略了圈足之形,又將器身上的紋飾省略爲素地,使得其與"心"有幾分近似。而見於《殷墟甲骨拾遺》新收歷組刻辭的 k 式,其人名用字則是在 h 的基礎上將"匕"省作了一竪筆。實際上,上舉 h 式在歷組有 ꗭ、ꗭ(《屯》9、636)等寫法,上

① 于省吾主編:《甲骨文字詁林》,中華書局,1996 年,第 2822—2824 頁。

② 裘錫圭:《論"歷組卜辭"的時代》,《裘錫圭學術文集・甲骨文卷》,復旦大學出版社,2012 年,第 105 頁。

③ 王子楊:《甲骨文字形類組差異現象研究》,中西書局,2013 年,第 353—354 頁。

④ 陝西省文物管理委員會:《陝西省永壽縣、武功縣出土西周銅器》,《文物》1964 年第 7 期;隨縣擂鼓墩一號墓考古發掘隊:《湖北隨縣曾侯乙墓發掘簡報》,《文物》1979 年第 7 期;中國科學院考古研究所寶雞發掘隊:《陝西寶雞福臨堡東周墓葬發掘記》,《考古》1963 年第 10 期。

部的"匕"軀幹平直,已經有了向竪筆過渡的傾向。到了 k 式,其上部則完全寫成了直綫。在商代文字系統中,多有將"人"或"匕"之類的偏旁刻寫成類似直綫的習慣,如"役"字就有把"人"省作竪筆的形體(《合集》32176)。①

如果説甲骨資料中此字所在的辭例過於簡略,釋"暢"尚有疑問之處,春秋晚期的邵黛鐘多次出現的一個字形則可明確視爲此類形體演進序列的中間環節。邵黛鐘共傳世十三件,其中的"暢"字清晰可辨識者有以下幾種寫法:

l. 　　　　　　　

m.

l式出現的次數最多,上部顯然是從"匕"的,形體基本承繼了甲骨文的 h 式。見於同組同銘的 m,上部的"匕"即寫作 ￪ 形,②與上舉《拾遺》448 的形體基本一致。鐘銘中的這個字,從其辭例"既伸暢虔"來看,釋"暢"讀"暢"問題是不大的。③ 藉由此例,便可以反推甲骨文中 h、i、j 等從"匕"的字就是"暢"字無疑。如此,戰國文字中"暢"上部所從的 ￪、￪、十 等,也原應如 h、i、j 般作"匕"。

以上對這類"暢"字的釋讀主要是從文意出發,並没有對每式進行詳細的字形分析。接下來,我們將專門討論一下這類形體字形演變的情況。爲了方便説明,兹將從"匕"一系"暢"字的演進序列製表如下:

商　　代	春　　秋	戰　　　　國
h. ![]	l. ![]	
i. ![]		
j. ![]		

① 劉釗:《釋甲骨文中的"役"字》,《出土文獻與古文字研究》第 6 輯,上海古籍出版社,2015 年,第 36—37 頁。

② 此形拓本稍嫌模糊,裘錫圭先生文後附陳劍先生意見認爲其上部仍是"匕"的殘泐。

③ 裘錫圭先生曾將此字釋爲"恩",後來又聽取陳劍先生的意見放棄了這一説法。見裘錫圭:《釋古文字中的有些"恩"字和從"恩"、從"兇"之字》,《裘錫圭學術文集·金文及其他古文字卷》,復旦大學出版社,2012 年,第 462—463 頁。

續　表

商　代	春　秋	戰　國		
k.	m.	e.	b.	a. g.
		d.	c.	
		f.		

在商代，這一系的"酓"字主要見於武丁時期的賓組、出組、歷組等卜辭，以上部從"匕"下部爲圈足酒器的 h 爲基本形體。受類組的書寫習慣等因素的影響，下部的圈足有時候會寫成十字形，即 i 式所作。在同組卜辭中，有一些寫法把 h 的圈足與器身的紋飾省略，便寫作了 j。而 h 式的上部由"匕"訛作，就成了 k 所從之形。整個西周時期，這一系的"酓"字都沒有出現過。直到春秋晚期，邵黛鐘的 l 繼承了 h 的形體，並且同銘器中就有把上部的"匕"寫作的異體 m。戰國時期的 e、d、f 是一組異文，其中 d 的聲符即春秋晚期的 m。至於 e、f 上部作十、而 d 作，都是字形演變過程中的常見現象，①其例不勝枚舉。

b 較之 e 以及 c 較之 d 的區别在於下部的圈足之形"∪"變爲了"∠"。如果我們仔細觀察與 d、e 同見於《孔子詩論》的 f，會發現其下部也已經由"∪"變爲"∠"了。在楚文字中，類似圈足的"∪"演變爲"∠"的情況比比皆是，如"叀"旁、"皀"旁、"食"旁等都發生了這種變化。② 有趣的是，在 b 的基礎上，a 式以及 g 之所從乾脆將下部的"∠"省去，它的形體反而更趨近於商代的 j、k 兩式。實際上，器底省去圈足之形的做法在古文字的發展演變中並不鮮見，除了另外一系"酓"字的 D 式外，許多從"皿"的字都有此類省體。

總結這一系"酓"字的構形特點，首先是上部一定從"匕"。"匕"雖然在後期逐漸演變爲、、十 等，却是必不可少的部件。再者，是這一系"酓"字中間皆不加點。凡是加點的，均是商西周流行的獨體象形的另一系"酓"字。

綜上可知，"酓"字在先秦時期的發展演變出現了兩條基本平行的脈絡。根據上部

① 唐蘭：《古文字學導論》，上海古籍出版社，2016 年，第 227—228 頁。

② 裘錫圭：《釋古文字中的有些"悤"字和從"悤"、從"兇"之字》，《裘錫圭學術文集·金文及其他古文字卷》，復旦大學出版社，2012 年，第 462 頁。

"匕"與中部小點的有無,可以大致將其劃分爲兩系:一系是象器中之酒的象形字,這類"鬯"字曾在甲骨與西周金文中廣泛使用,但到東周之後就基本消亡了。另一系是用匕盛酒或釀酒的會意字,這一類从"匕"的"鬯"字起源於武丁時期的歷組、賓組卜辭,在西周時期蟄伏了很久,直到春秋晚期至戰國時期才開始大行其道,並最終後來居上取而代之。

　　附記:新綴清華簡《封許之命》簡 4 中出現了一個上部从"匕"的"鬯"字 ,形體結構與甲骨文的 h 以及春秋金文的 l 基本相同。此形與上部从 |、|、十 的一類形體在戰國時期同時行用,可以很好地證明 |、|、十 即是由"匕"演變而來的,亦可側面印證我們對此系"鬯"字造字本義的相關推測。

本文原刊《中國語文》2020 年第 5 期

論一版新見無名類卜辭中的"作冊般"

孫亞冰

（中國社會科學院古代史研究所）

安陽民間藏有一版無名類卜骨，這版卜骨爲右胛骨（臼角在右），現存部分屬骨面和對邊下部，有兩條殘辭（參下圖），内容如下：

(1) ☑叀作册般戠？耤☑。大吉。

(2) ☑每。

卜辭字數不多，典型字有"叀""作""吉""每"，分別寫作：

按照馬智忠先生對無名類卜辭的分類,①這版甲骨的字體最接近於他分的無名二 B 類。無名二 B 類的時代,馬先生定在"康丁中期—武乙前期"。

這版卜骨的重要之處是出現了人名"作册般",宋鎮豪先生看到這版甲骨後,很興奮,寫了一段跋文,如下:

> 叀乍册般芳耤。大吉。
>
> ……母……
>
> 芳爲田間除雜草,耤謂耕耘。乍册般,人名,見諸帝乙帝辛時青銅器銘(集成 2771、944、9299)及國博 2003 年入藏之乍册般銅黿銘。由此片知乍册般不唯史官,亦指掌農事也。又耤下似有字,惜磨蝕耳。
>
> 2017 年 2 月 23 日晚十時

在這段跋文中,宋先生將作册般與殷末銅器銘文中著名的作册般聯繫了起來,並將作册一職的司掌擴大到農事領域,這些見解都很有啓發性。

"作册般"下一字,宋先生釋作"芳",此字所在處骨皮剝落,筆畫很不清晰。從放大照片看(下圖左),可以肯定此字從四個"屮",有疑問的是中間部分。中間部分上面兩竪明顯斷開,恐非"乃"旁,中間部分下部似從"又",上部隱隱約約有一個"目"旁,因此,筆者懷疑此字可能是無名類常見的"枚"字的繁體"𢿃"。"𢿃",一般從兩"木"或"屮"(李宗焜《甲骨文字編》第 609—610 頁),也有從四"木"的,如《合》28320(下圖右),"木""屮"在作表意偏旁時,可以通用。

合 28320

"枚"字爲"散"字所從。裘錫圭先生認爲"枚"的本義是芟除草木,"𢿃"字從"庐",大概跟枚除草木之事往往在山麓進行有關,並認爲"枚"(包括"𢿃")"從表面上看好像只是一種獵獸的方法,實際上恐怕跟'焚'一樣,不但客觀上爲開闢農田作了準備,而且有時可能主要就是爲開闢農田而進行的,捕獲野獸只是附帶的收穫"。另外,金文"𣀈"也是"散"的繁體,"'枚'或加'田'跟'農'或加'田'同例。這正是'枚'跟農業有密切關係的反映"。② 晚商時期,田獵與農業有密切關係,以前只是從文字、地名的角度或結合後世文獻和民族學材料進行推論,很少見到直接證據,新發現的這版卜骨上"𢿃"後緊接着是

---

① 馬智忠:《殷墟無名類卜辭的整理與研究》,吉林大學博士學位論文,2018 年。

② 裘錫圭:《甲骨文中所見的商代農業》,《裘錫圭學術文集·甲骨文卷》,復旦大學出版社 2012 年,第 251—253 頁。

"耤","耤"是耕種的意思,①芟除草木之後,就要耕種,是獵獸方法"椒"與農業有關係的直接證據。

再説"作册般",正如宋先生所説,還見於殷末銅器銘文:

A. 王宜夷方無枚,咸,王商作册般貝,用作父己障。來册。

作册般甗(《集成》944,下圖 1)

B. 丙申,王逡②于洹,獲。王一射,贊射三,率無廢矢。王令寢馗既于作册般,
曰:"奏于庸,作女寶。"

作册般銅黿(下圖 2)

C. 王令般既米于蠤③丂④ 囷,囷用賓父己。來。

蠤丂 囷甑(《集成》9299,下圖 3)

D. 癸亥,王逡于作册般新宗,王商作册豐貝,大子賜東 大 貝,用作父己寶障。

作册般鼎(《集成》2711,下圖 4)

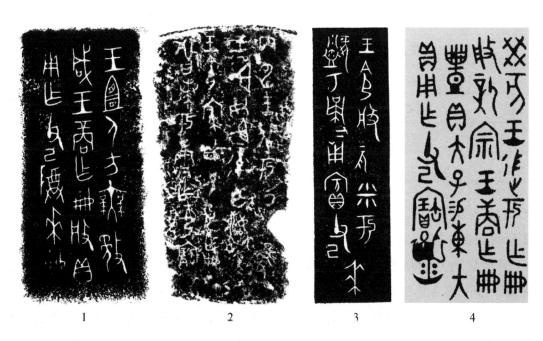

1　　　　　　2　　　　　　3　　　　　　4

"作册般"中的"般"是私名還是族名？A 銘末尾綴族徽"來册",説明器主"作册般"出自該族,商金文中類似的例子,又如《集成》5414 的器主"作册睪"來自"亞獏"族,而西

---

① 裘錫圭:《甲骨文中所見的商代農業》,《裘錫圭學術文集·甲骨文卷》,復旦大學出版社,2012 年,第 264—266 頁。

② 此字陳劍釋爲"遊",參《甲骨金文用爲"遊"之字補説》,《出土文獻與古文字研究》第 8 輯,上海古籍出版社,2019 年。

③ 此字當釋爲"盗"。

④ 此字當釋爲"易",參李春桃:《甲骨文中"丂"字新釋》,《甲骨文與殷商史》新 10 輯,上海古籍出版社,2020 年。

周時期的“作册”後也多爲私名，由此推測，此類稱呼應該是“官職名＋私名”。

C的器主是“𪊶丂🀄”，“般”受王命將米貺賜給“𪊶丂🀄”，“𪊶丂🀄”與“作册般”一樣出自“來”族，也都爲“父己”作器，“𪊶丂🀄”可能是“般”的弟弟。

D銘文云“王迺于作册般新宗”，説明此時“作册般”很可能已經去世，並爲他立了新的宗廟，器主作册豐也是爲父己作器，他很可能也是“作册般”的弟弟。[1] 作册般兄弟二人同爲作册官，與《左傳》襄公二十五年書寫“崔杼弒其君”的大史兄弟三人同爲大史類似。

以上四器，學者多認爲是帝乙、帝辛時銅器，“作册般”或“般”同爲一人，[2]這些意見應該都是正確的。如果無名類卜辭中的“作册般”也是這個人，我們可以推測一下他的大概年齡。根據“夏商周斷代工程”的年表，祖庚—帝辛的在位年數如下表：

商　　王	在位年數
祖庚、祖甲、廩辛、康丁	44
武乙	35
文丁	11
帝乙	26
帝辛	30

“作册般”在康丁—武乙前期已任“作册”一職，根據古代男子二十而冠，行冠禮之後表示成人，才可以任職的説法，此時“作册般”應當不小於 20 歲，若把這版卜辭按武乙前期計算，“作册般”至少要歷經武乙 20 年、文丁 11 年、帝乙 26 年，到帝辛初年時已經不小於 78 歲了，到帝辛十年征夷方時（參 A 銘）則不小於 87 歲。“作册般”去世時的年齡不確定，但作爲四朝元老，他應該很受商王器重，重要事情商王都會想到他，在他去世後，商王還親自前往其宗廟。B 器“作册般銅黿”記載的射禮中，有學者推測作册般可能是贊射者，[3]考慮到作册般當時的年齡，恐未然。以上推測的前提是，卜辭和銅器銘文中的“作册般”是同一個人，當然他們也有可能是同名。不過，同名又同爲作册官，時代又接

---

① 可參朱鳳瀚：《作册般黿探析》，《中國歷史文物》2005 年第 1 期。

② 可參李學勤：《作册般銅黿考釋》，《中國歷史文物》2005 年第 1 期；嚴志斌：《商代青銅器銘文研究》，上海古籍出版社，2013 年。

③ 李凱：《試論作册般黿與晚商射禮》，《中原文物》2007 年第 3 期。

近,則較爲少見。卜辭中名字叫"般"的較多,如:見於賓組、出組、歷類的"師般"或"般",見於無名類的"亞般"(《合》27938,無二 B)、"瞽般"(《合》27742＋27740＋27736,黄天樹、蔣玉斌綴,歷無間類)。"師般"時代較早,[①]與"作册般"顯非一人。"瞽般"的時代在祖甲—康丁,與"作册般"官職、時代不同,恐非一人;"亞般"與"作册般"時代相同,但官職不同,亦恐非一人。再者,我們推測的年齡也在合理範圍内,所以將"作册般"視作同一個人未嘗不可,但最重要的是,它提醒我們,根據人名斷代,要注意人的年齡問題,同一個人可以跨多個王世,同一個人的卜辭不一定都屬同一個王世。

"作册般"所出的"來"族,在商代也頗爲活躍,武丁祖庚時期的"婦𡚱"或出自該族(《合》13716、14017),銅器族徽銘文中的"𣏟"、"來盾"(參下圖,號碼爲《集成》編號)也可能是"來"族或"來"的分族。甲骨文中的地名"來"(《合》20907、《甲骨綴合集》25)或許是"來"族居地,另外黄類卜辭中還有一個地名"𡚱"(《合》36947、36948、36953),不知是否與婦𡚱有關。

1619　　　　10686

7027、7028

附記:本文原刊於《古文字研究》第 33 輯,中華書局,2020 年,現内容略有增加。

---

① 關於"師般",可參張惟捷:《晚商人物"師般"史迹考述》,《甲骨文與殷商史》新 8 輯,上海古籍出版社,2018 年。

甲骨金文舊釋"競"的部分之字當改釋爲"麗"

王子楊

（清華大學出土文獻研究與保護中心）

甲骨文過去釋作"競"的字，一般有以下三種代表寫法（爲了排版便利，僅列典型形體作爲代表）：

A				
		𫞩		
B	B1	B2	B3	更多形體請參看劉釗主編《新甲骨文編》第 138、569 頁，李宗焜編著《甲骨文字編》第 47 頁。
	𦋺、𦋺	𦋺、𦋺	𦋺、𦋺	
C	C1	C2	C3	
	𦋺	𦋺	𦋺	

關於 A、B、C 三種形體，有些學者認爲是一字異體，都釋作"競"。[①] 比如王蘊智先生説："甲骨文競字多寫作 𦋺、𦋺、𦋺、𦋺、𦋺 諸形，其正寫反寫無別，所以二辛（本作 𛀀）的上下部位常再羨加對稱的橫筆以作繁飾。除這樣的特徵字形之外，商代甲金文中還有幾種競字的異文寫法。一種是寫作 𦋺，此乃將競字上部所從之辛形簡省作一

橫筆所致。二是寫作 ，此則將競字下部的兩個側面人形變寫成正面的大字形。三是將 、 這樣的左右重複結構省寫其一半，字形簡作 、 之形，或有再將辛形復加口旁而寫作 者，此即成爲後來與競字同源的幾個字的構形基礎。"①可見，王先生認爲 A、B、C 是一字的不同寫法。當前影響最大的兩部甲骨文字編也持這樣的看法。李宗焜先生編著的《甲骨文字編》將 A、B、C 都收在 0138 號"競"字頭下。② 劉釗先生主編的《新甲骨文編》初版也把三者置於"競"字頭下，③後來的修訂版把上引 C 組形體改釋作"麗"，跟" "類形體置於一處，共用"麗"字頭，④釋讀意見發生了改變。翻檢各種甲骨文釋文類工具書，不少編者都把上述形體隸釋作"競"。因此，把 A、B、C（尤其是 A、B）釋作"競"是比較流行的意見。⑤

　　但也有一些工具書，把 C 類形體跟 A、B 予以區分，單獨隸定作"兀"。《甲骨文字字釋綜覽》把 C 編爲 1059 號，放在第八卷，而把 B 類形體編爲 0282 號，放在第三卷。⑥《甲骨文字詁林》把 C 編爲 0068 號，未作隸定，但跟 A、B 分開排列。⑦《甲骨文字形表（增訂版）》把 C 列爲 0103 號，與"兀"等視作一字異體，而不與 A、B 並列。⑧ 等等。如果翻檢《甲骨文合集釋文》《甲骨文校釋總集》《殷墟甲骨文摹釋全編》等，對上述三種字形的處理更爲分歧，大體也是把 C 跟 A、B 相別異，或釋寫作"兀"，或摹寫原形，⑨這裏就不一一列出了。其實，早年有相當一部分學者，礙於 C 跟 A、B 形體差異而另作他釋。如唐蘭先生、徐中舒先生曾經把 C 釋作"从"之異體。⑩ 釋"从"固然不足取，但把 C 跟 A、B 視作不同的另外一個字，確實也是當時比較普遍的做法。應該説，在劉釗先生的《新甲骨文字編》（初版）、李宗焜先生的《甲骨文字編》問世之前，學界大都是這麽看的。因此，劉釗先生在《古文字構形學》中特別指出，過去把 C 釋作"兀"是錯誤的，進而從辭例和字形兩

① 王藴智：《釋競、業及與其同源的幾個字》，原刊於《中國文字》新 24 期，藝文印書館，1998 年；後收入氏著：《字學論集》，河南美術出版社，2004 年，第 295—308 頁。

② 李宗焜編著：《甲骨文字編》，中華書局，2012 年，第 47 頁。

③ 劉釗等編纂：《新甲骨文編》，福建人民出版社，2009 年，第 134—135 頁。

④ 劉釗主編：《新甲骨文編（增訂本）》，福建人民出版社，2014 年，第 569 頁。

⑤ 松丸道雄、高嶋謙一編：《甲骨文字字釋綜覽》，東京大學出版會，1994 年，第 69 頁。

⑥ 松丸道雄、高嶋謙一編：《甲骨文字字釋綜覽》，東京大學出版會，1994 年，第 69、255 頁。

⑦ 于省吾主編：《甲骨文字詁林》，中華書局，1996 年，第 139 頁。

⑧ 沈建華、曹錦炎編著：《甲骨文字形表（增訂版）》，上海辭書出版社，2017 年，第 29 頁。

⑨ 胡厚宣主編：《甲骨文合集釋文》，中國社會科學文獻出版社，1999 年；曹錦炎、沈建華編著：《甲骨文校釋總集》，上海辭書出版社，2006 年；陳年福：《殷墟甲骨文摹釋全編》，綫裝書局，2010 年。

⑩ 唐蘭先生最早釋作"从"，參看氏著：《甲骨文自然分類簡編》，山西教育出版社，1999 年，第 61 頁。徐中舒先生從之，參看《甲骨文字典》，四川辭書出版社，1989 年，第 961 頁。

個方面簡單論證了 C 當是"競"字之省體的意見。① 拋開 A、B 釋"競"是否合理這一層，劉先生把 C 跟 B 相認同，是非常正確的，這個判斷應該是建立在他對偏旁"辛"的構形研究基礎之上的(關於 C 跟 B 的認同，後面還要詳細論證，此處從略)，也正是基於這種認識，劉先生主編的《新甲骨文編》初版才把 A、B、C 放在"競"字頭下。可以推測，其他主張三者同字的學者，或許也是受了劉先生這個意見的影響。遺憾的是，劉先生沒有堅持 C 跟 A、B 同字這個正確意見，在《新甲骨文編》增訂本中把 C 類形體釋作"麗"，最終還是把 C 跟 A、B 作了區分，這又回到了過去(並不是說把 C 釋"麗"不正確)。從學術史角度看，這種認識的轉變恐怕並不是沒有原因的。仔細想來，應該是接受了下面要引出的白於藍、郭永秉兩位先生的意見。

　　2011 年 6 月 26 日，白於藍先生在復旦大學出土文獻與古文字研究中心做了一場講座，在講座中，白先生指出《君人者何必安哉》中的"🀄"連同甲骨文中"🀄""🀄"一併當釋作"麗"。② 這個意見被郭永秉先生闡發以後，逐漸開始被學界注意並接受。上引《新甲骨文編》增訂本可能就是接受了這個意見作出調整的。郭永秉先生指出："在上面提到的白於藍先生在復旦大學的那次講座中，他指出🀄、🀄就應該釋爲'麗'。這是很有道理的。'麗(儷)'字古有偕、並等義，放在卜辭中文義皆可講通。由此可見，《君人者何必安哉》和傳抄古文的'𠪚(麗)'字，整理者的釋寫是正確的，它是一個從商代傳承下來的字形。戰國文字尤其是楚文字保留了不少早期古文字的字形及寫法，這又是一個例子。"③ 由於用"麗"字"比併""匹耦"之義來説解相關甲骨卜辭十分順適，又有楚簡形體、《説文》古文形體的佐證，把甲骨文"🀄""🀄"形之字釋作"麗"確實是很好的選擇。然而必須指出的是，把甲骨文"🀄""🀄"釋作"麗"並非始於白於藍先生。北京師範大學秦永龍先生早在 1984 年發表的《釋"麗"》一文中就指出"此字就是麗字的初文，即伉儷本字"。④ 但秦先生把甲骨文"🀄"也一併釋作"麗"，⑤似顯無據；又把東周金文寫作"🀄"形之"麗"看作是甲骨文"🀄""🀄"後起的形聲字，未免弄錯了源流。寫作"🀄""🀄"形之"麗(儷)"跟寫作"🀄"之"麗"是兩個來源不同、本義迥異的字，後來因爲語音相同或相

① 劉釗：《古文字構形學(修訂本)》，福建人民出版社，2011 年，第 56 頁。

② 鐘馨：《白於藍教授來我中心作講座》，復旦大學出土文獻與古文字研究中心網站，2011 年 6 月 26 日。

③ 郭永秉：《補説"麗"、"瑟"的會通——從〈君人者何必安哉〉的"𠪚"字説起》，收入氏著：《古文字與古文獻論集續編》，上海古籍出版社，2015 年，第 22 頁。

④ 秦永龍：《釋"麗"》，《北京師範大學學報》1984 年第 6 期，第 47—50 頁。

⑤ 此字魯實先釋"麗"，宋鎮豪先生也曾釋作"麗"，參看宋鎮豪：《甲骨金文中所見的殷商建築稱名》，《甲骨文與殷商史》新 3 輯，上海古籍出版社，2013 年，第 6 頁。

近而發生了合流。但不管怎麼説,把甲骨文"𠀉""𠀉"最早釋作"麗"的學者應該是秦永龍先生,這一事實應該澄清。

最近,陳健先生又提出新説,據傳抄古文"辡"字作"𢆶""𢆶"之形而把甲骨文"𠀉"釋作"辡",認爲甲骨文"𠀉""𠀉"是"𠀉"之簡省,亦當釋作"辡"。① 這種説法使得本來比較混亂的局面變得更加複雜了,可謂治絲益棼。所以,有必要簡單辨明前引 B、C 二形不能釋"辡",然後再回到正常的討論中來。首先需要明確,陳先生對"辡"字形體理解有誤,"辡"並不從二"辛",即便傳抄古文"辛"字有寫作"𢆶"形的,那也是後世"辛"跟"亏"類形體混同的結果,並不能反過來證明"辡"字從二"辛"。從商周金文"辨"字寫作"𤰔""𤰔"諸形看,②所從之"辡"當從二"亏",中間豎筆皆向一邊斜曳,並非"辛"字明矣。這種寫法的"亏"也見於甲骨金文中的"宰"字所從,同樣也不是"辛"。《説文》言"辡"從二"辛"乃據後起小篆形體立論,顯然不可信據。"辨",《説文》云:"判也,從刀,辡聲。"又"班",《説文》曰:"分瑞玉也。從珏從刀。"兩者義近,構形十分相似,頗疑"辨"所從之"辡"亦表意,也是表示一種可以分割的玉器。《合補》10516 有辭曰:"乙巳貞:□禦,其陟于高祖王亥○弜以𢆶。○□□貞:大禦,其陟于高祖王亥以𢆶。""以𢆶"可以對比《合集》34287"□亥貞:陟,大禦于高…以戚"之"以戚"來理解,"𢆶"當跟"戚"一樣,是一種可以進獻的玉器。過去我們把"𢆶"釋作"亏"看來有理,但理解爲"刈穫得來的農作物"則有問題。③ 既然"辡"不從二"辛",則陳説就值得懷疑了。其次,"辡"傳世古書鮮見,有學者懷疑"爲許慎從'辯'、'辨'等字抽取歸納出來,立爲部首的"。④ 言下之意,"辡"是個比較晚出的形體,不能説"'辡'分化出'辯'、'辨'",更不能用"辨""辦"的訓釋來解釋"辡"在甲骨卜辭中的用法。清華簡《治邦之道》簡 2"不辨貴賤"之"辨"寫作"𤰔",與傳抄古文形體相合,這是用"辡"來寫"辨"的明證。⑤ 看來,"辡"形並不晚出,至遲在戰國中晚期已經出現。由於"辡"從二"亏",下部不從"人","𤰔"形下部所從很可能是"刀"形混同爲"人"後的寫法。我們知道,楚簡文字不少用作偏旁的"刀""人"往往發生訛混,⑥如果没有偏旁構件的互相制約,根本無法分辨。另外,本篇《治邦之道》"劃"字寫作"𠜴",右側"刀"旁寫法跟"𤰔"下部一致,亦可證。如此,即使清華簡出現

① 陳健:《甲骨文"辡"字及相關問題考索》,《中國文字研究》第 22 輯,上海書店出版社,2015 年,第 10—16 頁。

② 更多形體看董蓮池:《新金文編》,作家出版社,2011 年,第 494 頁。

③ 王子楊:《甲骨文字形類組差異現象研究》,中西書局,2013 年,第 374 頁。

④ 李學勤主編:《字源》,天津古籍出版社,2012 年,第 1277 頁。

⑤ 此條蒙石小力先生指出,作者非常感謝。

⑥ 張峰:《楚文字訛書研究》,上海古籍出版社,2016 年,第 492 頁。

了"斳"字,也不能作爲考釋甲骨文 B 類爲"斳"的證據。最後,用"斳"不能通讀卜辭,陳先生對卜辭文意的疏通有不少强解之處。綜上,把 B、C 釋作"斳"這一意見應該首先予以排除。接下來我們主要討論 B、C 是否如有的學者指出的那樣爲一字異體,如果確定兩者爲同一個字的不同寫法,究竟應該釋作"競"還是"麗"。

下面我們先證明 B、C 爲一字異體。前面已經提及,劉釗先生、王蘊智先生都有簡短的論説,由於言語精簡,結論又都有或大或小的問題,學者們半信半疑,致使討論"麗"的學者避而不言"競",討論"競"的學者避而不談"麗",總是有意無意將兩者對立起來,阻礙了這兩類形體釋讀疑問的最終解決。另一方面,甲骨金文"麗"與確鑿無疑的"競"字形體非常近似,使得學界對"麗"形爲"競"這一結論堅信不疑,而"競"跟"麗"又無法從語音上進行溝通,因此只能將 C、B 强行割裂。受上述兩個原因的影響,學界長期把兩者處理爲兩個不同的字,竟然無視甲骨卜辭中"麗"跟"競"大量通用無別的事實,這是十分不正常的現象。有鑒於此,我們下面詳細列出兩者通用無別的辭例,串通辭意,試圖從字形和用法兩個方面證明"麗"跟"競"是一字異體,都應該改釋作"麗"。請看如下辭例:

(1a) 甲戌卜,賓,貞:其 麗 父乙日于大庚,告于丁宰。

(1b) 甲戌[卜,賓,貞:弜] 麗 。　　　　　　　　　　《合集》1487[賓三]

(2) 貞:其 麗 父[乙]日于大庚…　　　　　　　　　　《拾遺》182[賓三]

(3) [己]亥卜,喜,[貞]:大庚戠,[其] 麗 ①于庚…　　《合集》22801[出二]

(4) … 麗 父己[宰]。　　　　　　　　　　　　　　　《合集》27414[何二]

(5) …主歲,其 麗 。在十一月。　　　　　　　　　　《合集》25194[賓出類]

(6) 麗 祖甲宰。　　　　　　　　　　　　　　　　　《合集》27337[無名]

(7) 麗 祖丁…　　　　　　　　《合集》27300(《京人》1798 清晰)[無名]

(8) □午卜,翌日父甲袼, 麗 祖丁卌,王受又。　　　《屯南》594②[無名]

(9a) 其又子黎 麗 兄癸宰,王受又。

(9b) 弜 麗 。　　　　　　　　　　　　　　　　　　《合集》41495[無名]

(10a) 其又曶妣甲 麗 妣庚。

---

① 此 B1 寫法跟其他形體略微不同,作" 麗 ",頭戴頭飾之人兩面相對而立。

② 常利輝博士把屯南 594 跟屯南 2185 遙綴,並不一定正確,跟此處討論的卜辭也沒有關係,不論。參看常利輝:《小屯南地甲骨新綴一例兼論兩組可能的綴合》,《中國文字研究》第 15 輯,大象出版社,2011 年,第 223—225 頁。

(10b) 弜 𫝀。

《合集》30479+《合集》27531(林宏明先生綴合,收入《醉古集》275 組)[無名]

(11) 庚寅卜:小乙歲,𫝀 于祖乙。　　　　　　　　　　　《村中南》432[無名]

【筆者按:《輯佚》614 有辭:𫝀 祖丁…父甲袺。○弜 𫝀。○五牢卯 𫝀。…𫝀。此辭用法與上引諸辭相同,今補充於此。】

(1a)辭用"𫝀"而(1b)用"𫝀",當可直接證實 B、C 爲一字異體。王蘊智先生説:"上揭文例中的競字,都應當理解爲'比併'的意思,殷人競字的這種用法,似乎有些近於卜辭中的'眾'(義同暨)字。只是卜辭競字僅適用於對兩位廟主的祭祀而言,而眾字的詞性及使用範圍則要比競字寬泛得多。"[①]王先生的歸納是很有道理的。然而,古書中的"競"並無"比併"一類語義,關於這一點王先生並無交代。關於(10)辭,林宏明先生認爲這是"卜問對妣甲舉行侑㗊,是否比照妣庚"。[②] 林先生用"比照"來理解這個所謂的"競"。還有不少學者把上述這些所謂的"競"理解爲"競逐"[③]"跟着"[④]之意。仔細體會卜辭含義,把這些 𫝀 理解爲"比併"一類語義最爲準確,但如果釋作"競"則於文獻無徵;將 𫝀 理解爲"競逐""跟着"雖然有訓詁證據,但却於卜辭文意不合。其實,這些所謂的 𫝀 類之"競"跟下面引出的 𫝀 用法完全相同,應該抛開成見,一併改釋作"麗"。下面列出 𫝀 的辭例,與之比較:

(12) 丙寅卜:大庚歲,𫝀 于毓祖乙。　　　　　　　　　《屯南》3629[歷二]

(13) 小丁升,𫝀 于妣□。　　　《合集》32641(《明後》2215 清晰)[歷無名間]

(14) …𫝀 于高…　　　　　　　　　　　　　　　　　《屯南》3103[歷二]

先看這一組含 𫝀 的卜辭,其格式爲"祖先 1+祭祀動詞+𫝀 于祖先 2"。這樣的 𫝀 跟前引(3)辭中的 𫝀、(11)辭的 𫝀 完全相同,尤其是(11)辭,文句完全相同。秦永龍先生解釋(12)辭説:"歲祭大庚,附連于毓祖乙,即請毓祖乙與大庚同享歲祭。"[⑤]劉釗先生説:"'丙寅卜大庚歲競毓祖乙'猶言:歲祭大庚,毓祖乙亦跟著歲祭。"[⑥]如果把(12)辭跟

① 王蘊智:《字學論集》,河南美術出版社,2004 年,第 296 頁。

② 林宏明:《醉古集——甲骨的綴合與研究》,臺灣萬卷樓,2011 年,第 168 頁。

③ 李孝定:《甲骨文字集釋》,中研院歷史語言研究所,1965 年,第 757 頁;于省吾主編:《甲骨文字詁林》,中華書局,1996 年,第 151 頁。

④ 劉釗:《古文字構形學(修訂本)》,福建人民出版社,2011 年,第 56 頁。

⑤ 秦永龍:《釋"麗"》,《北京師範大學學報》1984 年第 6 期,第 49 頁。

⑥ 劉釗:《古文字構形學(修訂本)》,福建人民出版社,2011 年,第 56 頁。

前引(1)(2)之辭合觀,會發現比較有意思的現象。(12)辭是歷組二類卜辭,"主要是祖庚之物,其上限應上及武丁晚葉",①因此,本辭的"毓祖乙"顯然就是祖庚稱呼武丁的父親"小乙"。而(1)(2)兩辭爲同文卜辭,②字體屬於賓組三類,辭中的"父乙"也是武丁的父親"小乙"。如此兩組都是"小乙"跟"大庚"的搭配,不知有什麼内在原因。(1)(2)命辭貞問:把對父乙的祭祀跟對大庚進行日祭放在一起,並把這個祭祀方案向祖先報告,犧牲用一"宰",是否合適。(12)辭占問:把對大庚進行的歲祭跟對毓祖乙的祭祀放在一起好不好。從辭意看,都涉及小乙和大庚的祭祀,⺋、⺋的語法地位完全相同,只能得出⺋、⺋同字的結論。

再看另一組含⺋的卜辭:

(15a) ⺋二主歲。

(15b) 弜⺋。　　　　　　　　　　　　　　　　　　　《合集》34098[歷二]

(16) 弜⺋。　　　　　　　　　　　　　　　　　　　　《屯南》810[歷二]

(17) 弜⺋。　　　　　　　　　　　　　　　　　　　　《合集》34585[歷二]

(18) 弜⺋。　　　　　　　　　　　　　　　　　　　　《合集》35288[歷二]

(19) 弜⺋禱。　　　　　　　　　　　　　　　　　　《屯南》1048[歷無名間]

這組卜辭中的"弜⺋"顯然就是上引卜辭"弜⺋",這也是⺋、⺋同字的證據。值得注意的是,(15a)辭"⺋二主歲"跟前引(5)辭"⋯主歲,其⺋⺋",辭例相似,亦可證。再看《合集》27938,其辭曰:

(20) □□卜:亞般歲⺋瞽▉。　　　　　　　　　　《合集》27938[無名]

裘錫圭先生解釋這條卜辭説:"⺋(亦作⺋)的用法跟'競'相近,似有比、並一類意思。般這個人在上述兩種事情裏,都被當作跟瞽配合的候選者,值得注意。"③裘先生已經指出 C3(⺋)的用法跟"競"(即我們討論的 B)相近,有比、並一類語義,這都是十分正確的意見。"瞽"下一字"▉",又見於《屯南》879、《合集》31139 等版,裘先生已經引出了辭例加以認同。其中《合集》31139 作"▉",形體比較完整。從其他相關辭例看,"▉"似是"瞽"之私名。這條卜辭是貞問:亞般跟"瞽▉"同時(一併)舉行歲祭是否合適。

─────────────

① 黃天樹:《殷墟王卜辭的分類與斷代》,科學出版社,2007 年,第 195 頁。

② 宋鎮豪、焦智勤、孫亞冰:《殷墟甲骨拾遺》,中國社會科學出版社,2015 年,第 379 頁。

③ 裘錫圭:《關於殷墟卜辭的"瞽"》,《裘錫圭學術文集·甲骨文卷》,復旦大學出版社,2012 年,第 514 頁。

下面再看一組同文卜辭。雖然不能直接證明 B、C 兩組同字，但是對我們理解 $\hat{T}$ 有比併、偶對一類意義有幫助，因此也提出來簡單討論。

(21a) 庚戌卜：河卯三牢。

(21b) 河卯五牢。

(21c) 河五牢 $\hat{T}$ 沉。

(21d) 庚戌卜：高娥①沉冞卯 $\hat{T}$ 。　　　　　　　　　　《屯南》2667［歷草］

(22) 高娥［沉］冞卯，弜 $\hat{T}$ 。　　　　　　　　　　　《合集》28127［歷二］

黃天樹師講解這組卜辭説："'$\hat{T}$'或以爲是'競'的省體，揆其文義，當與卜辭'並酒'、'弜並酒'（《合》23326）中的'並'字義同。上引兩條卜辭，一作'$\hat{T}$'，一作'弜$\hat{T}$'，當是從正、反兩面卜問，對高娥的祭祀，是把'沉'與'卯'一併舉行呢？還是不要一塊兒舉行好。"②劉釗先生則認爲"上引卜辭是卜問用沉祭和卯祭的方式禱祭於河神，要不要也以沉祭和卯祭的形式用'高娥'來附祭或配祭。'高娥'應爲女性神，從其配祭河神來看，她很可能就是河神的夫人，其與河神的關係很像是'湘君'與'湘夫人'的關係。"③着眼於整版卜辭看，劉釗先生的説法更合理。(21a)(21b)先選擇貞問對河神進行祭祀，是"卯"三牢還是五牢。(21c)"沉牛"之"沉"刻寫得與 $\hat{T}$ 稍嫌遠，但本版卜辭屬於歷草類，行款有些凌亂也可以理解。"河"下之"卯"漏刻，或承上而省。這條卜辭是貞問：用"卯"五牢對河神進行祭祀，是否也同時進行沉祭。(21d)辭"高娥沉冞卯"後面又出現了"$\hat{T}$"，顯然不是強調"沉"跟"卯"是否一起進行，因爲"沉"跟"卯"中間有"冞"連接，這是把"高娥沉冞卯"作爲一個整體看待，而跟前面(21c)偶對。

以上列舉辭例證明了 $\hat{T}$、$\overline{T}$ 同字，下面從字形方面再做一解釋。從類組分布的情形看，表示{麗}，賓組三類、賓出類卜辭一般使用 $\overline{T}$；歷組、歷無名間類卜一般使用 $\hat{T}$類形體；無名組卜辭 $\hat{T}$、$\overline{T}$ 兼用，但以 $\overline{T}$ 居多。大致呈互補分布的狀態，這也是 $\hat{T}$、$\overline{T}$ 一字的有力證據。

劉釗先生曾經指出，$\hat{T}$ 爲 $\overline{T}$ 之簡省。他説："'$\overline{T}$'顯然爲'$\overline{\overline{T}}$'之省'辛'者，'$\hat{T}$'顯然爲'$\overline{T}$'之省'辛'者，'$\hat{T}$'作爲'$\overline{\overline{T}}$'之省'辛'者。《説文》：'競，彊語也，一

---

① 從劉釗先生釋，參看劉釗：《甲骨文"害"字及從"害"諸字考釋》，復旦大學出土文獻與古文字研究中心網站，2013 年 8 月 11 日。

② 黃天樹：《殷墟王卜辭的分類與斷代》，科學出版社，2007 年，第 203—204 頁。

③ 從劉釗先生釋，參看劉釗：《甲骨文"害"字及從"害"諸字考釋》，《甲骨文與殷商史》新 4 輯，上海古籍出版社，2014 年，第 111—112 頁。

曰逐也。从誩从二人。'卜辭之'競'用爲'逐'之義,猶今言'跟着'。"①劉先生已經注意到了 𤕦、𤕤 兩類形體之間的簡省具有一一對應的平行關係,本來是很有道理的,後來却又放棄,而把 𤕦 單獨釋作"麗",把 𤕤 仍然按照過去的釋讀意見釋作"競"。王蘊智先生也認爲 𤕦 乃 𤕤 之省,解釋説"此乃將競字上部所从之辛形簡省作一横筆所致"②。劉、王兩位先生説 𤕦 爲 𤕤 之簡省大致可從,但又把 𤕦、𤕤 都釋作"競"則非是。從卜辭用法的一致性看,𤕤 也要跟 𤕦 一樣改釋作"麗",𤕤、𤕦 象兩個頭戴頭飾之人比併、偶對之形。《合集》22801 的"麗"刻寫作"",二人相向而立,皆有"▽"形頭飾,匹偶、比併之意昭然若揭,並無競逐、跟著一類之意。理解甲骨金文中的"麗",還可以舉出構意相似的"妃"字形體來對照。甲骨文用作犧牲的"妃"(表示一男一女一對人牲③)習見,一般寫作"𡚾""𡚉",有的歷組卜辭刻寫作"𡚻""𡚉","女"旁頭部的"𡚊"或"𡚍"形頭飾省去不刻,這跟我們討論的 𤕤、𤕦 二類形體簡省情況是相同的。圓體類卜辭有寫作"𡚾""𡚾"形之字,蔣玉斌先生認爲就是其他類組卜辭的"妃",④這是非常可信的結論,已經被甲骨文工具書所吸收。⑤"𡚾""𡚾"左面偏旁顯然是側面人形的變體,頭部施加一短横(已經與"万"混同),這個偏旁跟前引 C2"𠃌"形所从完全相同,頭部的短横可以理解爲"𡚊"之省簡,也可以理解爲"𡚍"旁的類化;右面偏旁是"女"或"妾"。無論如何變化,都表示一男一女的一對人牲。比照甲骨文"妃"字來看我們討論的"麗"字形體,我們認爲前引"𤕤""𤕦""𤕤""𠃌"諸形,表示匹偶的一對人牲,進而引申表示"比併""匹偶"之義。這種形體左右偏旁對稱,着力表現"匹偶""比併"之義。把它們釋作"麗"(儷)無論從形體還是辭例,都十分順適。至於甲骨文"𤕦""𤕤"類形體,由於有《説文》古文"𠂤""𠦂"及傳抄古文的證據,⑥秦永龍、白於藍、郭永秉諸位先生釋作"麗"自然也是合適的。如此,𤕤、𤕦 無論從形體上還是辭例上看,都得到了合理的統一,應該沒有多大問題。

《周禮·夏官·校人》:"麗馬一圉,八麗一師。"鄭玄注:"麗,耦也。"《漢書·揚雄傳》:"麗鈎芒與驂蓐收兮,服玄冥及祝融。"顏師古注:"麗,並駕也。驂,三馬也。言皆役

① 劉釗:《古文字構形學(修訂本)》,福建人民出版社,2011 年,第 56 頁。

② 王蘊智:《字學論集》,河南美術出版社,2004 年,第 295 頁。

③ 裘錫圭先生釋,參看陳劍:《釋忠信之道的"配"字》,《國際簡帛研究通訊》第 2 卷第 6 期,2002 年。

④ 蔣玉斌:《殷墟子卜辭的整理與研究》,吉林大學博士學位論文,2006 年,第 120—121 頁。

⑤ 劉釗主編:《新甲骨文編(增訂本)》,福建人民出版社,2014 年,第 689 頁。

⑥ 李春桃:《古文字異體關係整理與研究》,中華書局,2016 年,第 109 頁。

服也。"王先謙補注："宋祁曰：'驂'字可删。'服'字當作'驂'。蕭該《音義》曰：'麗'案韋昭作'儷'。儷，偶也。王念孫曰：'宋説是也。麗鈎芒與蓐收，所謂兩服上襄也。驂玄冥及祝融，所謂兩驂雁行也。顔注'麗，並駕也'，是釋上句。'驂，三馬也'，是釋下句。言'皆役服'是總釋二句之義，而正文内本無'服'字也。今本'驂'誤作'服'，而上句又衍一'驂'字，則上句文不成義，且與下句不對矣。"①王説是也。"麗鈎芒與蓐收"之"麗"即"並駕"，卜辭中的"麗"意義與之相近，乃"耦並""比併"之義。"麗"强調的是"成對""匹偶"之義，跟甲骨文"羿"的語義、用法均有别。

過去，幾乎所有學者都對釋"𦫳""𦫳""𦫳""𦫳"類形體爲"競"堅信不疑，這主要是據金文中"競"字形體上溯的結果。金文中過去釋作"競"的形體可以粗略分作兩類：一類寫作"𦫳"（麗器）、"𦫳"（御史麗簋）、"𦫳"（麗作父乙尊）等形。② 另一類寫作"𦫳"（猷鐘）、"𦫳"（秦王鐘）等形。第二類"競"字因爲有確鑿的辭例和後世古文字材料的印證，確切無疑。比如包山楚簡"競"字常見，多作"𦫳"之形，③顯然是由秦王鐘一類"競"字形體演變而來。這類"競"字寫法上部皆爲"言"旁，這一點跟第一類"競"字作"𦫳""𦫳""𦫳"諸形差異還是比較明顯的。我們認爲，金文第一類所謂"競"字與我們討論的甲骨文形體"𦫳""𦫳""𦫳""𦫳"確實當爲一字，但却不能釋作"競"，而應該釋作"麗"。這種"麗"字形體的人形上部皆爲"辛"形頭飾，大概是强調臣妾一類的身份，兩者並列站立，會耦對、匹偶之義；而確定的金文"競"字，人形上部皆有"口"旁，主要强調口舌之言，會二人爭相説話，自然有"競争"之意。更可注意的是，我們改釋的"𦫳""𦫳""𦫳"形之"麗"都用作人名或族名，而確定無疑的"競"則一般用作"無競"之"競"、"邊境"之"境"，兩者用法可謂涇渭分明。不宜把這些"麗"字跟確定無疑的"競"字相比附認同，當然更不能據此上推甲骨文形體而把"𦫳""𦫳""𦫳""𦫳"釋作"競"。

也許有學者會説，甲骨金文"𦫳""𦫳"類形體，上部頭飾筆畫"辛"下分別增加"口"旁就會演變作"𦫳"類之"競"，因此"𦫳""𦫳"仍然是"競"字。這種看法相當具有代表性。尤其以《字源》的表述最爲清晰明白：

甲骨文"競"字像前後相隨、上戴頭飾的兩個人，會相逐意，與《説文》"競"的別義"逐也"相合。"𦫳"本像上戴頭飾的人形，在頭飾與人之間加上"口"形

① 王先謙：《漢書補注》，上海古籍出版社，2008 年，第 5346—5347 頁。

② 容庚編著：《金文編》，中華書局，1985 年，第 152—153 頁；董蓮池編著：《新金文編》，作家出版社，2011 年，第 272 頁。

③ 李守奎、賈連翔、馬楠編著：《包山楚墓文字全編》，上海古籍出版社，2012 年，第 101 頁。

就成了"竞",上部變成了"言"形。《說文》據从二"言"的"競"字析義,釋爲"彊語也",與典籍用法不合,文獻中"競"訓爲"彊"常見,似未見"彊語"之訓。疑"競"之本義當是"逐也"。假借義是"彊也"。①

我們認爲上述由"㚔㚔"到"競"的形體演變是不能成立的,也就是說,在"▽"形頭飾和側面人形之間添加"口"旁飾筆的情況是不存在的。在甲骨文中,从"▽"形頭飾的字不少,如"妾""商""龍""鳳"(在甲骨文中表示{風})、"童"等,這些字後世並沒有在"▽"形頭飾下添加"口"旁,此其一;在側面人形頭部添加"口"旁而不區別字形的例子比較鮮見,即是說,我們找不到由"㚔㚔"到"競"演進的平行證據,此其二;在金文系統中,不能證明"㼖""競""競"和確定無疑的"競"字作"競"者爲一字異體,此其三。既然不能證明"㼖""競""競"爲"競"字,則上述引出的《字源》的意見就比較值得懷疑了。從銘文材料實際情況看,上部从二"言"的"競"字由於有傳世文獻和後世古文字材料的印證,釋讀作"競"肯定是沒有問題的,這些"競"多用作"亡競"(《詩經》作"無競")之"競",也用作"邊境"之"境"和"景族"之"景"。而我們討論的"㼖""競""競"類形體,不見上述用法,一般多用作人名或族名,兩者之間是可以區分的。既然兩者的實際用法有別,形體又存在不小的差異,那就沒有必要將兩者牽合加以認同,而應該充分考慮甲骨卜辭㼖、競通用無別的事實,將過去釋作"競"的"㼖""競""競"類金文形體全部改釋作"麗"。

麗器"㼖"對應甲骨文"㼖"類形體;御史麗簋"競"對應甲骨文"㼖",只是在甲骨文形體上部又添加短橫;麗作父乙尊的"競"對應甲骨文"㼖",只是把"早"下部的短橫變作向兩側的歧筆"V",這都是相當常見的變化。既然我們認爲甲骨文 B、C 都是"麗"字,則金文中過去釋作"競"的形體"㼖""競""競"也應該釋作"麗"。其實,前引陳健先生已經指出過去釋作"競"的形體"㼖""競"跟確定無疑的"競"字形體"競"存在差異,②這當然是對的,但陳先生把這些所謂"競"改釋作"辛"則是我們不能同意的。金文有寫作"辛"(《集成》497)、"辛"(《集成》498)形之字,過去多釋作"竞"。黃錦前先生指出這個"竞"字應該跟其他"競器"之"競"關係密切,並說"早期古文字中,偏旁繁簡往往無別,二者應係一字之異構無疑"。③ 從上部都有典型筆畫"二"來看,黃說應該是正確的。但黃先生將之釋作"競"則非,此字乃"麗"之省簡之形。

① 李學勤主編:《字源》,天津古籍出版社,2012 年,第 197 頁。
② 陳健:《甲骨文"辛"字及相關問題考索》,《中國文字研究》第 22 輯,上海書店出版社,2015 年,第 15 頁。
③ 黃錦前:《競諸器繫聯研究》,《出土文獻綜合研究集刊》第 5 輯,巴蜀書社,2017 年,第 106 頁。

甲骨文還有如下形體：

《合集》31787(《甲編》2433)　　　　《合集》31788(《甲編》2892)

《合集》27010　　　　　　　　　　　《乙補》1556＋《乙編》1819

　　孫海波《甲骨文編》把這個形體釋作"競"。① 後來不少學者也把它釋作"競"。《甲骨文字詁林》按語説："字不可識，其義不詳。"② 劉釗先生主編的《新甲骨文編》把它收在附録 1027 號，視作未識字。③ 李宗焜先生編著的《甲骨文字編》收録了《合集》31787 的形體，然摹寫作""，稍嫌不够準確。④ 從形體上看，這個形體很可能也當釋作"麗"。類似"五"下部交叉歧出的下部筆畫，很可能是側面人形筆畫的訛變。當然，也有可能""是我們不知道的某種物件，並列兩個""旁表示"比併""偶對"之"麗"。⑤《合集》27010＋28156 辭曰：

(23a) 貞：羈麗五羈牢，王受又。

(23b) 貞：五羈…伐卯…　　　《合集》27010＋28156(齊航福先生綴合⑥)[何二]

請參如下之辭：

(24) 丙寅卜：五羈卯叀羊，王受又。　　　　　　　　　　　《屯南》2499[無名]

(25a) 五羈卯叀牛，王受又。

(25b) 叀羊，王受又。　　　　　　　　　　　　　　　　　《合集》28154[無名]

(26) 庚辰卜，狄，貞：叀五羈先酌。　　　　　　　　　　　《合集》28155[何組]

　　甲骨卜辭中還有"在五羈"(《合集》28152、28153)、"四羈""三羈""二羈"等説法。許進雄先生認爲"羈""象羈勒某種動物之狀，其前常加有數目如二、三及五，可能是距離長短的表示。……羈可能是驛站一類之特別設置"。⑦ 齊文心先生讚同許説，並進一步加

① 孫海波：《甲骨文編》，中華書局，1965 年，第 98 頁。

② 于省吾主編：《甲骨文字詁林》，中華書局，1996 年，第 3264 頁。

③ 劉釗主編：《新甲骨文編(增訂本)》，福建人民出版社，2014 年，第 1027 頁。

④ 李宗焜：《甲骨文字編》，中華書局，2012 年，第 47 頁。

⑤ 趙鵬先生提示筆者，""之構形似與甲骨文""類形體構意相同，都表示"匹配""比併"之意。這是值得注意的意見。""""類字，正面人形雙臂下部的形體左右對稱，很可能也有表示左右匹配、偶對的表意意圖。

⑥ 黄天樹主編：《甲骨拼合集》之第 179 則，學苑出版社，2010 年。後來張軍濤先生也有相同的綴合，參看《何組甲骨新綴十九組》，中國社會科學院歷史研究所先秦史研究室網站，2009 年 4 月 22 日。

⑦ 許進雄：《明義士收藏甲骨釋文篇》，加拿大皇家安大略博物館出版，1977 年，第 163 頁。

以闡釋。[1] 甲骨卜辭“羈”雖然未必跟驛站有關,但“數目詞＋羈”却可以表示祭祀的場所。(23a)辭占問“羈”跟“五羈”一起用“宰”牲祭祀,商王會受到保佑。“麗”的用法跟前引 B、C 相同。可證。《合集》31787、《合集》31788 辭殘,“麗”字用法不詳。“麗”字寫作“”形,可能是何組卜辭刻手的一個書寫特色。

以上花了不少筆墨論證了甲骨文 B 類形體以及金文中的“”“”“”類形體皆當改釋作“麗”(儷)。最後討論甲骨文 A 類形體“”。A 的辭例跟 B、C 兩組有别,皆用作人名或地名,因此,有學者把 A 跟 B 分開處理,是比較謹慎的做法。[2] 但絶大多數學者把 A 跟 B 認同,理由是作爲偏旁的側面人形跟正面人形通用無别。應該説,這個看法是有依據的,不少甲骨文中的異體字僅僅是側面人形跟正面人形的區别,例多不舉。又,甲骨文中“異體分工”現象十分常見,這種寫法的“麗”跟側面人形的“麗”説不定也是其中一例。[3] 傳抄古文“麗”字有寫作“”(王庶子碑)形者,从兩个頭部有横畫的正面人形,耦並站立,很可能跟甲骨文 A()有形體演變關係。《英藏》1784 有字作“”,過去多誤摹作“”,唯有《合集》40818 的摹寫比較準確。[4] 此形上部是一長横,下部乃並列的兩個正面人形,寫法跟前引傳抄古文(王庶子碑)的“麗”完全一致,因此,《英藏》1784 的這個字形很可能當釋作“麗”。其辭例比較完整,隸寫如下:“戊戌卜,王貞:余麗立員賈史眔視奠抑。終月。”命辭部分可以作如下理解:“立員賈史”和“視奠”是商王要做的兩件事,之間用“眔”連接。“麗”仍然可以理解爲耦並,即把這兩件事放在一起來處理。可見,把《英藏》1784 的“”釋作“麗”是比較合適的。傳抄古文“”之於“”,猶如“”之於“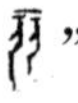”,恰好是平行的演變,何況 C 類有一種寫法就作“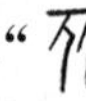”形,也是並列兩個人形上面施加一個横畫。再參照前引甲骨文 B、C 兩類“麗”的形體,把 A 類寫法釋作“麗”是有字形根據的,希望以後能够看到 A 形有“比併”一類的用法,那樣就可以把它的釋讀肯定下來了。按照“▽”形頭飾後來多演變作“辛”形、“辛”形的規律,過去所謂的仲競簋(集成 3783)之“競”作“”,似也應該釋作“麗”,《金文形義通解》利用㕡尊形體構建起來的形體演進

---

① 齊文心:《釋羈——對商朝驛站的探討》,《中原文物》1990 年第 3 期,第 106—108 頁。

② A 字張桂光先生反對將之與 B 認同,指出此字“似象兩人攜手同行,表伴之意,當即《説文》訓‘並行也,从二夫,讀若伴’的㚘。”參看《古文字考釋六則》,收入《于省吾教授百年誕辰紀念文集》,吉林大學出版社,1996 年,第 279 頁;又收入氏著:《古文字論集》,中華書局,2004 年,第 120 頁。

③ 王子楊:《甲骨文字形類組差異現象研究》,中西書局,2013 年,第 149—170 頁。

④ 參看張珊:《散見甲骨圖像的搜集與整理》,首都師範大學碩士學位論文,2019 年,第 58 頁。

存在不少問題。① 不過，由於甲骨文金文中的"𣎴""𤲣"缺乏確定辭例的限定，仍有其他釋讀的可能性。②

綜合上述，我們認爲甲骨金文中過去釋作"競"的部分之字應該改釋作"麗"（儷），字形象兩個頭戴頭飾之人偶對之形，表示比併、匹偶之義。《英藏》1784 的"麗"寫作"𣎴"，上面的長橫，跟寫作"𤲣""𤲣""𤲣""𤲣""𤲣"諸形之"麗"上面的長橫表意理路一致，大概表示下部的兩個人形處於比併、偶對的位置。這跟"竝"字把橫畫寫在兩個並列的人形下部表示"並列"之意，有共通之處。③ 上述這些"麗"字形體，本來跟"麗"形之"麗"並無關係，是兩個來源不同、本義相異的不同的字。順帶説一下從"鹿"之"麗"。《説文·鹿部》云："麗，旅行也。鹿之性，見食急，則必旅行。從鹿，丽聲。《禮》'麗皮納聘'，蓋鹿皮也。𢅶，古文。𠧧篆文麗字。"④《説文解字繫傳》説解及古文形體全同，只是最後引出的篆文形體作"𠧧"，跟大徐本稍異。⑤

春秋金文"麗"字形體作"𧶠"（取膚匜）、"𧶠"（鐘麗君簠）等形，西周晚期元年師旋簠"麗"字作"𧶠"形，⑥上引三者下部均爲"鹿"旁，鹿頭相當於鹿角之處偏旁分別作"𧶠""𧶠""𧶠"之形，表意相同，一般認爲象鹿頭上生出的巨大鹿角，由於鹿角巨大華麗，"麗"有"華麗""美麗"之義。元年師旋簠有一處"麗"字形體作"𧶠"（《集成》4279.2）鹿頭上部的筆畫作"开"形，比較引人注目，大概是"𧶠"形中間"○"形筆畫簡省爲一短橫的結果，當然也不排除變形音化的考慮（开，見母元部；麗，來母歌部。韻部

① 《金文形義通解》第 526 頁（日本·中文出版社，1996 年）構建的字形演進序列爲："𤲣 → 𤲣（仲競簠）→ 𤲣（𦉢尊 A）→ 𤲣（𦉢尊 B）→ 𤲣。"從仲競簠到𦉢尊 AB 兩個形體的演進，如果不仔細辨別，很有迷惑性。尤其是𦉢尊 A 類形體，恰好可以看作是由"𤲣"到"𤲣"演進的中間環節。實際上，𦉢尊 A 類形體兩個正面人形上部的"V"形筆畫不是在"𤲣"上憑空添加的飾筆，而是"口"旁之省。我們知道，甲骨金文系統中用作表意偏旁的"口"常常省去上部封口的短橫。如甲骨文"堇（歎之表意初文）"字多作"𤲣"，但歷組卜辭却常常寫作"𤲣"，有意省去"口"上部的短橫；"艱"字多作"𤲣"，但出組卜辭却常常寫作"𤲣"，亦其例。金文"善"字常見，所从之二"言"亦時有省去"口"部短橫的寫法作"𤲣"，皆其證。因此，𦉢尊 A 類寫法不能證明"𤲣"所从的正面人形上部的"口"旁是從"V"類形體演變過來的，當然也就不能説明"𤲣"是後來"競"字的源頭。事實上，《通解》這個字形演進序列並不能成立。

② 董蓮池：《釋兩周銅器銘文中的"業"字》，收入《吉林大學古籍整理研究所建所十五周年紀念文集》，吉林大學出版社，1998 年，第 25—30 頁。王藴智：《字學論集》，河南美術出版社，2004 年，第 299—308 頁。

③ 鄔可晶先生指示筆者，"𣎴"形上部的橫畫，就表示下部的兩個人形並，指明這兩個並列站立的正面人形不是"並"而是"麗"。這個説法是很有道理的，附記於此。

④ 許慎：《説文解字》，中華書局，2013 年，第 202 頁。

⑤ 徐鍇：《説文解字繫傳》，中華書局，1987 年，第 196 頁。

⑥ 參看董蓮池編著：《新金文編》，作家出版社，2011 年，第 185 頁。

陰陽對轉,見母來母可以互諧,關係密切①)。

甲骨文中也發現“麗”字踪影,比如《輯佚》576 有“▨”(▨),整理者釋作“麗”顯然是正確的。② 西周甲骨也有“麗”字,作“▨”(H11:123),③圖片模糊不清,鹿角上面的筆畫不是很清晰。蔣玉斌先生指示筆者,《合集》37514 有“▨”字,跟西周甲骨中的“▨”(FQ5:4)爲同一個字,所從也是“麗”字,當釋作“驪”。這是很正確的意見。另外,商器聽簋有從辵之“邐”,聲旁部分寫作“▨”,與《輯佚》576 形體近同。從甲骨文到周代金文再到《説文》小篆,形體演進非常清晰,這種形體就是《説文》小篆的來源。過去受古文字材料的限制,認爲從“鹿”之“麗”乃後起之字,④當然是不可信的。

本文討論的甲骨金文中的“麗”(儷),後來演變爲《説文》“麗”字的古文“▨”“▨”。由於跟從“鹿”之“麗”音同或音近,在使用過程中發生了合流,再後來“▨”“▨”之“麗(儷)”徹底被“▨”形之“麗”取代了。西周甲骨 H11:123 辭曰:“其麗。”這樣的用法跟殷墟甲骨卜辭不少“麗”“弜麗”的用法相同,因此,兩種“麗”字形體至遲在西周初年就開始通用了。曾侯乙竹簡“麗”字習見,作“▨”,上部如果跟甲骨金文的“▨”形之“麗”有關,則這個形體就可以看作是兩種“麗”字形體的糅合。

2019 年 3 月 3 日據舊稿改定

附記:本文初稿先後蒙方稚松、蔣玉斌、趙鵬、劉釗、石小力五位先生審閱並提出不少寶貴的修改意見。本文曾在吉林大學主辦的“古文字與出土文獻”青年學者論壇上宣讀,會後蒙鄔可晶先生斧正。筆者對上面提到的諸位先生表示衷心的感謝!本文正式發表在《出土文獻》2020 年第 1 期上。

---

① 李家浩先生曾經指出:“在形聲字中,見、來二母的字有互諧的情況。如‘吕’屬來母,從‘吕’得聲的‘莒’屬見母;‘柬’屬見母,從‘柬’聲的‘闌’屬來母。又如‘谷’有古禄切、盧谷切兩讀,前一讀音屬見母,後一讀音屬來母;‘丙’有郎擊切、古核切兩讀,前一讀音屬來母,後一讀音屬見母。”參看李家浩:《讀〈郭店楚墓楚簡〉瑣議》,《中國哲學》第 20 輯,遼寧教育出版社,2000 年,第 340 頁。楊按:又如“角”,上古屬於見母屋部,又讀 lu4,則爲來母屋部,角又與彔通,而彔亦屬於來母屋部字。

② 段振美、焦智勤、黨相魁、黨寧:《殷墟甲骨輯佚——安陽民間藏甲骨》,文物出版社,2008 年,第 76 頁。

③ 曹瑋編:《周原甲骨文》,世界圖書出版公司,2002 年,第 84 頁。

④ 李孝定:《甲骨文字集釋》,中研院歷史語言研究所,1965 年,第 3069 頁。

甲骨金文考釋六則

章水根

（日本電產有限公司）

一、甲骨文"蹄"字考釋

甲骨文中有一從"馬"之字，其字形與辭例如下：①

A1 ▨　　A2 ▨　　A3 ▨

（1）戊戌卜：王其迄 ▨ 馬 A1、▨［馬］驚，小臣 ▨ 龐，克夷 ▨［馬］。

《合集》36417＋8359

（2）a 庚戌卜，貞：王迄 ▨ 馬于慶（麟）駁，A2 迮迄。

（2）b ▨ 于馬 ▨ A3 迮 ▨　　　　　　　　　《合集》36836＋29417

以上二版皆由蔣玉斌先生綴合（附圖一），釋文亦參考了蔣先生的意見。卜辭（1）"克夷 ▨ "後的"馬"爲筆者根據甲骨殘缺情況及文義所加。蔣先生將"迄"和"迮"分別讀爲 "匹"和"順/馴"，認爲卜辭（1）所講的内容是王將 ▨ 地的 A 馬與 ▨ 地的驚馬匹配起來

---

① 本文在引用著録時多使用簡稱，如郭沫若主編：《甲骨文合集》，中華書局，1978—1982 年，簡稱"合集"；吳鎮烽 編著：《商周青銅器銘文暨圖像集成》，上海古籍出版社，2012 年，簡稱"銘圖"；吳鎮烽編著：《商周青銅器銘文 暨圖像集成續編》，上海古籍出版社，2016 年，簡稱"銘續"；羅福頤主編：《古璽彙編》，文物出版社，1981 年，簡 稱"璽彙"；湖北省博物館編：《曾侯乙墓》，文物出版社，1989 年，簡稱"曾侯"；湖北省荆沙鐵路考古隊：《包山 楚簡》，文物出版社，1991 年，簡稱"包山"；劉雨、盧岩編著：《近出殷周金文集録》，中華書局，2002 年，簡稱"近 出"；銀雀山漢墓竹簡整理小組：《銀雀山漢墓竹簡（壹）》，文物出版社，1985 年，簡稱"銀雀山一"；荆門市博 物館編：《郭店楚墓竹簡》，文物出版社，1998 年，簡稱"郭店"；中國文物精華編輯委員會：《中國文物精華》， 文物出版社，1997 年，簡稱"文物精華"。本文引用辭例時，釋文多采用寬式隸定。

駕車,卜辭(2)中的"馬"及 A 皆應是"馬 A"之省,卜辭(2)所講的内容是王將地的 A 馬與麟地的雜色馬匹配起來駕車,A 馬順服於匹配。① 這些都是十分精闢正確的見解。

從卜辭(2)中王對 A 馬順服之事十分關心來看,A 馬很可能是一種性情較烈、不易馴服之馬。卜辭(1)中的"克夷馬"中的"馬"也應是"馬 A"之省,"夷"可能即馴服、平服之義。《周易·豐》"初九,遇其配主……九四,豐其蔀,日中見斗,遇其夷主",孔穎達疏"夷,平也",王引之《經義述聞》"配也、夷也,匹敵之稱也"。小臣能够平夷馬,其實也就是能够馴服、平服 A 馬。

我們現在就來看看 A 到底爲何字。

按 A 左部所從之形作:

B1 　　　B2 　　　B3

郭沫若先生認爲 B 爲"夜",故將 A 隸作"礴"。② 陳漢平謂 B 從"大"從"丂",正是"奇",故釋 A 爲"騎",認爲卜辭内容大概爲貞卜騎乘某種坐騎。③ 但細審字形,可知 B 右下側並非"夕"或"丂",而是一個近圈形的筆畫,故 A 不可能爲"礴"或"騎"。另外,從記載來看,我國中原地區騎馬的歷史始於趙武靈王"胡服騎射",在此之前馬多用來負重挽車。因此,殷商時期的甲骨卜辭是不會出現貞卜騎乘某種坐騎之事的。

其實,B 還見於下面一字中:

《銘圖》06115 訇方豆

整理者將此字隸定爲從"奇"之"盉"。④ 學者多從之,但此字上部作:

C

其形明顯與一般的"奇"不同。一般的"奇"皆從"大",而 C 上部爲 ,明顯與 B 爲同

① 蔣玉斌:《釋甲骨金文中與"匹"有關的兩種形體》,楊榮祥、胡敕瑞主編《源遠流長:漢字國際學術研討會暨 AEARU 第三屆漢字文化研討會論文集》,北京大學出版社,2017 年,第 143—152 頁;蔣玉斌:《釋甲骨文中有關車馬的幾個字詞》,李學勤、馮克堅主編《鼎甲杯甲骨文字有獎辨識大賽論文集》,中州古籍出版社,2015 年,第 16—25 頁。

② 郭沫若:《卜辭通纂》,科學出版社,1982 年,第 525 頁。

③ 陳漢平:《古文字釋叢》,《考古與文物》1985 年第 1 期,第 104—105 頁。

④ 固始侯古堆一號墓發掘組:《河南固始侯古堆一號墓發掘簡報》,《文物》1981 年第 1 期,第 3 頁。

一字。

按照一般的文字規律，C 當是 B 加注音符後起的"注音形聲字"。① D 從"可"聲，很可能即"踦"的形聲字，而 B 當爲"踦"的象形初文。《廣雅•釋詁三》"踦，蹇也"。《說文》"蹇""跛"互訓。《說文》"蹇，尫也"，段玉裁注"尫，曲脛也"。《說文》"尫，蹇也"，段玉裁注"尫，俗作跛，或以沾入足部，致正俗複出，非也。今之經傳有跛無尫"。《廣韻•支韻》更是直接把"踦"解釋爲"脚跛"。人之跛疾大多是由脛部腫大導致不能正常行步引起的。《黄帝内經•素問•大奇論篇》曰"腎雍，脚下至少腹滿，脛有大小，髀䯒大跛，易偏枯"，"脛有大小"即兩條腿的脛部有大有小，腿脛增大也就是腿脛發生了臃腫。《說文》訓爲"脛气腫"的"瘇"籀文又從"尢"作"尰"。"尢"即跛脚人之形，《說文•尢部》曰"尢，尫也，曲脛人也，從大，象偏曲之形"（從段注）。這可證腿脛臃腫與跛疾有密切關係。

又古文字中的"瘦"或作：

《合集》22067　　《合集》190

《合集》17541　　《銘圖》14788 少府盉

此字舊多不識或誤釋，馮勝君先生釋爲頸瘤之義的"瘦"，②正確可從。"瘦"中的圈形筆畫表示的正是頸瘤臃腫的狀態，可證將 B 中的圈形筆畫所象之形理解爲腿脛臃腫之形，亦無太大問題。

B 象人蹇足跛脚之形，應即"踦"的象形字，C 就是"踦"的"注音形聲字"。那麼，卜辭中的 A 自然就是一個"從馬、踦聲"之字，很可能就是《爾雅•釋畜》"（馬）前右足白，啓；左白，踦；後右足白，驤；左白，馵"中的"踦"。在古人眼裏，"啓""踦""驤""馵"這類一足偏白的馬性情多乖逆不馴。郝懿行《爾雅義疏》引徐松曰"啓、踦、驤、馵四者，俗皆謂之'孤蹄'，其馬性多桀驁，云能妨主，士君子所不御"，是其證。故卜辭（1）（2）中分別需要用 地的驁馬、麟地的雜色馬來與踦馬匹配，要不然踦馬不會馴服。

另外，曾侯乙墓竹簡中亦有相似的記載：

---

① 關於形聲字類別的劃分，參看吳振武：《古文字中形聲字類別的研究》，《吉林大學研究生論文集刊（社會科學版）》1982 年第 1 期，第 49—63 頁。

② 馮勝君：《試說東周文字中部分"嬰"及從"嬰"之字的音符——兼釋甲骨文中的"瘦"和"頸"》，復旦大學出土文獻與古文字研究中心編：《出土文獻與傳世典籍的詮釋——紀念譚樸森先生逝世兩周年國際學術研討會論文集》，上海古籍出版社，2010 年，第 67—79 頁。

D ▨ 曾侯164：都牧之生駁爲左驌（服），戳（戳）夫之生駁爲右驌（服），長腸（場）人與代（弋）人之馬麗 D 馬，舊安車。①

D"从止、奇聲"，應該就是象形之 B（即跛足之"踦"）後起的"義類形聲字"。裘錫圭、李家浩二位先生引《方言》，認爲"踦"指肢體不全。② 後來，李家浩先生又解釋"生駁"爲未調馴過的毛色不純之馬，並補充説，正因爲那兩匹生駁肢體不全，失去了生馬的烈性，故未加調馴就用它們來駕車以充數。③ 這明顯不合情理，肢體不全之馬連站立行走都很困難，古人估計是不會冒險用它來駕車的。何琳儀先生認爲"踦"即《爾雅·釋畜》"左白，踦"之"踦"，④可從。因爲"踦"是桀驁不馴之馬，所以簡文説需要用長場人和弋人之馬來與之匹配。

二、退簋銘文"釐"字補釋

西周武王時期的退簋（《銘圖》05303，附圖二），舊因簋銘文字不整、文辭古奧，大多數學者誤以銘文中的"天亡"爲此器的作器者，故多稱此器爲"天亡簋"。近年，李學勤先生對簋銘重新做了考釋，特別是將有關賞賜内容的文句重新釋讀爲"王降，亡斁（敗），釐（釐）退橐"，其中的"釐"即讀爲賞賜義的"釐"，由此確定了此器的作器者即爲"退"，而全篇銘文所記内容實爲"退"助贊王祭祀而受王賞賜之事。⑤ 李先生的考釋，可謂撥雲見日，使此器銘文的真面目能够"重見天日"。

不過，後來的不少研究者引用此器時仍多稱此器爲"天亡簋"，對涉及此器作器者相關文句的解釋，亦多從舊説。馮時先生就將相關文句釋讀爲"王降亡斁（勛）爵復橐（囊）"，將"降"解釋爲賞賜，"勛爵""復囊"即天亡受賜之物。⑥ 楊亞長先生仍從于省吾的觀點，認爲此器作器者爲"天亡"，"天亡"可能即太公望。⑦ 鄭傑祥先生將相關文句釋文釋作"王降。亡斁爵復囊"，認爲此句大義爲"回營以後，天亡護衛有功被賞賜爵囊禮器"。⑧ 鄒家興先生將相關文句釋作"王降，亡斁爵、退囊"，謂學界對銘文中的"斁""爵"

① 此例承蒙江蘇圖書館的薛培武先生告知。

② 裘錫圭、李家浩：《曾侯乙墓竹簡釋文與考釋》，湖北省博物館編：《曾侯乙墓》，文物出版社，1989年，第527頁。

③ 李家浩：《季姬方尊銘文補釋》，陝西師範大學、寶雞青銅器博物館主辦：《黄盛璋先生八秩華誕紀念文集》，中國教育文化出版社，2005年，第139—145頁。

④ 何琳儀：《戰國古文字典》，中華書局，1998年9月，第851頁。

⑤ 李學勤：《"天亡"簋試釋及有關推測》，《中國史研究》2009年第4期，第5—8頁。

⑥ 馮時：《天亡簋銘文補論》，《出土文獻》第1輯，中西書局，2010年，第122—128頁。

⑦ 楊亞長：《天亡簋與太公望》，《文博》2010年第1期，第86—87頁。

⑧ 鄭傑祥：《周初銅器銘文"王在闌師"與"王祀於天室"新探》，《中原文化研究》2013年第4期，第42頁。

“退”“囊”等字的解釋尚有分歧，亦未采用李先生的觀點。①

　　不少學者對李先生的觀點仍存疑慮，筆者推測與其中關鍵的賞賜動詞“釐”的釋讀有很大的關係。查驗原銘文就可知，簋銘“王降，亡助（敗），釐（釐）退賣”中的其他諸字寫法都比較規矩，唯獨“釐”筆畫粘連嚴重，難以識其真貌。李先生雖然辨別出此字上部是“𣏝”，但對於下部是否爲“首”的省文則不敢肯定，這大大減弱了釋讀的可信服度。

　　我們來看李先生隸作“釐”之字的字形。此字原篆作：

按照李先生的表述，其當是認爲此字下部的三豎筆爲“首”的省文。古文字“首”尚未見到此類省作三豎筆的寫法，不過“馘”卻有省作 （《合集》499）、 （大盂鼎）者。② 但此字不管下部是“首”省文，還是“馘”省文，構形上皆無義可説。

　　筆者認爲此字字形當分析爲：

$$\text{字} = \text{字} + \text{字}$$

上部 ，師袁簋蓋銘（《銘圖》05366） 結構相同，可證如此分析無誤。下部 當是“子”的訛體，其頭部與“𣏝”兩側的“厂”及“又”因鑄範移位皆連接在一起成一橫筆，故不易辨識出來。此字從“𣏝”從“子”，當是“𡥈”無疑。

　　又史牆盤銘文中的“𡥈”作 ，其下部所從之“子”若與“𣏝”粘連，即作如下之形：

與退簋中的 極爲相近，亦可證此字當是“𡥈”。

　　此字爲“𡥈”，自然可讀爲“釐”，更可證李先生之説確爲不刊之論。以後，我們在引用此簋時，應直接稱之爲“退簋”，而不應沿用舊稱“天亡簋”。

三、玫茵堂所藏敔簋銘文“純”字考釋

　　玫茵堂所藏敔簋的銘文（《銘圖》05141，附圖三）主要記述了敔受王賞賜並答謝的過

---

① 鄒家興：《金文所見周初王室祭祖活動新探》，《史學月刊》2019年第8期，第6—11頁。

② 林沄：《新版〈金文編〉正文部分釋字商榷》，江蘇太倉：古文字研究會第七屆年會論文，1990年，第176條。

程,其中記有賞賜品的文句爲:

王蔑敬曆(懋),①易(錫)玄衣赤 E。

其中的 E 原篆作:

此字外面从"衣",殆無疑義。但對於此字中間所从爲何形,學者們却意見不一。

徐同柏謂此字中間从"丨"聲,當爲"袞",《爾雅·釋言》"袞,黻也",故"赤袞"即指赤芾。② 吳式芬、劉體智、《銘文選》所作釋文逕直釋爲"袞",當是從徐説。③

孫詒讓懷疑此字中間从"土"省形,此字則爲"裏"之省,"赤裏"即玄衣之裏衣。④ 于省吾、郭沫若、白川静、唐蘭、張亞初、吳鎮烽等學者亦贊同此字中間从"土"。郭沫若先生認爲此字"从衣从土、土亦聲",當是"鳥"之本字。白川静先生根據金文"玄衣黹屯"文例,推測 E 指衣服之緣飾。于省吾、唐蘭、張亞初、吳鎮烽諸位先生則未解釋此字的含義。⑤

吳闓生認爲此字中間从"匕",當即"甲胄"之"甲"的古文。⑥

陳夢家先生認爲此字中間所从爲象公牛生殖器的"⊥","⊥"音同於"矛",故此字讀爲"袤"。《説文》曰"袤,衣帶以上",則"玄衣赤袤"即玄衣而衣帶以上作赤色者。⑦

《集成釋文》認爲此字中間从"干",而《集成(訂補本)》所附釋文則改爲从"土"。⑧

---

① 陳劍:《簡談對金文"蔑懋"問題的一些新認識》,《出土文獻與古文字研究》第 7 輯,上海古籍出版社,2018 年,第 91—117 頁。

② 徐同柏:《從古堂款識學》卷六,蒙學報館影石校印本,光緒三十二年(1906),第 10—11 葉。

③ 吳式芬:《攟古錄金文》卷三之一,吳氏家刻本,光緒二十一年(1895),第 15 葉;劉體智:《小校經閣金石文字》卷八,石印本,1935 年,第 41 葉;馬承源主編:《商周青銅器銘文選(三)》,北京:文物出版社,1988 年,287 頁。

④ 孫詒讓:《古籀餘論》卷三,燕京大學哈佛燕京學社石印容庚校補本,1929 年,第 1 葉。

⑤ 郭沫若:《兩周金文辭大系圖錄考釋》錄編,(東京)文求堂,日本昭和十年(1935),第 92 葉;白川静:《金文通釋》卷二,(大阪)白鶴美術館,日本昭和四十三年(1968),第 244 頁;于省吾:《雙劍誃吉金文選》卷下之二,大業印刷局石印本,1932 年,第 17 葉;唐蘭:《西周青銅器銘文分代史徵》,中華書局,1986 年,第 481 頁;張亞初編著:《殷周金文集成引得》,中華書局,2001 年,第 75 頁;吳鎮烽編著:《商周青銅器銘文暨圖像集成》第 11 卷,上海古籍出版社,2012 年,153 頁。

⑥ 吳闓生:《吉金文錄》卷三,南宮邢氏刻本藍印本,1933 年,第 21 葉。

⑦ 陳夢家:《西周銅器斷代》上冊,中華書局,2004 年,第 126 頁。

⑧ 中國社會科學院考古研究所編:《殷周金文集成釋文》第 3 卷,香港中文大學中國文化研究所,2001 年,第 307—308 頁;中國社會科學院考古研究所編:《殷周金文集成(修訂增補本)》第 3 冊,中華書局,2007 年,第 2349—2350 頁。

　　汪濤、戴克成兩位先生皆疑此字爲"褒"，[①]"褒"即"袖"，大概是懷疑此字是指衣服的袖子。

　　在以上諸説中，白川靜先生推測此字指衣服緣飾的意見最值得注意。西周中晚期金文常見賞賜"玄衣"，但多以"玄衣×屯（純）"的形式出現，即在"玄衣"後注明衣服緣飾"純"的信息。其中，以"玄衣黹屯（純）"的搭配最爲常見。爾季鼎（《銘圖》02432）、師奎父鼎（《銘圖》02476）、遇鼎（《銘圖》02479）、袁鼎（《銘圖》02482）、袁盤（《銘圖》14537）、此鼎（《銘圖》02484—02486）、此簋（《銘圖》05354—05361）、膳夫山鼎（《銘圖》02490）、頌鼎（《銘圖》02492—02494）、頌簋（《銘圖》05390—05397）、頌壺（《銘圖》12451—12452）、呂簋（《銘圖》05257）、即簋（《銘圖》05290）、弭伯師耤簋（《銘圖》05294）、害簋（《銘圖》05296—05298）、王臣簋（《銘圖》05313）、輔師𩛥簋（《銘圖》05337）、詢簋（《銘圖》05378）、宾盤（《銘圖》14528）、走馬休盤（《銘圖》14534）等銘文中皆言賞賜"玄衣黹屯（純）"。當然，"玄衣×屯（純）"亦有其他的搭配方式。召簋（《銘圖》05230）、虎簋（《銘圖》05399—05400）、紳鼎（《銘續》0230）等銘即賜"玄衣牆（紃）屯（純）"，[②]師𩛥鼎銘（《銘圖》02495）則有"玄袞䋹（黼）屯（純）"[③]之賜。"玄袞"是等級較高的玄衣，飾有卷龍之紋，《詩經·小雅·采菽》"又何予之，玄袞及黼"，鄭玄箋"玄袞，玄衣而畫以卷龍也"。

　　筆者認爲 E 就是一個"從衣屯聲"之字，即"純"之異體。白川靜先生雖從文義上推測此字是指衣服緣飾，但不敢肯定此字是一個可讀爲"純"的字，大概是覺得字形上不好解釋。現在就從字形來檢驗筆者之説是否正確。

　　E 中間所從之形作：

而金文"屯"或作：

---

① Wang Tao, *Chinese Bronzes from the Meiyintang Collection*, Paradou Writing, 2009, p. 312；Christian Deydier, *Chinese Bronzes from the Meiyintang Collection*, OM Publishing, 2013, p.166.

② 白於藍：《"玄衣牆純"新解》，《中國文字》新 26 期，（臺北）藝文印書館，2000 年，第 149—153 頁。

③ 舊多讀"䋹"爲《説文》"合五采鮮色"的"䋹"，復旦大學謝明文先生告知，他懷疑當讀爲"黼"，可從。"黼"從"甫"聲，"䋹"從"且"聲，古音皆在魚部，二字音近可通。《尚書》《周禮》即有"黼純"的記載，如《尚書·顧命》"狄設黼扆綴衣，牖間南嚮，敷重篾席黼純"、《周禮·春官·司幾筵》"設莞筵紛純，加繅席畫純，加次席黼純，左右玉幾"。"黼"即一種白黑相間的紋飾，《考工記》"白與黑謂之黼"。或認爲"黼"爲斧形紋飾，如《左傳·桓公二年》"火龍黼黻，昭其文也"，杜預注"白與黑謂之黼"。這大概是對《爾雅·釋器》"斧謂之黼"的誤解。《爾雅·釋器》原文曰"一染謂之縓，再染謂之䞓，三染謂之纁。青謂之蔥，黑謂之黝，斧謂之黼"，"縓""䞓""纁""蔥""黝"皆指顏色，"黼"毫無疑問也是指顏色。"黼"可稱爲"斧"當是二字音近相通的緣故，並不是指"黼"爲斧形紋飾。

 《銘圖》00989 屯簋　　　 《銘圖》02445 伯姜鼎

《銘圖》05354 此簋(器銘)

不難看出,“屯”既有整體作筆直者,亦有整體作彎曲狀者。E 中間所从之形作彎曲狀,與此簋器銘中的“屯”最爲接近,可證 E 確實从“屯”。

金文表示緣飾之義的“純”多直接借“屯”爲之,但師導簋銘(《銘圖》05328)“玄衣𢄼純”之“純”則从“巾”作 之形。與 比較,E 則增添了義符“衣”而已,頗有異曲同工之妙。E“从衣、屯聲”,爲“純”異體無疑。“玄衣赤 E”也就是“玄衣赤純”,“玄衣赤純”即衣服緣飾爲赤紅色的黑色上衣。

從敔簋的器形、紋飾以及銘文的字體、行文風格來看,其時代當在西周早期偏後段。西周早期賞賜銘文在記錄賞賜品“衣”時,多不注明“衣”的顏色。例如叔夨鼎銘(《銘圖》02419)記述周王賞賜叔夨亇(裳)、衣、車、馬、貝卅朋等物,大盂鼎銘(《銘圖》02514)記載周王賜盂之物有亇(裳)、衣、市、烏、車、馬、南公旂、臣民、人鬲等,復尊銘(《銘圖》11770)記載燕侯賞賜復亇(裳)、衣、臣、妾、貝,作册麥尊銘(《銘圖》11820)敘述周王賞賜邢侯虢臣、車、馬、金勒、亇(裳)、衣、市、烏,皆單稱“衣”而不言衣色。進入西周中期後,銅器銘文在表達“衣”才漸漸注明其顏色,出現了“玄衣”以及“玄衣×純”等表達方式的賞賜品。敔簋銘中的“玄衣赤純”無疑開了“玄衣×純”這種表述方式的風氣之先,處在承上啓下的位置。而且,“玄衣赤純”這種搭配方式亦屬首次出現,頗有意義。

另外,在西周早期賞賜金文中,出現賞賜“衣”者並不多見,僅上面提到的叔夨鼎、大盂鼎、復尊、作册麥尊等少數幾例。但毫無例外,受賜者身份都比較高貴。叔夨可能即西周晉國第一代封君唐叔虞,[1]盂爲南公之孫且襲南公之職,復爲燕侯之重臣,作册麥尊銘中受王賜“衣”者爲邢侯。敔簋銘中的敔受王賞賜“玄衣赤純”,可見敔身份亦非一般,官職亦不低。但從受賜品的豐富程度來看,敔又遠不及叔夨、盂、復、邢侯等人。由此亦可看出,敔還没有達到公侯一級。

四、舒子敢盉銘文考釋

1990 年,湖北襄陽縣朱坡鄉(今屬襄陽市樊城區太平店鎮)徐莊村老館鋪出土過一件銅盉(《銘圖》06075,附圖四)。此銅盉器、蓋皆鑄有銘文,内容基本相同,唯器銘漏鑄

---

[1]　李伯謙:《叔夨方鼎銘文考釋》,《文物》2001 年第 8 期,第 40—41 頁。

一"自"字。其銘文首句爲:

> 隹(唯)八月初吉乙亥,F子G擇其吉金,自乍(作)鯀鼎。

此銅盞銘文作器者自稱"F子G"。由於各種原因,學者們對於"F子G"的釋讀,並未取得一致意見。

張昌平先生最初釋"F子G"爲"蓁子燮",後改釋作"蓁子燮"。[①] 劉彬徽先生初次釋作"蓁子敢",後改釋爲"蓁(狷)子敢"。[②] 陳劍先生懷疑"F子G"爲"蓁子燮"。[③]《近出》則將"F子G"釋作"□子歔"。[④] 鄒芙都先生謂F寫法與睽士父鬲銘文中的"夢"接近,疑爲"夢",故釋"F子G"爲"夢子□",認爲此器當爲姬姓夢國器。[⑤] 黄錦前先生亦認爲F是"夢",將"F子G"釋作"夢子歔",並把此器歸爲偃姓東夢器。[⑥] 張丹先生謂F字形與夢子妝戈銘文中的"鄂"相差甚遠,應不是"鄂",而是"蓁",故"F子G"應是"蓁子歔"。[⑦]《銘圖》釋文則釋"F子G"爲"蓁子歔"。[⑧] 田成方先生將"F子G"釋作"釐(夢)子鄂",仍將首字讀爲"夢",認爲本器與睽士父鬲銘文中的"夢"皆指己姓夢國,而夢子妝戈銘文中的"鄂(夢)"乃指姬姓夢國,故二者字形有别,似是對張丹異議的回應。[⑨] 現在由《銘圖》公布的清晰圖版來看,以上諸説皆有問題。

我們先來看作器者私名G的字形:

不難看出,此字左從"敢"右從"自",當從《銘圖》隸作"歔","自"即軍隊之"師",則此字很可能就是作戰勇敢之"敢"的專字,可直接讀爲"敢"。

而F字形原作:

① 張昌平:《襄陽縣發現一件銅盞》,《江漢考古》1993年第3期,第42頁;拓古(張昌平):《蓁子燮盞》,《江漢考古》1999年第3期,第96頁。

② 劉彬徽:《楚文字資料的新發現與研究》,湖南省博物館主編:《湖南省博物館四十周年紀念文集》,湖南教育出版社,1996年,第121頁;劉彬徽、劉長武:《楚系金文彙編》,湖北教育出版社,2009年,第81頁二七號。

③ 陳劍:《青銅器自名代稱、連稱研究》,《中國文字研究》第1輯,廣西教育出版社,1999年,第354頁。

④ 劉雨、盧岩編著:《近出殷周金文集録》第4册,中華書局,2002年,第36—37頁。

⑤ 鄒芙都:《楚系銘文綜合研究》,四川大學博士學位論文,2004年,第37頁;又見鄒芙都:《楚系銘文綜合研究》,巴蜀書社,2007年,第57—58頁。

⑥ 黄錦前:《楚系銅器銘文研究》,安徽大學博士學位論文,2009年,第157頁。

⑦ 張丹:《南襄盆地出土兩周時期銘文研究》,武漢大學博士學位論文,2012年,第62—63頁。

⑧ 吳鎮烽:《商周青銅器銘文暨圖像集成》第13卷,上海古籍出版社,2012年,第338頁。

⑨ 田成方:《嬰士父鬲、夢子歔盞與己姓夢國》,《中原文物》2015年第3期,第138頁。

此字中間左從"舍"應無問題,右旁部分筆畫不清,楊權喜先生曾據舊著録摹作"ㄓ",①現根據《銘圖》的清晰圖版可補全爲"ㄓ","ㄓ"即"邑"。由此可知,此字中間實從"郶",故此字當隸作"葬",當讀爲"舒"。《左傳》僖公三年經"徐人取舒",《玉篇》引《左傳》正作"徐人取郶",與此銘密合。

綜上所述,"F子G"當讀爲"舒子敢",我們亦應稱此銅盞爲"舒子敢盞"。從此盞的形制和紋飾來看,其時代當在春秋中期後段。② 而據《左傳》記載,文公十二年(楚穆王十一年,前615年),"群舒叛楚,夏,子孔執舒子平及宗子,遂圍巢",是春秋中期前段舒已被楚所滅。也就是說,此器的鑄作年代在楚滅舒之後。因此,舒子敢很可能是被楚國强制遷至楚地的舒國貴族,其名字中的"舒"當不是國名,而應理解成族氏名。

五、吳王光編鐘銘文中的"繽紛"考釋

1955年,安徽壽縣蔡侯申墓出土了一組吳王光編鐘(《銘圖》15369—15414),可惜此組編鐘殘損嚴重,現只發現1枚完整甬鐘和47塊殘片有銘文。③ 此處主要想討論一下編鐘銘文中"彐焚"的釋讀,筆者認爲"彐焚"可能讀爲"繽紛"。

雖然吳王光編鐘銘文殘損嚴重,但從出土至今,研究此編鐘銘文的學者很多,各自意見不一。④ 我們綜合各家觀點,並根據自己的理解,將銘文釋寫如下(銘文有韻,下面

---

① 楊權喜:《有銘銅盞》,高至喜主編:《楚文物圖典》,湖北教育出版社,2000年,第42頁。

② 王先福:《襄樊余崗墓地楚式青銅禮器分期研究》,《江漢考古》2010年第3期,第82頁;張丹:《南襄盆地出土兩周時期銘文研究》,武漢大學博士學位論文,2012年,第62—63頁。

③ 安徽文物管理委員會、安徽省博物館編著:《壽縣蔡侯墓出土遺物》,科學出版社,1956年,第10—11頁,圖版肆貳、肆叁、柒拾—柒伍。

④ 唐蘭:《〈五省出土重要文物展覽圖録〉序言》,五省出土重要文物展覽籌備委員會編:《五省出土重要文物展覽圖録》,文物出版社,1958年,第1頁;郭若愚:《從有關蔡侯的若干資料論壽縣蔡墓蔡器的年代》,《上海博物館集刊》第2期,上海古籍出版社,1983年,第75—88頁;曾憲通:《吳王光編鐘銘文的再探討》,江蘇太倉:中國古文字研究會第八屆年會論文,1990年,又見《華學》第5輯,中山大學出版社,2001年,第112—129頁;董楚平:《吳越徐舒金文集釋》,浙江古籍出版社,1992年,第50—53頁;施謝捷編著:《吳越文字彙編》,江蘇教育出版社,1998年,第527—529頁;張亞初編著:《殷周金文集成引得》,中華書局,2001年,第9頁;祝振雷:《安徽壽縣蔡侯墓出土青銅器銘文集釋》,吉林大學碩士學位論文,2006年,第55—61頁;程鵬萬:《安徽壽縣蔡侯墓出土殘鐘銘文中可以讀爲"文"的字》,《出土文獻與古文字研究》第4輯,第89—92頁,上海古籍出版社,2011年;程鵬萬:《試論吳王光編鐘銘文"條虡既戤"的連讀》,《古文字研究》第29輯,中華書局,2012年,第398—401頁;董珊:《吳越題銘研究》,科學出版社,2014年,第27—28頁。

用雙下劃綫標出韻脚）：

　　舍（余）嚴天之命，入成（城）不<u>虞</u>。寺（之）菩（春）念（今）歲，吉日初<u>庚</u>。吴王光……穆曾（贈）辟金，青吕（鋁）尃<u>皇</u>，台（以）乍（作）寺吁龢鐘。屋（振）鳴<u>夏</u>焚/㸚，其……穆＝（穆穆）柬＝（簡簡），和鐘……鳴<u>陽（揚）</u>。條虞既埶（設），孜夏（文）青黄，□孜夏（文）紫。維絑（繁）辟（譬）菩（春），華英右（有）宴（晏）……□□而（爾）<u>光</u>，油＝（油油）羕＝（漾<u>漾</u>）。往巳弔（叔）姬，虔敬命勿<u>忘</u>！

　　鐘銘“夏焚”中“夏”即楚簡中常見可讀爲“文”的字，所從之“畏”即金文“（敃）”（《銘圖》11804 黿尊）的變體，“民”“敃”皆爲此字的聲符。[1] 筆者推測很可能是後人不明“畏”即“敃”的變體，而“畏”又與“敃”讀音相同，遂又加注“民”聲。“焚”在 15404 號殘片上的銘文中作“㸚”，“焚”加注義符“屻（龠）”，表明其與樂聲有關。“夏焚”接在“振鳴”之後，無疑是用來形容鐘聲的，很可能就讀爲“繽紛”。

　　“夏”從“民”聲，“民”明母真部，“繽”滂母真部，二字亦旁紐疊韻，音相近。二字雖無直接相通之例，却有間接相通的證據。《尚書·吕刑》“民興胥漸，泯泯棼棼，罔中於信，以覆詛盟”，《逸周書·祭公》“三公，汝念哉！汝無泯泯芬芬，厚顔忍醜”，“泯泯棼棼”“泯泯芬芬”爲昏亂、混亂之義，後世或作“涽涽紛紛”“緡紛”，如《論衡·寒温篇》“蚩尤之民，涽涽紛紛”，《三國志·魏書·曹玄傳》“機權多門，是紛亂之原也，自州、郡中正品度官才之來，有年載矣，緡緡紛紛，未聞整齊”，是“泯”與“涽”“緡”音近可通。又《尚書·泰誓》“商王受……沉湎冒色，敢行暴虐”，《漢書·霍光傳》“與從官、官奴夜飲，湛沔於酒”，“沉湎”作“湛沔”，而“沔”從“丏”聲，“繽”從“賓”聲，“賓”從“丏（宀）”聲，可證“涽”“緡”與“繽”亦音近可通。如此，“夏”“繽”極有相通的可能。

　　“焚”並母文部，“紛”幫母文部，二字旁紐疊韻，古音極近。又《論語·雍也》“文質彬彬”，《説文》引作“文質份份”，並謂“彬”爲“份”之古文，“彬”從“焚”省聲。“焚”“紛”自然可相通。

　　“繽紛”一般用來形容佩飾、旗幟、車馬行人等具體事物的繁盛衆多，如屈原《離騷》“佩繽紛其繁飾兮，芳菲菲其彌章”，《孔子家語》“旍旗繽紛，下蟠於地”，揚雄《羽獵賦》“繽紛往來，輻轤不絶”。也可比興樂曲舞蹈的紛繁多樣，如《漢書·司馬相如傳·上林賦》曰“鄢郢繽紛，激楚結風”，王先謙補注“鄢郢繽紛，謂楚歌楚舞交雜並進”，“繽紛”正指樂舞的紛繁交替；薛用弱《集異記補編·葉法善》言葉法善“所居院異香芬鬱，仙樂繽

---

① 　陳劍：《甲骨金文舊釋“尤”之字及相關諸字新釋》，《北京大學中國古文獻研究中心集刊》第 4 輯，北京大學出版社，2004 年，第 85—88 頁。

紛","繽紛"則直接形容樂聲紛繁悦耳。鐘銘的"繽紛"正是用此義。

下文的"穆穆""簡簡"也可能是形容鐘聲的。《禮記·少儀》"言語之美,穆穆皇皇",孔穎達疏"穆穆、皇皇,皆美大之狀"。《詩經·商頌·那》"猗與那與,置我鞉鼓。奏鼓簡簡,衎我烈祖",朱熹《集傳》"簡簡,和大也"。"穆穆""簡簡"當是形容鐘聲悦耳華美盛大。

六、曾侯與編鐘銘文"嘉樹"考釋

2009 年,湖北省文物考古研究所、隨州市博物館在隨州文峰塔發掘了三座墓葬,其中 M1 曾侯與墓出土了數件編鐘及殘片,上皆有銘文。① 由於鐘銘極高的學術價值,不少學者從不同角度對鐘銘進行了很好的研究。不過,C 組編鐘銘文尚有二字值得重新探討。

此二字原篆分別作:

其文例爲:

> 臨觀元 🦴 ,HI 芌(華)英。戲(吾)以及大夫,医(宴)樂爰卿(饗)。蓋士備(服)御,秭秭(肅肅)倉倉。

上文中的"芌(華)英"二字,凡國棟先生釋讀爲"芌(笁)甫(鋪)",②當從董珊的意見改讀爲"芌(華)英"。③

而"HI"二字,凡國棟先生釋讀爲"嘉楂(鼓)",董珊先生釋讀爲"嘉楂(樹)",馬曉穩先生改釋爲"藉(作)楂(鼓)"。④

我們首先來討論 I 字。大家對此字的字形並無異議,皆認爲此字由"木""豆"構成,

---

① 湖北省文物考古研究所、隨州市博物館:《隨州文峰塔 M1(曾侯與墓)、M2 發掘簡報》,《江漢考古》2014 年第 4 期,第 3—51 頁。

② 凡國棟:《曾侯與編鐘銘文束釋》,《江漢考古》2014 年第 4 期,第 65—66 頁。

③ 董珊:《隨州文峰塔 M1 出土三種曾侯與編鐘銘文考釋》,復旦大學出土文獻與古文字研究中心網站,2014 年 10 月 4 日。

④ 馬曉穩:《曾侯與鐘"藉楂華英"試説》,《江漢考古》2016 年第 5 期,第 115—117 頁。

主要是讀爲"鼓"還是"樹"的問題。首先,從用字習慣上來説,出土文獻中"鼓"多作"豈""鼓",偶作"喜""嗀",未見作"查"者。另外,此器爲編鐘,銘文卻言"嘉鼓"或"作鼓",實不合情理。"查"很可能本作"查",因形近訛變爲"豈",後又增"木"旁,故一般借爲"樹",而不能借爲"鼓",如《銀雀山一•六韜》簡640—641"大(太)上歸[之],其次查斂……查斂何如而天下歸之",簡647"查□以取國,查國以取天下"中的"查"皆讀爲"樹"。在此鐘銘中亦當讀爲"樹"。

下面,我們再來討論 H 字。從 H2 字形來看,此字中間似乎真的從"昔",但與 H1 相比較,H1 字形更加規整,H2 很可能是鑄範移位所致的訛體。我們討論此字字形時,應以 H1 爲準。H1 中間所謂的"昔"實由""與"豆"構成,"豆"借用其下面"力"的筆畫作爲自己底部的橫畫,而""則爲""的省變訛體。

古文字中的"嘉"或作:

《銘圖》15609 王孫誥鐘　　《銘圖》15792 許子將師鎛

此二字上部正分別作""之形。而""此類部件有時會省去其中間的""而變作"從"""。如古文字中的"索"一般作:

《銘圖》05682 師克盨蓋　　《銘圖》15433 曾侯乙鐘三

但亦會省去其上面的筆畫""作:

《銘圖》05337 輔師嫠簋　　《銘圖》024796 九年衛鼎

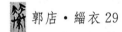郭店•緇衣 29

郭店簡《緇衣》中的"索(素)"上從"",與 H 所從正同。可證 H 當是由 、一類寫法的"嘉"變化而來。H 上添"艸",可能是"嘉卉""嘉樹"之"嘉"的專字。

"嘉樹華英"上一句爲"臨觀元 "。" ",現有"洋""灌""棧"等釋讀意見。此字右旁下部向右彎曲,與"羊"及"个(旹)"皆不相類,待考。但從"元 "可"臨觀"來看,當是可視之物,很可能就是指編鐘或者編鐘飾件。如此看來,"嘉樹華英"應是形容編鐘或者編鐘飾件的紋飾。

"華英"還見於上文提到的吳王光鐘銘文中:

　　條虞既執(設),孜燮(文)青黄,□孜燮(文)紫。維紾(繁)辟(譬)萅(春),華英右(有)宴(晏)。

吳王光鐘銘"孜文青黃,□孜文紫"上接"條虡既設",形容的就是條虡上的紋飾。"宴",舊多釋爲"慶",但根據中山大學古文字研究室藏拓片,此字確爲"宴"。[①] "宴"即"晏",《詩經·鄭風·羔裘》"羔裘晏兮,三英粲兮",朱熹《集傳》"晏,鮮盛貌"。"維繁譬春,華英有晏"當指條虡上飾物繁多,猶如春天花草茂盛。此吳王光鐘銘中的"華英"形容的正是紋飾,亦可證曾侯膑鐘銘中的"嘉樹華英"亦是形容紋飾。

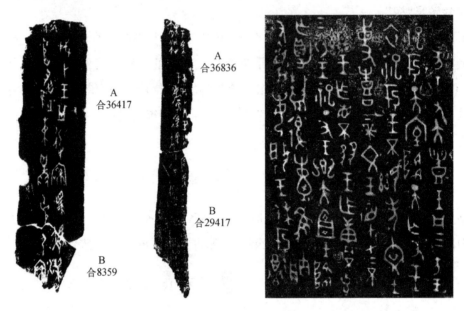

附圖一　《合集》36417 + 8359、《合集》36836 + 29417　　附圖二　《銘圖》05303 退簋銘文

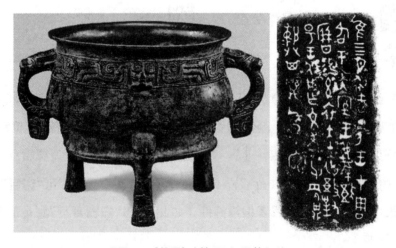

附圖三　《銘圖》敔簋器形、器銘拓片

①　曾憲通:《吳王光編鐘銘文的再探討》,江蘇太倉:中國古文字研究會第八屆年會論文,1990 年;又見《華學》第 5 輯,第 112—129 頁。

附圖四　《文物精華》68 舒子敢盨器形、《銘圖》06075 舒子敢盨蓋銘照片

姑馮句鑃銘文"虖"字補釋*

孫　剛　李瑤

（海南師範大學文學院）

　　《殷周金文集成》（簡稱《集成》）424 號著録的"姑馮昏同之子句鑃"又名"姑馮句鑃""姑馮昏同句鑃"，學界一般認爲屬於春秋晚期越國銅器。此器據傳清乾隆五十三年（1788 年）出土於江蘇常熟，現在僅有銘文拓本傳世，原器已經不知所踪。句鑃正背面兩欒處共鑄有 8 列銘文，計有 39 字，重文 2 字。爲方便討論，我們先將銘文釋寫如下（釋文用寬式）：

> 隹（唯）王正月初吉丁亥，姑 AB 同之子擇氒（厥）吉金，自乍（作）商句（勾）鑃，以樂賓客及我父兄，子=（子子）孫=（孫孫），永保用之。　　　　《集成》424

銘文中"姑 AB 同"爲人名，A、B 所代表的形體原銘文作：

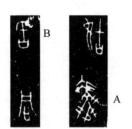

《集成》424

B 字學者一般釋爲《説文》訓"塞口也"的"昏"，由於从"昏"諸字後來都變成了从"舌"形，楊樹達等從而將銘文"昏同"與見於《左傳》《國語》的"舌庸"相聯繫，認爲二者是一人。[1] 近些

---

*　本文爲 2019 年國家社科基金一般項目"出土文獻與東周齊國史研究"（19BZS013）的階段性成果。

①　楊樹達：《積微居金文説（增訂本）》，中華書局，1997 年，第 125—126 頁。

年隨着清華簡等新材料的公布,人們對"昏同"即"舌庸"的意見已有所懷疑。①"B"很可能只是一個从口,从氏的字,與《説文》中的"昏"可能只是同形關係,下文仍將"B"隸定作"昏"。"B"所涉及的相關問題,詳參另文②,本文主要討論"A"的釋讀問題。

該器出土以來,學者對"A"的釋讀問題進行了熱烈的討論,也取得了很多成績。總結相關成果,已有釋"馮""虘""虞/虔""鳩""鵬""颮""溯/溯""凌""郋"等意見,③現作一簡要介紹。

(一) 釋"馮"説

翁心存《知止齋詩集》卷十二"周句鑃歌並序",是較早對此句鑃銘文進行研究的文獻。該文介紹了此句鑃的出土時間、地點及形制尺寸,並引述了翁氏及鮑份、張承露、吳憲澄等人對銘文的考釋意見,現將相關內容擇要轉引如下:④

> 乾隆戊申(按:即公元 1788 年)夏,吾邑翼京門外民鋤地得古器,俞新甫太守廷柏以萬錢易之。……銘文凡三十九,叔冶鮑氏份釋之曰:"惟王正月初吉丁亥,姑馮胡同之子擇乃吉金,自作再右鑃。以樂賓客叔季父族,子子孫孫永保用之。"又曰:"鑃即翟上插雉羽,樂人執之,《詩·簡兮》所稱'右手秉翟'者也。"虛庵張氏承露、筱軒吳氏憲澄糾鮑之失,謂:"鑃文通銚,銚,溫器也。"吳氏又謂:"銚形類鐎,即刁斗。"其説良是。"叔季"二字,張據許子將鐘定爲"我及";"右"字,吳據仲駒敦定爲"句";"族"字,吳據分甯鐘定爲"兄",皆極精審。"再"字,張釋爲"商",而以爲商器。吳以爲或用之商祭或聲中商音,均近傅會。"胡"字,張釋作"舌"。……案:"舌庸",越大夫,見《吳語》,今《左傳》訛作"后"而唐石經作"舌"。知今本經後人妄改矣。《廣韻》注:"舌,姓。"引越大夫爲祖,是舌固越中世族也。……是鑃殆舌庸作……吳越之地多以姑名者,"姑馮"當是越地舌氏之采邑。"姑",發語辭,猶之句吳於越云爾。……昨過把秀書屋細審銘文第十一字乃"舌"非"舌"也。……"氏"即"氏"字……然則"昏"殆"舌"之叚借字歟!且捨、逽、澘等字,今皆从舌,又焉知舌姓之舌非本作"昏"而

---

① 廣瀨薰雄:《釋清華大學藏楚簡(三)〈良臣〉的"大同"——兼論姑馮句鑃所見的"昏同"》,《古文字研究》第 30 輯,中華書局,2014 年,第 417 頁。石小力:《據清華簡(柒)補證舊説四則》,《簡帛語言文字研究》第 9 輯,巴蜀書社,2017 年,第 14—18 頁。

② 孫剛、李瑤:《説"昏"》,《古文字研究》第 34 輯,中華書局,2022 年,第 558—564 頁。

③ 馬曉穩先生對下文所提及的部分釋讀意見已有所整理,詳馬曉穩:《吳越文字資料整理及相關問題研究》,吉林大學博士學位論文,2017 年,第 474—475 頁。

④ 翁心存:《知止齋詩集》,清光緒三年常熟毛文彬刻本(續修四庫全書第 1519 冊)。

後乃轉寫作"舌"歟？己亥六月廿七日記。

《重修常昭合志·金石志》"周代·鐸"條相關内容，即根據上引部分文字改寫而成。① 上引文文末"己亥六月"即清道光十九年(1839年)六月，根據引文可知此時鮑份所作的釋文已經提出了釋"馮"的意見。此後吳式芬②、劉體智③、王國維④、白川静⑤、柯昌濟⑥、馬承源⑦、曹錦炎⑧、何琳儀⑨、董珊⑩、吳鎮烽⑪等皆主此説，其影響十分廣泛，時至今日仍是最主流的釋讀意見。此外，高田忠周釋爲"鄩"疑爲"鄁"，⑫無疑也是受此説的影響。

(二) 釋"虞"説

方濬益《綴遺齋彝器考釋》卷二八·二七隸定作"虞"，方氏指出："弟二行姑之下《攈古録金文》釋爲馮。今按此字从虍从吿，與磨同意，當釋虞。"⑬唐蘭《古樂器小記》⑭、《清華大學藏戰國竹簡(貳)·繫年》"釋文注釋"⑮在引述此句鐸銘文時徑稱"姑虞句鑃"，也都贊同釋"虞"的意見。

(三) 釋"虞/虡"説

《説文》："虡，鐘鼓之柎也，飾爲猛獸。从虍、異，象其下足。虞，篆文虡省"，"虞"

---

① 常熟市地方誌編纂委員會辦公室：《重修常昭合志》，上海社會科學院出版社，2002年，第896頁。

② 吳式芬：《攈古録金文》，卷三之一，第12頁。收入劉慶柱、段志洪、馮時：《金文文獻集成》第11册，綫裝書局，2005年，第312頁。

③ 劉體智：《小校經閣金文拓本》，卷一，第99頁，民國二十四年石印本。

④ 吳闓生：《吉金文録》卷四，中華書局，1963年，第34頁。

⑤ 白川静：《金文通釋》卷四，第615頁。收入劉慶柱、段志洪、馮時：《金文文獻集成》第45册，綫裝書局，2005年，第155頁。

⑥ 柯昌濟：《韡華閣集古録跋尾》甲，第9頁。收入劉慶柱、段志洪、馮時：《金文文獻集成》第25册，綫裝書局，2005年，第103頁。

⑦ 馬承源主編：《商周青銅器銘文選(四)》五六三號，文物出版社，1990年，第308頁。

⑧ 曹錦炎：《吳越青銅器銘文述編》，《古文字研究》第17輯，中華書局，1989年，第116頁。

⑨ 何琳儀：《戰國文字通論(訂補)》，江蘇教育出版社，2003年，第170頁。

⑩ 董珊：《吳越題銘研究》，科學出版社，2014年，第84—85頁。

⑪ 吳鎮烽：《商周青銅器銘文暨圖像集成》第29册，上海古籍出版社，2012年，第500頁。

⑫ 高田忠周：《古籀篇》，卷二十，第37頁。收入劉慶柱、段志洪、馮時：《金文文獻集成》第31册，綫裝書局，2005年，第428頁。

⑬ 方濬益：《綴遺齋彝器考釋》，卷二八，商務印書館，1935年，第27頁。

⑭ 唐蘭：《古樂器小記》，《唐蘭先生金文論集》，紫禁城出版社，1995年，第368頁。

⑮ 清華大學出土文獻研究與保護中心編，李學勤主編：《清華大學藏戰國竹簡(貳)》，中西書局，2011年，第195頁。

"虡"本爲一字異體。孫詒讓《名原》疑此字爲"虞":"形奇詭,諦宷之,當亦即虞字(原注: 舊釋爲馮,非)。上半从,即虍形。……姑虞疑吴越地名(原注: 虞或㵵渠之叚字)。"[①]何琳儀[②]、李家浩[③]、黄德寬[④]、廣瀨薰雄[⑤]、蘇建洲[⑥]等都持此説。

(四) 釋"鳰""鵬""颯"説

郭沫若《兩周金文辭大系圖録考釋》"姑馮句鑃"條釋文作"鳰",並將"姑馮昏同"與"馮同""逢同"等相聯繫。他認爲:"右旁所从實鳳之奇文……蓋此字本从奇文鳳、仌聲,从鳳者取鳳鳥之馮風也。馮字从馬作者乃後來之訛變。姑馮昏同者當即越王勾踐時之大夫馮同。《越絶書·請糴内傳》及《外傳記范伯》又《德序》如是作。《外傳紀地》作'逢同',《計倪内經》作'佚同'。《史記·越世家》及《韓非·説疑》作'逄同'。《吴越春秋·勾踐入臣外傳》作'扶同'。扶、逢、馮、古爲雙聲,佚乃誤字也。"[⑦]楊樹達贊同郭氏對該字形體的分析,在郭説基礎上提出了釋"鵬"的意見:"余謂此字象鳳形,即鳳字,左旁从仌者,乃象形文加聲符……鳳字古有朋音,而冰與朋音同,仌冰爲古今字,故得以仌爲聲也。……余謂此當釋爲姑鵬,音義皆合。……鵬馮同音,仍不害其爲書傳之馮同也。"又認爲"余謂'姑馮昏同'不僅見於前舉諸書,《左傳》及《國語》之'舌庸'亦即此昏同也"。[⑧] 董楚平隸定作"颯",也認爲"颯借爲馮"。[⑨]

(五) 釋"淜/溯""凌"説

陳漢平釋作"淜",懷疑是"溯"異體,又"疑金文此字爲凌、朋二字之複合體,或从凌省,朋聲。"[⑩]孟蓬生認爲該字"左半从仌",右部主體部分應爲"",即是"夌"字變形,從

① 孫詒讓:《名原》,卷三,第29頁。收入宋鎮豪、段志洪:《甲骨文獻集成》第38册,四川大學出版社,2001年,第117頁。

② 何琳儀:《戰國古文字典——戰國文字聲系》,中華書局,1998年,第907頁。

③ 李家浩:《關於姑馮句鑃的作者是誰的問題》,《傳統中國研究集刊》第7輯,上海人民出版社,2010年,第3頁注⑥。

④ 黄德寬主編:《古文字譜系疏證》第1册,商務印書館,2007年,第2401頁。

⑤ 廣瀨薰雄:《釋清華大學藏楚簡(三)〈良臣〉的"大同"——兼論姑馮句鑃所見的"昏同"》,《古文字研究》第30輯,中華書局,2014年,第416頁。

⑥ 蘇建洲、吴雯雯、賴怡璇:《清華二〈系年〉集解》,萬卷樓圖書股份有限公司,2013年,第868頁。

⑦ 郭沫若:《兩周金文辭大系圖録考釋》,科學出版社,2002年,第339頁。

⑧ 楊樹達:《積微居金文説(增訂本)》,中華書局,1997年,第125頁。

⑨ 董楚平:《吴越徐舒金文集釋》,浙江古籍出版社,1992年,第156頁。

⑩ 陳漢平:《屠龍絶緒》,黑龍江教育出版社,1989年,第239—240頁。

而也釋此字爲"凌"並讀爲"馮"。①

除以上所引述的意見外,也有學者抱以闕疑的態度,如容庚《金文編》②、董蓮池《新金文編》③、《商周金文摹釋總集》④等都摹而未釋。

李家浩先生曾對舊有的部分釋讀意見進行過討論,他指出小篆中的"仌"古文字作"［字形］",並不寫作"仌",釋"馮""凌""瀨"的意見都是不可信的,右部與"鳳""馬"區别也較爲明顯,釋"鵬"亦不可從。⑤ 孟蓬生先生也指出古文字中的"虞"都從"大"且下部没有 A 所從的"夂",所以釋"虞"之説也不可信。⑥ A 右部與古文字"朋"形體差别也較大,釋"溯/湖"説也不可從。針對各家説法,馬曉穩先生指出:"一(按:指釋"馮")、二(按:指釋"鵬")兩種看法並不可信,學者爲牽合文獻中的'馮同',據小篆'仌'、奇文鳳立論,與字形差異很大。釋'虞'、'虜'、'虔'説也存在問題。""就現有材料看,第二字(按:即 A)……的釋讀均難成定讞。"⑦

通過以上討論,可知對於 A 的釋讀學者間莫衷一是,還未有定論。我們認爲在各種意見中,釋"虔"的説法很值得重視。人們之所以不相信該説,可能主要是因爲該形體與"虔"的常見寫法(如"［字形］",《集成》4221)不類。如孟蓬生先生就認爲 A 上部形體兩端皆開口不符合春秋晚期"虍"的寫法,"金文中虔字構形比較簡單,跟 A 形的差别一望而知,毋庸討論"。⑧ 李家浩先生也認爲"方濬益、唐蘭認爲 A 之上是'虎'字頭,近似,但其下不是'吝'或'文'"。⑨ 其實,春秋金文中的"虍"確有頭部兩端寫作開口形的,如:

虔:［字形］《集成》222.1　　　虞:［字形］《集成》9696　　　虖:［字形］《集成》185.1

---

① 孟蓬生:《姑馮句鑃所謂"馮"字試釋》,《古文字研究》第 30 輯,中華書局,2014 年,第 184—189 頁。

② 容庚編著:《金文編》,中華書局,1985 年,第 1290 頁 715 號。

③ 董蓮池:《新金文編》,作家出版社,2011 年,附録二第 93 頁 523 號。

④ 張桂光主編:《商周金文摹釋總集》,中華書局,2010 年,第 109 頁。

⑤ 李家浩:《關於姑馮句鑃的作者是誰的問題》,《傳統中國研究集刊》第 7 輯,上海人民出版社,2010 年,第 1—3 頁。

⑥ 孟蓬生:《姑馮句鑃所謂"馮"字試釋》,《古文字研究》第 30 輯,中華書局,2014 年,第 185 頁。按:東周文字"虞"還寫作"［字形］"(《集成》224.18),"［字形］"(《上博五·弟子問》5)、"［字形］"(《上博六·景公瘧》1),或認爲與句鑃銘文 A 形近。如果仔細比對相關形體,可以發現上列諸"虞"字所從"大"形四肢皆從脚趾形繁化而成,與 A 皆寫作斜畫也還存在着明顯差别。

⑦ 馬曉穩:《吳越文字資料整理及相關問題研究》,吉林大學博士學位論文,2017 年,第 475 頁。

⑧ 孟蓬生:《姑馮句鑃所謂"馮"字試釋》,《古文字研究》第 30 輯,中華書局,2014 年,第 184 頁。

⑨ 李家浩:《關於姑馮句鑃的作者是誰的問題》,《傳統中國研究集刊》第 7 輯,上海人民出版社,2010 年,第 3 頁。

可見 A 上部所從釋寫作"虍"是可信的。A 下部所從""與上引""所從"文"確實不類。其差異主要體現在以下兩方面,一方面是在"文"形手、足部分綴加了四處裝飾性筆畫,另一方面在""下部多出了由豎筆和腳趾形組成的"夂"形部件,與常見"文"字寫法不符。值得注意的是,古文字及傳抄古文中的"文"往往綴加飾筆:

 《清華壹·程寤》8　　《包山》203　　　《秦印》175 頁

《上博一·孔》5　　　《汗簡》4.48　　　《說文》"吝"古文

A 所從"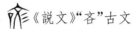"與之相比只不過是更加繁複而已。《清華二·繫年》簡 124 有形體作" "( ),整理者釋爲"虔",其形正與 A 所從"文"相合,也是這種繁複的寫法。[1]" "形另一特異之處,在於下部較常見的"文"多出一"夂"形部件。通過考察相關形體,我們發現古文字中單獨的"文"及"虔"所從"文"有一種異體:

文:　　《集成》3917　　　　《集成》4116.2　　　《集成》4414

　　　　《集成》1321　　　　《銘圖》5664　　　《集成》190

虔:　　《集成》189.1　　　　《集成》4313.1

這種寫法的典型特徵是在"文"中下部,添加一豎筆。我們知道,在古文字形體演變過程中,往往在豎筆末端添加腳趾形作爲飾筆,如"處"既作" "(《集成》11718)又作" "(《集成》109.2),"陵"既作" "(《集成》9816)又作" "(《銘圖》1526)等,這種現象不勝枚舉。" "下部所從" "也應屬於這種現象,是在" "中間豎筆基礎上添加腳趾形的結果。豎筆與腳趾形的結合,就變成了《說文》中的"夂"。如古文字中的"夒""陵"作:

夒:　　《集成》10175　　　　《銘圖》5172

陵:　　《集成》9452.5

其下部所從腳趾形在篆文和楷書中都變成了"夂"。《古文四聲韻》1.33"文"下正有寫作從"夂"的異體" ",這一寫法也正好說明"文"的確存在從"夂"的寫法。" "應是在

---

[1]　清華大學出土文獻研究與保護中心編,李學勤主編:《清華大學藏戰國竹簡(貳)》,中西書局,2011 年,第 195 頁。

"▨"基礎上,部件位置進一步變化的結果。至此,兩方面的疑竇都已解開,"▨"應是"文"字寫法較爲繁複的異體,釋 A 爲"虔"應無大礙。吳越文字素以繁複著稱,於"虔"字又得到了驗證。與之相關,《集成》9514 公子寰①壺有人名作"▨",舊缺釋或將其中部看作"爻",②恐都有問題。郭永秉③、蘇建洲④、王挺斌⑤等學者曾先後撰文討論過古文字中"文""大""爻"相訛混的現象,據此我們認爲該形體中部所謂的"大"形也應是"文"的訛變,"文"訛作"大"如"虔"既作"▨"(《銘圖》14543)又作"▨"(《銘圖》2503),"陵"既作"▨"(《集成》10371)又作"▨"(《集成》9452.5)。《汗簡》1.51"文"異體作"▨",所從"大"形也應是"文"之訛寫。"▨"在其右上部添加有與"▨(文)"相類的飾筆,該飾筆很可能起到與真正的"大"相區分的作用,"▨"下部所從"爻"也與"▨"相類。據此,"▨"應釋作"效",該壺所涉人名應爲"公子寰(宣?)效(文)"。

　　總之,通過以上討論我們認爲句鑃銘文 A 字,方濬益、唐蘭等釋"虔"的意見應是可以信從的,"姑 AB 同"應釋寫作"姑虔昏同"。從吳越地區人名格式來看,銘文"姑""昏"所處的位置應該爲表語氣的虛詞,⑥"昏"可分析作從"氏"族之"氏"、從"口"⑦,疑爲"氏"之繁構或讀爲"氏"。"氏"用作語氣詞的例子如今本《詩經·柏舟》"母也天只"《安大簡·詩經·柏舟》作"母可(兮)天氏"。《曹風·鳲鳩》"其儀一兮","兮"馬王堆帛書《五

---

① 此字舊釋"裙",此從吳振武、周忠兵釋。吳振武:《古璽合文考(十八篇)》,《古文字研究》第 17 輯,中華書局,1989 年,第 268 頁。周說見郭永秉:《談談戰國文字中可能與"庖"有關的資料》,氏著:《古文字與古文獻論集續編》,上海古籍出版社,2015 年,第 48 頁。

② 黄德寬主編:《古文字譜系疏證》第 1 冊,商務印書館,2007 年,第 771 頁。湯志彪:《三晉文字編》,吉林大學博士學位論文,2009 年,第 523 頁。郭永秉:《談談戰國文字中可能與"庖"有關的資料》,氏著:《古文字與古文獻論集續編》,上海古籍出版社,2015 年,第 49 頁。薛培武:《金文劄記之一》,武漢大學簡帛網,2016 年 5 月 6 日。

③ 郭永秉:《談談戰國文字中可能與"庖"有關的資料》,氏著:《古文字與古文獻論集續編》,上海古籍出版社,2015 年,第 49—55 頁。

④ 蘇建洲:《楚文字"大"、"文"二字訛混現象補議》,氏著:《楚文字論集》,萬卷樓出版社,2011 年,第 475—482 頁。

⑤ 王挺斌:《再論清華簡〈良臣〉篇的"大同"》,《第五屆出土文獻研究與比較文字學全國博士生學術論壇論文集》(簡帛組),西南大學,2015 年 10 月。

⑥ 李家浩:《關於姑馮句鑃的作者是誰的問題》,《傳統中國研究集刊》第 7 輯,上海人民出版社,2010 年,第 1—7頁。李家浩:《攻敔王者𢖔叡虘劍與者減鐘》,《安徽大學漢語言文字研究叢書·李家浩卷》,安徽大學出版社,2013 年,第 49—50 頁。董珊:《記古越閣藏者差其余劍》,復旦大學出土文獻與古文字研究中心網站,2011 年 1 月 3 日。吳振武:《"者𢖔叡虘"即吳王闔廬説》,《古文字研究》第 29 輯,中華書局,2012 年,第 384—385 頁。

⑦ 廣瀬薰雄:《釋清華大學藏楚簡(三)〈良臣〉篇的"大同"——兼論姑馮句鑃所見的"昏同"》,《古文字研究》第 30輯,中華書局,2014 年,第 417 頁。

行》、上博簡《詩論》均作"氏",①"氏"的用法正符合銘文中"昏"的用法。按照吴越人名規律,"姑虔昏同"應該也可以稱爲"姑虔""昏同"或"虔同",②與傳世文獻所記載的吴越名臣"馮同""舌庸"應没有必然聯繫。

---

① 詳白於藍:《簡帛古書通假字大系》,福建人民出版社,2017 年,第 433 頁。黄德寬:《新出戰國楚簡〈詩經〉異文二題》,《中原文化研究》2017 年第 5 期,第 8 頁。

② 我們曾據《説文》"虔"从"文"聲,猜測銘文"虔同"即越大夫"文種"的可能性也是有的。但歷來治《説文》的學者已經指出,《説文》認爲"虔"从"文"聲並不可信。且"文種"又見於《清華七·越公其事》寫作"迠"與此也不同。"虔同"與"文種"應該也没有關係。

釋徐鼇尹鼎的"勺"字

胡　旋

（吉林大學古籍研究所）

　　1981年，紹興市坡塘公社獅子山西麓一座春秋晚期墓葬發現多件青銅器，其中有一件湯鼎，其蓋內與肩部有相同銘文44字。[①] 對銘文進行考釋者很多，除了個別字還有爭議，銘文已基本考釋清楚。現據學界最新研究成果，將銘文移録於下：

　　　　隹（唯）正月吉日初庚，徐賷（鼇）尹暜自乍（作）湯鼎，㽵（温）良聖每（敏），余敢敬明（盟）祀，勺津（洗）沐浴，以天（沃）悑（恤）譸（辱）。壽躬（躬）毅子，眉壽無期，永保用之。[②]

　　由銘文可知器主爲徐鼇尹，故器名可定爲"徐鼇尹鼎"。我們想討論的是銘文中的勺字。發掘報告釋"勺"爲"丩"，連同其後三字（下文稱此四字爲"A句"）釋爲"丩津（?）塗俗"，未做解釋。[③] 曹錦炎先生從整理報告所釋，讀"丩"爲"糾"，訓爲"正"；懷疑"津"爲"律"字或體，訓爲"約束"；讀"塗"爲"塗"，認爲可能與塗山有關。[④] 陳秉新先生認爲"勺"是"𠃌"字異構，可隸定爲"㠯"[⑤]。其後學界基本都贊同整理者和曹先生釋"勺"爲"丩"字的觀點，

---

①　浙江省文物管理委員會等（牟永抗執筆）：《紹興306號戰國墓發掘簡報》，《文物》，1984年第1期，第10—21頁。牟永抗：《紹興306號越墓芻議》，《文物》1984年第1期，第30—35頁。

②　李春桃：《徐鼇尹鼎銘文補釋》，《第九屆出土文獻青年學者國際論壇會議論文集》，武漢大學，2021年3月20—21日。按，李文將周波先生隸定的"賷"寫作其異體"鼇"，今據周文改，見《試説徐器銘文中的官名"賷尹"》，《出土文獻與古文字研究》第4輯，上海古籍出版社，2011年，第93—101頁。

③　浙江省文物管理委員會等（牟永抗執筆）：《紹興306號戰國墓發掘簡報》，《文物》，1984年第1期，第12頁。

④　曹錦炎：《紹興坡塘出土徐器銘文及其相關問題》，《文物》1984年第1期，第27頁。

⑤　陳秉新：《徐器銘文考釋商兑》，《東南文化》，1992年第2期，第149頁。

只有陳劍先生表示質疑，認爲“◯”也應是表洗浴義的字。[①] 所謂“澨”字和“塗”字，廣瀬薰雄先生分別改釋爲“澨（洗）”和“沐”，“俗”字也改讀爲“浴”，[②]正確可從。[③] 這樣，A句中後三字都是表洗浴的字，“◯”也不應例外，陳劍先生的質疑是有道理的。但究竟該釋讀爲何字，陳劍先生和廣瀬薰雄先生都未提出具體意見。

“◯”字形體特別，古文字中僅此一見。上文已提到有學者將其釋爲“丩”，這其實是有問題的。“丩”字甲骨文已見，至戰國時期形體仍基本保持不變，其形體特點是呈上下或左右基本對稱的兩部分，如“◯”“◯”“◯”“◯”“◯”等，[④]象兩繩糾結之形。[⑤]“◯”右部形體爲“◯”形，與左邊象勺柄形的筆畫完全不同。且釋爲“丩”，學者也未能找出可以通假的義爲洗浴的字，導致A句不能讀通。釋爲“㠯（以）”也存在障礙，一則該篇銘文已有“㠯”字作“◯”，與“◯”明顯不同，二則銘文“以”是表明目的，即“余敢敬盟祀”目的是“沃恤辱”，倘若將“◯”釋爲“以”，那麼處於相同語法位置的“洗沐浴”也成了“敢敬盟祀”的目的。這顯然是不合理的。“敢敬盟祀，◯洗沐浴”的目的才是“沃恤辱”。所以應該改釋以求通解。

我們認爲“◯”應釋爲“勺”字。“勺”字商代金文作“◯”，西周金文作“◯”，[⑥]戰國時作“◯”“◯”，[⑦]形體基本沒有變化。《説文》卷十四：“勺，挹取器。象形，中有實。”勺首中一點表示所挹之物。[⑧] 唯戰國時楚國“勺”字中象所挹取之物的點畫往往變成橫畫，如“◯”“◯”，[⑨]亦有一短橫變爲兩短橫者，如上博簡《容成氏》第50號簡之“約”字所從“勺”作◯，[⑩]與他系文字已有不同。楚文字中短橫變爲“◯”形的現象是存在的，比如“而”一般寫作“◯”“◯”“◯”，但有時會寫作“◯”；[⑪]“不”一般寫作“◯”“◯”

---

① 陳劍先生的意見見廣瀬薰雄：《釋卜鼎——〈釋卜缶〉補説》，《古文字研究》第29輯，中華書局，2012年，第446頁。

② 廣瀬薰雄：《釋卜鼎——〈釋卜缶〉補説》，《古文字研究》第29輯，中華書局，2012年，第444—446頁。

③ 唯“澨”所從恐非“止”，我們從李春桃先生將該字隸定爲“澨”。

④ 劉釗主編：《新甲骨文編（增訂本）》，第132頁。湯餘惠主編：《戰國文字編（修訂本）》，福建人民出版社，2015年，第132頁。

⑤ 何琳儀：《戰國古文字典——戰國文字聲系》，中華書局，2004年，第163頁。

⑥ 後者係“礿”字所從。見董蓮池：《新金文編》，作家出版社，2011年，第30、1957頁。

⑦ 徐在國、程燕、張振謙編：《戰國文字字形表》，上海古籍出版社，2017年，第1923頁。

⑧ 朱鳳瀚：《中國青銅器綜論》，上海古籍出版社，2009年，第269頁。

⑨ 後者係“枃”字所從。見滕壬生：《楚系簡帛文字編（增訂本）》，湖北教育出版社，2008年，第1167、1168頁。

⑩ 馬承源主編：《上海博物館藏戰國楚竹書（二）》，上海古籍出版社，2002年，第142頁。

⑪ 滕壬生編：《楚系簡帛文字編（增訂本）》，湖北教育出版社，2008年，第834—835頁。

"𢆥",但也有作"𢆥"者。① 徐國受楚國影響很大,學界多將徐國文字歸入楚系文字,②所以徐國文字將"勺"字所從的兩短橫進一步變成"┐"形而寫作"勹"是有可能的。且徐薯尹鼎銘文"薑"字一作"𧶠",一作"𧶠",後者所從之"來"竪筆較前者多一橫畫飾筆。這樣看來徐國文字將"勺"字所從的一橫累加爲兩橫並將筆畫連接在一起,形成"┐"形也很自然。勺是挹取器,"┐"形正可以表示容器之形,以勺從容器中挹取的會意意味明顯。古文字往往左右方向不定,雖然楚文字中"勺"字象勺首的部分多數寫於左側,但亦可見寫於右側者,如包山簡"約"字作"𥾢",③清華簡"彶"字作"𢓊""𢓊",④王强先生對此有專論,⑤可參看。

　　我們認爲"勺"在此應讀爲"濯"。上古音勺屬禪母藥部,濯屬定母藥部。二者韻部相同,聲母一爲禪母,一爲定母,同屬舌音,關係密切,比如"屯"屬定母文部,从"屯"聲的"純"屬禪母文部;"召"屬禪母宵部⑥,从"召"聲的"苕"屬定母宵部。中山王鼎銘文"汋"讀爲"溺",⑦从"勺"聲的"汋"爲章母藥部,"溺"爲泥母藥部,章、泥二母亦同爲舌音。因此"勺"讀爲"濯"在語音上是沒有障礙的。"濯"義爲浣洗、洗滌。《説文》:"濯,瀚也。从水翟聲。"《詩·大雅·泂酌》:"挹彼注兹,可以濯罍。"毛傳:"濯,滌也。"⑧典籍中"洗"與"濯"可以對言,如《老子河上公章句·愛己》:"洗心濯垢,恬泊無欲。"⑨亦有連言者,如《左傳》襄公二十一年傳:"在上位者洒濯其心,壹以待人。"⑩王力先生指出,"洗滌"的意義本寫作"洒",後來"洗"的意義擴大,就代替了"洒"。⑪ 因此,《左傳》的"洒濯"就是"洗濯"的意思。漢代以後"洗濯"更是逐漸成爲一個常用詞,典籍中例證之多,不煩枚舉。徐薯尹鼎銘文"濯洗"顯然就是"洗濯"之意。清華簡(十一)《五紀》第33號簡有"濯汽(溉)浴沐",⑫正與"濯洗沐浴"意思相同。

---

① 滕壬生編:《楚系簡帛文字編(增訂本)》,湖北教育出版社,2008年,第973頁。

② 何琳儀:《戰國文字通論(訂補)》,上海古籍出版社,2017年,第176頁。

③ 滕壬生:《楚系簡帛文字編(增訂本)》,湖北教育出版社,2008年,第1081頁。

④ 黄德寬主編:《清華大學藏戰國竹簡(拾)》,中西書局,2020年,《四時》篇簡1、6。

⑤ 王强:《釋信陽楚簡中的"勺"》,《江漢考古》2015年第5期,第116—118頁。

⑥ "召"另有異讀,屬章母宵部。

⑦ 李學勤、李零:《平山三器與中山國史的若干問題》,《考古學報》1979年第2期,第155頁。

⑧ 十三經注疏整理委員會整理:《毛詩正義》,北京大學出版社,2000年,第1323頁。

⑨ 王卡點校:《老子道德經河上公章句》,中華書局,1993年,第279頁。

⑩ 楊伯峻:《春秋左傳注》,中華書局,1981年,第1163頁。

⑪ 王力:《王力古漢語字典》,中華書局,2000年,第584—585頁。

⑫ 黄德寬主編:《清華大學藏戰國竹簡(拾壹)》,中西書局,2021年,第102頁。按,"汽"也有可能讀爲"洗"。"汽"从"氣"聲,"氣"屬溪母物部,"洗"屬心母文部,二者讀音很近。

　　戰國燕兵器銘文有"濯"字，見右濯戈。① 何琳儀先生認爲濯義爲"長"，舉《漢書》"發輯濯士"顔師古注"短曰輯，長曰濯"爲證。② 然而段玉裁在《説文解字注》中已指出："……史《漢》以'輯濯'爲'輯棹'，皆假借也。"③《漢書》顔注的意思是短的划船工具叫輯，長的划船工具叫濯（棹），何先生將戈銘"濯"釋爲"長"是有問題的。④ 顯然右濯戈之"濯"不能釋爲長短之"長"。從燕國兵器銘文"左/右×"的格式來看，"×"基本爲機構或場所名，如右宫矛之"右宫"⑤、六年五大夫弩機之"右彳（迠）攻（工）君（尹）"⑥、左攻君弩牙之"左攻（工）君（尹）"⑦等。右濯戈銘之"濯"與洗濯之"濯"可能爲同形字，表示機構名，其具體所指待考。

　　綜上，我們認爲"⟨勺⟩"應釋爲"勺"，讀爲"濯"；A 句應讀爲"濯洗沐浴"，表示徐螯尹鼎的用途。

① 吴鎮烽：《商周青銅器銘文暨圖像集成》第 30 卷第 16527、16528 號，上海古籍出版社，2012 年，第 481 頁。

② 何琳儀：《戰國古文字典——戰國文字聲系》，中華書局，2004 年，第 313 頁。

③ 段玉裁：《説文解字注》，中華書局，2013 年，第 569 頁。

④ 黄德寬先生主編的《古文字譜系疏證》（商務印書館，2007 年）沿襲何先生之誤，見該書第 863 頁。

⑤ 中國社會科學院考古研究所編：《殷周金文集成（修訂增補本）》第 11455 號，中華書局，2007 年，第 6271 頁。

⑥ 中國社會科學院考古研究所編：《殷周金文集成（修訂增補本）》第 11931 號，中華書局，2007 年，第 6538 頁。原書釋該器紀年數爲"八"，馮勝君先生改釋爲"六"，見氏著：《戰國燕系古文字資料綜述》，吉林大學碩士學位論文，1997 年，第 38 頁。

⑦ 中國社會科學院考古研究所編：《殷周金文集成（修訂增補本）》第 11923 號，中華書局，2007 年，第 6536 頁。

曾侯與鐘銘文"君坒淮夷，臨有江夏"補議

李愛民

（海南師範大學文學院）

2009 年爲配合"隨州東城區文峰塔還建小區"的工程建設，湖北省文物考古研究所、隨州市博物館搶救性發掘了兩座春秋墓葬（M1、M2），其中 M1 出土的銅器銘文中有"曾侯與"之名，結合墓葬規模，可以判定 M1 的墓主即爲曾侯與。M1 發掘出土的遺物中，有 8 件甬鐘，其中 M1∶1 鐘形體完整，在鐘體正背面的鉦部以及左右鼓上鑄有銘文 169 字（合文 1、重文 1）。① 鐘銘內容重要，可補史載之闕，對於研究當時的歷史及相關問題具有重要的意義。

鐘銘一經公布即引起了學界的廣泛關注，許多學者從不同的方面對鐘銘進行了新的考釋和釋讀，加深了人們對鐘銘內容的理解。我們在研讀鐘銘及相關研究時，感覺對銘文內容的解讀仍有剩義可尋，今不揣謭陋，擬就鐘銘"君坒淮夷，臨有江夏"的意義在諸家研究的基礎上提出一點拙見，祈請方家批評指正。

一

首先，我們先談一下鐘銘"君坒淮夷，臨有江夏"中的"坒"字。"坒"字原篆作" （ ）"

---

① 湖北省文物考古研究所、隨州市博物館：《隨州文峰塔 M1（曾侯與墓）、M2 發掘簡報》，《江漢考古》2014 年第 4 期。

（下文以"△"表示），《發掘簡報》、①凡國棟②先生釋爲"此"，董珊、③徐少華、④黄傑⑤等學者從之；李學勤先生隸定作"扯"，認爲从"匕"聲，讀爲"庇"，意爲蔭護，⑥後又改釋爲"坒"，從"比"聲，讀爲"庇"；⑦清華大學出土文獻讀書會釋爲"坒"，讀爲"庇"，訓爲"蔭也"；⑧王恩田先生認爲此字从土从匕，讀爲"比"，意爲比鄰，⑨後又認爲此字亦可視爲"土比"二字合文；⑩李零先生亦認爲此字从土从匕，讀爲"庀"，意爲治理，⑪魏棟先生亦讀爲"庀"；⑫許可先生贊同讀爲"庇"的意見，但認爲所謂"土"形可能是竪筆爲平衡字勢而添加的羨符，此字與古文字中的"扯（必）"字關係密切，是"必"字初文之簡增添聲符"匕"而成。⑬

　　關於"君△淮夷，臨有江夏"這兩句銘文的意義，凡國棟先生認爲"君此淮夷"是説南公受命統治淮夷地區，"臨有江夏"意爲統治江漢地區。⑭李學勤先生認爲"君庇淮夷"表明東南的淮夷族均在南公的管理之下，"臨有江夏"是説江漢地區統歸南公所"臨有"。⑮魏棟先生認爲"君庀"爲同義複詞，"君庀淮夷"即統治淮夷地區，"臨有江夏"即統治江夏地區。徐少華先生認爲"王遣命南公，營宅汭土，君庇淮夷，臨有江夏"即周成王派遣南公伯适前來江漢之地建立曾國，治理淮夷族民，統領江漢地區。⑯　王恩田先生則認爲直

①　湖北省文物考古研究所、隨州市博物館：《隨州文峰塔 M1（曾侯與墓）、M2 發掘簡報》，《江漢考古》2014 年第 4 期，第 15 頁。

②　凡國棟：《曾侯與編鐘銘文柬釋》，《江漢考古》2014 年第 4 期，第 61 頁。

③　董珊：《隨州文峰塔 M1 出土三種曾侯與編鐘銘文考釋》，復旦大學出土文獻與古文字研究中心網站，2014 年 10 月 4 日。

④　徐少華：《論隨州文峰塔一號墓的年代及其學術價值》，《江漢考古》2014 年第 4 期，第 79 頁。

⑤　黄傑：《隨州文峰塔曾侯與編鐘銘文補釋》，《中國文字》新 42 期，（臺北）藝文印書館，2016 年，第 196—197 頁。

⑥　李學勤：《曾侯膚（與）編鐘銘文前半釋讀》，《江漢考古》2014 年第 4 期，第 69 頁。

⑦　李學勤：《正月曾侯膚編鐘銘文前半詳解》，《中原文化研究》2015 年第 4 期，第 19 頁。

⑧　清華大學出土文獻讀書會：《曾侯與編鐘銘文補釋》，清華大學出土文獻研究與保護中心網站，2014 年 10 月 13 日。

⑨　王恩田：《曾侯與編鐘釋讀訂補》，復旦大學出土文獻與古文字研究中心網站，2015 年 1 月 17 日。

⑩　王恩田：《曾侯與編鐘與曾國始封——兼論葉家山西周曾國墓地復原》，《江漢考古》2016 年第 2 期，第 81 頁。

⑪　李零：《文峰塔 M1 出土鐘銘補釋》，《江漢考古》2015 年第 1 期，第 118 頁。

⑫　魏棟：《隨州文峰塔曾侯與墓 A 組編鐘銘文拾遺》，《中國國家博物館館刊》2016 年第 9 期，第 62 頁。

⑬　許可：《試説隨州文峰塔曾侯與墓編鐘銘文中的從"匕"之字》，《出土文獻》第 6 輯，中西書局，2015 年，第 25—30 頁。

⑭　凡國棟：《曾侯與編鐘銘文柬釋》，《江漢考古》2014 年第 4 期，第 62 頁。

⑮　李學勤：《曾侯膚（與）編鐘銘文前半釋讀》，《江漢考古》2014 年第 4 期，第 69 頁。

⑯　徐少華：《曾侯與鐘銘和曾（隨）若干問題釋疑》，《古文字與古代史》第 5 輯，中研院歷史語言研究所，2017 年，第 174 頁。

到西周晚期,淮夷一直都是對周王朝納貢稱臣的國家,既不是周王朝的統治地區,也不在周王朝的管理之下。西周早期的周王朝不可能命令南公統治或管理淮夷。"君土比淮夷",意爲國土與淮夷相鄰。"臨有江夏"即撫有江夏,治理江夏,也就是轄有江夏。①

另外,由前面諸家對"△"字的釋讀意見來看,亦可看出學者大都認爲"君△淮夷,臨有江夏"是周王命南公管理,統領這兩個地區的。單純從字面意義上來看,作此理解並無不可,但是如果結合當時的政治形勢來看,作此理解則有可商。我們認爲王恩田先生對"君比淮夷"的解釋符合當時的社會實際,但對"臨有江夏"的解釋則又與諸家相同,失之一間。

二

要準確理解"君△淮夷,臨有江夏"的意思,首先需要對歷史上"淮夷""江夏"的演變作一考察。

我們先來看一下文獻記載中的"淮夷"。關於"淮夷"的來源,目前學界主要有三種意見:第一種以毛傳爲代表,認爲淮夷是居於淮水流域的夷民,其名稱乃因水而得;第二種是以陳夢家等先生爲代表的"隹夷説",認爲卜辭中的"隹夷"就是文獻中的鳥夷,乃是發源於東北的夷民,南遷淮域而形成了淮夷;第三種是顧頡剛先生提出的"淮夷本居濰水説",認爲濰水即是古代的淮水,在山東半島的西部,淮夷最早的根據地就在那里。② 關於"隹夷説",鄢國盛先生已指出所謂的"夷"字實乃"匕"字,將"淮夷"出現的時代提前至殷代缺乏依據。至於"淮夷本居濰水説",鄢國盛先生認爲雖然"濰""淮"相通有一定的小學依據,但顧頡剛據此認定西周初期的淮夷居於濰河一帶,在古文字材料中找不到依據,而且金文中的"淮"或"濰"都是指淮水,沒有指濰水的。故鄢先生贊同第一種説法。

但是傳世文獻如《史記》等却多次言及周初東伐淮夷之事,而在目前所見的金文中,周初東伐的對象是"東夷",如䚄鼎(《銘圖》2364)、小臣謎簋(《銘圖》5269—5270)、𩈉鼎(《銘圖》2365—2366)等,且金文中"淮夷"或作"濰戎"的稱謂最早見於西周中期的彔𢼊尊(《銘圖》11803)、彔𢼊卣(《銘圖》13331—13332)、𢼊鼎(《銘圖》2489)等器。關於傳世文獻與出土文獻對於"淮夷"記載不一致的問題,張懋鎔先生有比較詳細的論述:

① 王恩田:《曾侯與編鐘與曾國始封——兼論葉家山西周曾國墓地復原》,《江漢考古》2016年第2期,第80—81頁。

② 鄢國盛:《西周淮夷綜考》,南開大學碩士學位論文,2009年,第11頁。

一般來説,銅器是當時或者稍後一些時間製作的,基本上是歷史的"實録"。周初,周人尚習慣於將東夷集團看作一個整體,因爲當時戰事多發生於山東,而山東一帶是東夷族的發祥地,也是其核心地帶,所以作爲實録,金文中只稱呼東夷。周公東征之後,東夷勢力遭受重創,一時難以振作,唯有淮夷一支,雖受創傷,但不久又發展壯大起來。在穆王時,與周人打交道的東方部族已不是作爲整體的東夷集團,而是淮夷了。所以西周中期金文只稱淮夷而不稱東夷。衆所周知,文獻不同於金文,它不是當時的實録,而是後世的追記,或者是根據一鱗半爪的原始資料整理而成,帶有後人的習慣和偏見。這種整理與追記,總是捨遠求近,愈是年代遥遠,所記就愈簡略,如文獻記周初伐東夷情況已不甚了然,而對穆王及其以後征淮夷比較了解,且東夷又包容淮夷,所以後世記周初征伐就只記淮夷了。①

張懋鎔先生雖然指出了傳世文獻與出土文獻記載差異的原因,但仍認爲淮夷屬於東夷的一支,周初即已存在。關於這一觀點,鄔國盛先生認爲無論在文獻還是金文中都找不到證據,只是一種有待論證的假説。並且認爲淮夷部族形成的時間應該在穆世或稍早一點的時間。② 朱繼平先生認爲"淮夷"這一概念進入周人地理視野的時間當不會早至周初東征前後,以"淮夷"爲東征對象,與客觀事實並不相符。③

由上可知,"淮夷"這一概念乃在西周中期以後才形成。所以,曾侯與鐘銘中的"淮夷"不能看作是周初已存在"淮夷"這一概念的證據。于薇先生認爲這篇銘文可能沒有利用西周的文本,是春秋時人根據當時情況寫的。④ 此言極是。曾侯與鐘銘文關於周初歷史的記載當是曾侯與以自己所處時代的地理視野來追敍周初的史事。

顧名思義,"淮夷"之稱因淮水而來。從地理區域上來看,桐柏—大別山一綫可看作是淮水流域和江漢地區的一個分界綫。因此,處於江漢地區的曾國和活躍於淮水流域的淮夷並不在同一地理區域內。朱繼平先生在研究西周早期淮水流域的封建格局時,周王室分封於淮水流域的諸侯國並不包括曾國。⑤ 所以,"君△淮夷"在此不應理解爲管理統治淮夷。"△"讀爲"庇"或"庀"均不適宜。

---

① 張懋鎔:《西周南淮夷稱名與軍事考》,《人文雜誌》1990 年第 4 期,第 82 頁。
② 鄔國盛:《西周淮夷綜考》,南開大學碩士學位論文,2009 年,第 15 頁。
③ 朱繼平:《從淮夷族群到編户齊民:周代淮水流域族群衝突的地理學觀察》,人民出版社,2011 年,第 179—183 頁。
④ 《江漢考古》編輯部:《"隨州文峰塔曾侯與墓"專家座談會紀要》,《江漢考古》2014 年第 4 期,第 58 頁。
⑤ 朱繼平:《從淮夷族群到編户齊民:周代淮水流域族群衝突的地理學觀察》,人民出版社,2011 年,第 65 頁圖 2—9。

關於"江夏"之稱,傳世文獻最早見於《楚辭》,凡兩見。《楚辭·九章·哀郢》:"去故鄉而就遠兮,遵江夏以流亡。"王逸注:"江夏,水名也。言己東行,循江夏之水而遂流亡,無還鄉之期也。"洪興祖補曰:"《前漢》有江夏郡,應劭曰:'沔水自江別,至南郡華容爲夏水,過郡入江,故曰江夏。'"另一處見《楚辭·九章·思美人》:"吾將蕩志而愉樂兮,遵江夏以娛憂。"此兩處"江夏"皆指具體的水名。曾侯與鐘銘文中的"江夏"當是目前所見的最早記載。上引學者多把鐘銘"江夏"解釋爲江漢地區,似顯寬泛。李學勤先生認爲"漫"指"夏水",漢水在受夏水後統稱夏水。[1] 李零先生認爲"江"是江水,"夏"是夏水。夏水是漢水下游東注於江的一段。曾國南臨江、夏二水交會處。《左傳》昭公四年、五年有"夏汭",即二水交會處。杜預注:"夏汭,漢水曲入江,今夏口也。"夏字加水旁,是專門表示夏水的字。[2] 黃錦前先生認爲"江"指長江,"夏"指漢水,"江夏"大概是指江水和夏水匯合地帶。"臨有江夏"意即江水、夏水匯合一帶皆爲其領地。[3] 我們認爲李零、黃錦前二位先生把"江夏"理解爲江水和夏水匯合一帶可能更切合實際情況,且和《楚辭》中的"江夏"所指亦相符合。如果理解爲江漢地區,則所指範圍過於寬泛,而且從當時的政治地理環境來看,即和前面對"淮夷"的理解一樣,就曾侯與所處的時代,楚國才是當時江漢地區的大國。所謂"漢東之國,隨爲大"(《左傳》桓公六年),就隨(曾)的政治疆域而言,其統治的中心區域自始至終都未過江漢一界,基本上處於漢水之東、長江以北的地區。

《說文·臥部》:"臨,監臨也。"段注作:"臨,監也。"《詩經·大雅·大明》:"上帝臨女,無貳爾心。"鄭玄箋:"臨,視也。"《爾雅·釋詁下》:"臨,視也。"郭璞注:"謂察視也。"可知,"臨"的本義乃是監也,視也,訓爲"治也",只是"臨"的一個引申義,先秦文獻中"臨"多用其本義,可參《故訓匯纂》第 1879 頁。[4] 因此,鐘銘"臨有江夏"之"臨"在此訓爲"治也"並不確切。而且本銘的"臨"字增益義符"見",更顯其監也、視也的本義。

綜述所述,我們認爲鐘銘"君△淮夷,臨有江夏"並非說周王命南公統治管理這兩個地區,而是周王分封南公的疆域所至。《說文·口部》:"君,尊也。"天子、諸侯等皆可稱君,此就其社會地位而言。《儀禮·喪服傳》"君至尊也",鄭玄注:"天子、諸侯及卿大夫有地者皆曰君。"此就"君"擁有土地而言。關於△字,李學勤先生後來改釋爲"坒"是正確的,但"坒"字在此不必破讀,直接讀如本字即可。《說文·土部》:"坒,地相次比也。"

① 李學勤:《曾侯與(與)編鐘銘文前半釋讀》,《江漢考古》2014 年第 4 期,第 69 頁。
② 李零:《文峰塔 M1 出土鐘銘補釋》,《江漢考古》2015 年第 1 期,第 118 頁。
③ 黃錦前:《曾侯與編鐘銘文讀釋》,《中國國家博物館館刊》2017 年第 3 期,第 80 頁。
④ 宗福邦等主編:《故訓匯纂》,商務印書館,2003 年。

周初封建實即把一定的土地分封給各個諸侯以夾輔周室，所以“君坒淮夷”當是説周王分封給南公的疆域和淮夷毗鄰，即南公統治的區域和淮夷相連，而不是説周王命南公統治淮夷地區。當然，關於“坒”字的釋讀，諸家尚有分歧，但是此字從匕是可以確定的，“匕”在此當是聲符，故“君”後之字即使不是“坒”字，因其從匕聲，亦可讀爲“坒”。同樣，“臨有江夏”指的是南公統治的疆界南部可以監臨江夏一帶，即是説南部邊界可達江夏，和江夏一帶相連。因爲只有地域相鄰相連，才具有“監臨”的前提條件。當然，既然南公統治的南部邊界和江夏一帶相鄰，可以説江夏的一部分是在南公的統治之下，但不能因此而認爲南公統治江夏地區，甚至是江漢地區。

　　另外，關於鐘銘“君坒淮夷，臨有江夏”前的“營宅汭土”，韓宇嬌先生根據石泉先生的論述認爲“汭土”可以理解成是兩條水系的匯合之處，很可能是西周早期曾國都城所在的隨州廟臺子遺址位於漂水流入溳水的匯流位置，西周晚期到戰國時期的義地崗墓葬群和擂鼓墩墓地位於溠水與溳水的交匯處。曾國早期都城地墓葬的位置正符合“汭土”的含義。[①] 説明“汭土”乃曾國早期都城的所在地，即在今隨州一帶。“汭土”當即周王分封南公的北界，其東北和西北方正和屬和唐兩個方國相鄰。

三

　　因此，鐘銘“王遣命南公，營宅汭土，君坒淮夷，臨有江夏”實際上是周王分封南公的疆域四界所至。“汭土”是曾國初期都城所在地，亦可看作是疆域的北界，而“淮夷”“江夏”並不能理解成是統治管理這兩個地區，而是指曾國的疆域和這兩個地域相鄰，或者説到達這兩個地域。從南公受封的這個地域範圍來看，是和曾國考古發掘的遺址分布相符合的。《左傳》僖公四年：“管仲對曰：‘昔召康公命我先君大公曰：‘五侯九伯，女實征之，以夾輔周室。’賜我先君履，東至於海，西至於河，南至於穆陵，北至於無棣。’”此管仲所言，乃是召康公賜命太公望的情形，其中所言的四界所至乃只是賜命齊國踐履的範圍，並非指齊國的疆土。[②] 雖然管仲所言和鐘銘所記有所出入，但兩相比較，可知在周初分封諸侯時，對諸侯國疆界四至的範圍當是有所界定的，管仲所言可以作爲前面我們對“君坒淮夷，臨有江夏”解釋的一個參照，這對於我們認識周初封建具有一定的意義。

①　轉引自陳偉：《曾侯與編鐘“汭土”試説》，《江漢考古》2015 年第 1 期，第 121 頁。

②　楊伯峻：《春秋左傳注（修訂本）》，中華書局，1990 年第 2 版，第 289—290 頁。

試論曾侯乙鐘框架挂件銘文"延鐘"

程鵬萬

（東北師範大學文學院）

曾侯乙鐘框架挂件刻銘中有一個字寫作：

184.4	184.3	185.3	185.4	187.1	187.3
193.2	192.3	194.8	195.10	195.11	196.2
196.3	197.2	198.3	198.4	198.2	199.4
200.2	201.2	202.3	202.4	205.3	209.2
209.3	211.2	214.3①			

文字寫得有些草率。此字與"鐘"字連用，辭作"～鐘"。學者多認爲"～鐘"是鐘或是律名的異稱。

　　裘錫圭、李家浩先生將此字右邊隸定爲"飛"。他們説：此字右邊被隸定爲"飛"字，

---

①　以上字形源自黃錫全：《湖北出土商周文字輯證》，武漢大學出版社，1992年。

僅爲書寫之便：

> 此"鐘"前一字右旁作、等形，字形詭譎，不可辨識。爲了書寫方便，暫且把這個偏旁隸定爲形近的"飛"，鐘銘的律名帶"鐘"字的有獸鐘、穆鐘、新鐘、黄鐘、宣鐘等，"㒒鐘"和注[29]的"㒒鐘"也許其中兩個律名的異文。①

此字刻寫在曾侯乙鐘框架鈎。曾侯乙鐘框架鈎銘共有三組：

> 框架鈎銘文均刻於框架的一根支條上和鍵釘的表面。每副鈎有銘文三條，框架上一條，兩個鍵釘各一條。文均直書。綜其内容，可分爲三組：1."嬴孠之×"；2. 刻"⿰王飞鐘之×"；3. 刻"㒒鐘之×"。這似乎是中層三組之組别標記。②

中層框架鈎共31副，其中12副刻有所謂的"⿰王飞鐘"銘文：

> 中層框架鈎共三十一副，按所刻銘文，可以分爲三類。……二類刻"⿰王飞鐘之×"，共有十二件。③
>
> Ⅲ式12件。即中層第2組12件（中.2.1至中.2.12）。均爲無枚鐘。形制相同，僅個别部位紋飾略有差異。出土時中.2.1因挂鈎斷損而墜落，餘均懸挂依舊。④

《中國音樂辭典》就將這12件鐘命名爲"⿰王飞鐘"

> 有的學者根據挂鐘構件上三種不同的銘文："嬴孠之×"、"⿰王飞鐘之×"、"㒒鐘之×"（參看本書附録二）及與之相應的各類鐘形制，花紋的不同，將四十五件甬鐘分别稱爲"嬴孠鐘（即本節下文所稱的Ⅱ式鐘）"、"⿰王飞鐘（Ⅲ式）"、"㒒（Ⅰ式）"。見人民音樂出版社1984年出版的《中國音樂辭典》第492頁中《曾侯乙編鐘》條。⑤

---

① 裘錫圭、李家浩：《曾侯乙墓鐘、磬銘文釋文與考釋》，見湖北省博物館編：《曾侯乙墓》，文物出版社，1989年，第559頁。此文曾刊於《音樂研究》1981年第1期，當時被隸定爲"琥"：此字右旁作、等形，也可能不是"虎"字（或疑爲"飛"字）。爲印刷方便，暫釋作"琥"。我們爲了行文方便，下文一般將此字隸定爲"⿰王飞"。

② 湖北省博物館：《曾侯乙墓》，文物出版社，1989年，第128頁。

③ 湖北省博物館：《曾侯乙墓》，文物出版社，1989年，第129頁。

④ 湖北省博物館：《曾侯乙墓》，文物出版社，1989年，第97頁。

⑤ 湖北省博物館：《曾侯乙墓》，文物出版社，1989年，第88頁注釋4。《中國音樂辭典》所列《曾侯乙編鐘》辭條：上層爲鈕鐘，十九枚；中、下層爲甬鐘，四十五枚，分别命名爲"嬴孠鐘""琥鐘""楬鐘"。中國藝術研究院音樂研究所、《中國音樂辭典》編輯部：《中國音樂辭典》，人民音樂出版社，1985年，第492頁。

"玌"字少有人研究,當爲"字形詭譎,不可辨識"之故。黃錫全先生將此字當隸定爲
珇,認爲珇即瑄字。瑄鐘即宣鐘:

> 我們認爲,前者 ▣ 應是从玉从辶从亘的珇,即瑄字。瑄鐘即宣鐘。逗
> 字書作 ▣ ,主要是刀刻不便所致。古文字中的从亘之字有下列諸形:

▣	▣	▣	▣	▣	▣	▣	▣
中 3.5	中 3.1	中 3.1	下 2.5	158	7		
曾侯乙編鐘				曾侯乙墓竹簡		曾姬無卹壺	陳侯因資敦
▣	▣	▣	▣	▣	▣	▣	
父丁鼎	禹鼎	中山王鼎	盠男鼎	吳王光趄戈	伯喜父鼎	洹子孟薑壺	

> 所以,將逗字刻作 ▣ 是不奇怪的。①

我們認爲這個字是从玉从延。"珽鐘"就是楚簡中的"前鐘""鋤鐘""延鐘"和"脠
鐘"。"前鐘"見於信陽楚簡,"鋤鐘"見於天星觀楚簡,李家浩先生認爲當讀爲"棧鐘",即
編鐘:

一　前鐘

"前"字原文作"歬"。據《説文》所説,"歬"是前進之"前"的本字,"前"是
"剪"的本字。但是,文獻中多以"前"爲"歬"。爲了書寫方便,釋文把"歬"徑釋
寫作"前"。

天星觀楚墓竹簡卜筮類記有一種鐘叫"鋤","鋤"字原文所从"前"旁也寫
作"歬"。原簡説:

> (2) 塈禱巫猪酓酉(酒),鋤鐘樂之。(原注:滕壬生:《楚系簡帛文字
> 編》1002 頁,湖北教育出版社,1995 年。)

(1)的"前鐘"跟(2)的"鋤鐘",顯然是指同一種鐘。因"前鐘"是鐘名,故"前"或
从"金"作"鋤"。

---

① 黃錫全:《湖北出土商周文字輯證》,武漢大學出版社,1992 年,第 110—111 頁。珇,从玉,逗聲。疑瑄之異文。
《説文新附》"瑄,璧六寸也。从玉,宣聲。"何琳儀先生"珇鐘"當讀爲"圜鐘":曾樂律器"珇鐘",或作"亘鐘""宣
鐘""洹鐘",均讀"圜鐘"。何琳儀:《戰國古文字典》,中華書局,1998 年,第 1052 頁。

《爾雅·釋器》：

大鐘謂之鏞，其中謂之剽，小者謂之棧。

"前""棧"音近古通。《詩·召南·甘棠》"勿剪勿伐"，陸德明《釋文》引《韓詩》"剪"作"剗"。《禮記·玉藻》"凡有血氣之類，弗身踐也"，鄭玄注："踐，當爲'剪'，聲之誤也。"《周禮·夏官·量人》鄭玄注引《禮記·明堂位》"爵，夏后氏以琖"，陸德明《釋文》引劉昌宗本"琖"作"湔"。《玉篇》木部："栫，子田切，古文棧。"《爾雅·釋草》等所説的草名"車前"，馬王堆漢墓帛書《養生方》作"車踐""車戋"。（原注：《馬王堆漢墓帛書[肆]》圖版 60 頁七一、七二行，釋文注釋 106 頁，文物出版社，1985 年。）據此，(1) 的"前鐘"之"前"和 (2) 的"鋓鐘"之"鋓"，皆應當讀爲《爾雅·釋樂》小鐘謂之棧之"棧"。

《爾雅·釋樂》對棧鐘之"棧"的解釋十分簡略，只是從體積大小的角度説它是小鐘，至於"棧"究竟是什麼意思，却未作進一步説明。于鬯對棧鐘之"棧"發表過很好的意見，他説：

"棧"有"編"義。《莊子·馬蹄》"編之以皁棧"，陸釋云："編木作靈似床，曰棧（盧文弨《考證》云"靈"即"檽"字）。"是木之編者爲"棧"。故鐘之編者亦名"棧"。"小者謂之棧"，即編鐘是也。《周禮》鍾師職云："擊編鍾。""鍾"、"鐘"通用。賈釋云："此鍾編之十六枚，在一簴。"然則編鐘，小鐘也（朱駿聲《説文通訓》云"大鐘曰鏞，次曰鎛，小者曰鐘"）。（原注：于鬯：《香草校書》下册 1122 頁，中華書局，1984 年。）

信陽一號楚墓前室出土編鐘十三枚（詳下），報告指出與簡文"一將十木坐前鐘，小大十又三……"的記載相符（原注：《信陽》21 頁）。可證"棧鐘"確實是編鐘，于鬯的説法是非常正確的。[1]

"延鐘"和"脡鐘"見於葛陵簡，相關研究參看宋華强先生的論述：

葛陵簡有"延鐘"和"脡鐘"，見於下揭簡文：

(1) ☑各大牢，饋，延鐘樂之。墨禱子西君、文夫人各特牛，饋，延鐘樂之。定占之曰：吉。是月之☑（甲三 200＋零 13）

(2) ☑景平王大牢，饋，延鐘樂之。迻夏☑（甲三 209）

(3) ☑大牢，饋，延鐘樂之。（甲三 261）

---

① 李家浩：《信陽楚簡"樂人之器"研究》，《簡帛研究》第 3 輯，廣西教育出版社，1998 年，第 1—2 頁。

(4) ⧄饋,延鐘樂之⧄(甲三 145)

(5) ⧄瘥。以其故説之。逐鹽脂之祟,餘祭昭王大牢,脡鐘樂之。鄭⧄(甲三 212、199－3)

(6) ⧄脡鐘[樂之]⧄(零 8)

(7) ⧄脡鐘樂之。⧄(乙三 63)

(8) ⧄璧,以罷禱大牢,饋,脡鐘樂之,百之,贛。鹽僕占之曰:吉,既告,且⧄(甲三 136)

(9) ⧄其故説之,舉禱于昭王、獻惠王各大牢,饋,脡[鐘樂之]⧄(乙一 29、30)

這些簡文中的“延”和“脡”皆從整理者隸定。其中“延”字按其形體可以分爲以下兩型:

A: (甲三 268)

B: 1. (甲三 200)　2. (零 13)　3. (甲三 209)

4. (甲三 261)　5. (甲三 145)

“脡”字按其形體可以分爲以下四型:

C: 1. (甲三 212、199－3)　2. (甲三 201)　3. (甲三 339)

D: (零 8)

E: 1. (甲三 136)　2. (乙一 29、30)

F: (乙三 63)

陳偉曾把 E1 釋爲“逌”,他説(原注:陳偉:《新蔡楚簡零釋》,饒宗頤主編《華學》第六輯,紫禁城出版社 2003 年,第 97 頁):

> 前,字原从“辶”,“舟”上所从的“止”形寫得有些走形。从“辶”之“前”見於包山第 185、193 號簡。前鐘,已見於信陽 1 號楚墓竹簡 2－018(作“前”)與天星觀楚墓竹簡(作“鏰”)。其中天星觀簡云:“與禱巫獵霝酒,鏰鐘樂之。”(原注——滕壬生:《楚系簡帛文字編》1002 頁“鏰”字條,湖北教育出版社,1995 年 7 月)(原注:華强按:滕氏原書“獵”作“猪”)文例與此相同,可以印證對“前”字的釋讀。李家浩先生指出:信陽簡和天星觀簡中的“前鐘”應讀爲“棧鐘”,“棧”有“編”義,棧鐘即編鐘。新蔡簡的“前(从辶)鐘”亦應如此理解。

徐在國對整理者的意見有所取舍,他説(原注:徐在國:《新蔡葛陵楚簡札

記(二)》;《從新蔡葛陵楚簡中的"延"字談起》,武漢大學簡帛研究中心編《簡帛》第一輯,第 200 頁):

　　　　[圖] 原書隸定作"延", [圖] 隸定作"脡",可從。 [圖] 原書也隸定作"脡",不可從。《説文》有"延"字,又有"延"字。實際上"延"、"延"一字分化,後"延"行而"延"廢。因此, [圖] 可釋爲"延"。 [圖] 隸定作"脡",與《説文》"脡"字同。《説文》:"脡,生肉醬也。從肉,延聲。" [圖] 上部略殘,但仍看出是"延"字,下部不從"肉",而是從"囟",應是加注的聲符。……[圖]應爲"延"字繁體。

　　從甲骨文、金文"延(延)"字的形體來看(原注:關於"延(延)"字形體的發展脉絡,參看黄錫全《汗簡注釋》,武漢大學出版社 1990 年,第 123 頁;張世超、孫凌安、金國泰、馬如森《金文形義通解》,(日本)中文出版社 1996 年,第 416 頁;何琳儀《戰國古文字典》,下册第 1029 頁;張玉金《卜辭中的"征"爲"延"字説》,《甲骨卜辭語法研究》,廣東高等教育出版社 2002 年,第 212—214 頁;《20世紀甲骨語言學》,學林出版社 2003 年,第 428—430 頁),整理者把 A、B 釋爲"延(延)"字,把 C～F 釋爲從"延(延)",是可信的。在徐在國之前,已有多位學者指出《説文》"延"、"延"古本一字,(原注:參看容庚《金文編》,中華書局 1985 年,第 119 頁康侯簋"延"字注;徐中舒主編《甲骨文字典》,四川辭書出版社 1989 年,第 180 頁;于省吾主編《甲骨文字詁林》,第三册 2234 頁 2290 號"延"字"按語";何琳儀《戰國古文字典》,下册第 1029 頁"延"字條。)爲了行文方便,下文只用"延"字。

　　葛陵簡 A 型"延"字及 C 型所從"延"旁顯然就是直接承襲商末周初甲骨金文"延"字形體而來的。B 型"延"字可能是從王孫遺鐘"延"字或多友鼎"延"字所從"延"旁那種形體演變而來的。D 型所從"延"旁則與多友鼎"延"字所從"延"旁完全相同,大概就是從"延"而省去了下面的"止"旁。E 型所從就是多友鼎的"延"字,只是把"延"旁右引的一筆寫得更靠近"又"的下短撇而已。

　　徐在國把 C 型～E 型釋爲從"肉"之"脡",恐不可信。C 型～E 型所從明顯是日月之"月",其外廓"⊃"作一筆書寫,而"肉"旁外廓"⊃"作兩筆書寫,區别明顯。C 型和 D 型應該分析爲從"延"從"月",可隸定爲從"月"之"脡"。

　　E 型應該分析爲從"延"從"月",可隸定爲"脡"。值得注意的是,"月"旁無一例外都寫在"止"旁下面,我們推測這可能是一種聲符化現象:讓"止"和"月"組成一個"前"旁,來給"延"或"延"字表音。這種把表意字的一部分改造成聲旁的現象在古文字中是很常見的(原注:參看裘錫圭《文字學概要》,商務印書館1988年,第152—153頁),學者或稱之爲"變形音化"(原注:參看劉釗《古文字構形學》,福建人民出版社2006年,第88—89、109—123頁)。"前"本從"止"從"舟",但是戰國楚文字中,"前"字所從"舟"旁有時會因爲形近而寫得與"月"旁混同。例如:

(信陽簡2·018)　　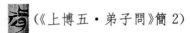(《上博五·弟子問》簡2)

如果把C型~E型中的"止"、"月"作爲一個整體構件拿出來看,與上揭"前"字形體是很接近的,所以上引陳偉説把E1釋爲從"辵"從"前"之字並非没有道理。"延"是餘母元部字,"前"是從母元部字。兩者韻部相同,聲母前者屬舌頭音,後者屬齒頭音,發音部位也很相近。古書中的人名"延陵季子"在《上博五·弟子問》簡1、2都寫作"前陵季子"(原注:馬承源主編:《上海博物館藏戰國楚竹書(五)》,圖版第99—100頁),是其證。

徐在國把F型釋爲從"延"從"西",也是可信的。"西"是"簟"的象形初文,張新俊認爲"醒"有可能是"筵"字異體。根據"席"字或作"筶"、"簬"來看(原注:林澐:《釋筶》,《林澐學術文集》,中國大百科全書出版社1998年,第8—9頁),其説是有道理的。

《碧落碑》和《集篆古文韻海》"筵"字古文從"西"從"辵",徐在國認爲是從"辵""西"聲之字,假借爲"筵"(原注:徐在國:《從新蔡葛陵楚簡中的"延"字談起》,第201頁)。通過上面的論述,我們認爲也有可能是在"延"字基礎上把"正"改换爲聲符"西"而形成的。

綜上所述,A型、B型皆是"延"字,C型、D型皆是從"月"的"脡"字,E型是"歷"字,F型是"醒"字。

以上討論的是字形,下面討論文義。

何琳儀把簡文(8)的"脡鐘"釋爲"懸鐘"(原注:何琳儀:《新蔡竹簡選釋》,第7頁):

> "脡鐘",疑讀"縣(懸)鐘"。《儀禮·鄉飲酒禮》疏"諸侯之卿大夫,半天子之卿大夫,西縣鐘,東縣磬。"

按,"懸鐘"是動詞性詞組。天星觀簡有"嬰禱巫猪酓酒,鏽鐘樂之"(原注:滕壬生:《楚系簡帛文字編》,第1002頁;《楚系簡帛文字編(增訂本)》,第1164頁),與簡文(9)"嬰禱于昭王、獻惠王各大牢,饋,歷[鐘樂之]"辭例相類；而信陽簡所記樂人之器有"前鐘"，"前鐘"與天星觀簡的"鋤鐘"顯然是指同一種鐘（原注：李家浩：《信陽楚簡"樂人之器"研究》，李學勤、謝桂華主編《簡帛研究》第三輯，廣西教育出版社 1998 年，第 1 頁）。這説明葛陵簡的"膣鐘"也應該是一種鐘名，把"膣"釋爲懸挂之"懸"當然是不對的。《詩・周南・關雎》"鐘鼓樂之"，與"膣鐘樂之"、"鋤鐘樂之"句式相同，也可以説明"膣鐘"當是名詞性詞組。上揭簡文中的"延鐘"、"脡鐘"、"膣鐘"和"醚鐘"，陳偉、徐在國認爲與信陽楚簡的"前鐘"、天星觀楚簡的"鋤鐘"一樣，都應該如李家浩所論讀爲"棧鐘"，其説可從。"前"、"鋤"可讀爲"棧"，李家浩已有詳細舉證；"延"、"前"音近可通，上文也已説明，所以葛陵簡的"延鐘"、"脡鐘"、"膣鐘"和"醚鐘"沒有問題都應該讀爲"棧鐘"。據李家浩研究，棧鐘是一種較小的編鐘。新蔡葛陵楚墓的棺室出土一件小鈕鐘，通高 10.6 厘米，鈕高 2.4 厘米，口沿爲 5.7×4.2 厘米，舞面爲 4.8×4.0 厘米。（原注：河南省文物考古研究所：《河南新蔡葛陵楚墓》，第 50 頁。）這件小鈕鐘可能就屬簡文所説"棧鐘"。[1]

　　最後，我們分析一下字形。▨ 字可分析爲"玉""又""▨"三個部分。此字從"玉"無問題。此字從"又"，從 201.2 ▨ 也看得非常清楚，截取出來的偏旁 ▨，與新蔡 ▨ 字所從完全一致。至於 ▨，我們懷疑它是"止"字的誤刻。之所以推測偏旁 ▨ 是誤刻，主要原因是在已有的古文字字形中找不到相似的字形。[2] 從另一個角度看，古文字中從 ▨ 之字，除"延"字外，沒有其他文字使用這個偏旁。由此，我們推論此字當釋爲"琔"。

---

① 宋華强：《新蔡葛陵楚簡初探》，武漢大學出版社出版，2010 年，第 347—353 頁。又見宋華强：《新蔡簡"延"字及從"延"之字辨析》，武漢大學簡帛網 2006 年 5 月 3 日。

② 或許還有一種可能，刻寫的"延"字在這個時期向隸書"延"字形轉變。漢代隸書"延"字寫作：▨、▨、▨、▨（容庚：《金文續編》，上海書店出版社，2000 年，第 50 頁）雖不能比附，但這種可能也許存在。

美藏洛陽金村古墓所出銘刻及其在古文字字迹研究上的啓示[*]

鞠煥文

（東北師範大學文學院）

二十世紀二十年代末三十年代初，位於漢魏故城東北隅（即今孟津金村以東）的一處古墓群被盜，内中出土了大量的精美文物，其中最爲精美的一部分隨即被倒賣出國，這就是著名的洛陽金村古墓。

金村古墓出土文物到底有多少件，恐怕永遠也説不清楚。但其中部分器物是有銘文的，結合着文獻記載和器物形制、紋飾、銘文等信息，我們或可一一將這些有銘金村文物鈎沉出來。

一、金村所出器物著録情況及録遺

懷履光是參與金村古墓文物倒賣的重要人物之一，其所著《洛陽古城古墓考》[①]一書是研究該墓出土文物較爲可靠的材料，梅原末治的《洛陽金村古墓聚英》[②]（下文簡稱《聚英》）也是重要參考資料。此外，學者還根據銘文文例、字體、器物形制、國别等信息認定了多件未著録於上舉二書的金村有銘文物。據研究者統計，目前被確認出自金村古墓的有銘文物約 71 件。[③]

近期，我們在搜集商周青銅器銘文照片時，發現幾件不見於上述著録與統計的有銘文物，當屬洛陽金村古墓所出，現介紹如下。

---

* 本文爲國家社科基金一般項目（項目號：19BZS016）“商周金文照片資料庫建設與相關問題研究”階段性成果。

① William Charles White. *Tombs of Old Lo-yang*. ShangHai：Kelly & Walsh, Limited, 1934.

② 梅原末治：《洛陽金村古墓聚英（增訂版）》，（京都）小林出版社，1943 年。

③ 具體情況可參看張豔輝：《洛陽金村古墓出土器銘集釋》，吉林大學碩士學位論文，2011 年，第 6 頁列表。

"甘孝子"組，兩件，現皆藏於美國哈佛大學藝術博物館。一爲甘孝子杯，器形和銘文見下：①

 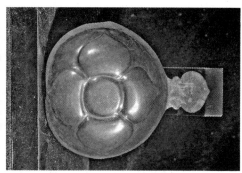

圖一　左側灰度圖　　　　　　　　　圖二　底部灰度圖

圖三　右側彩色圖

圖四　左外壁銘文　　　　　圖五　器外底銘文

總體器形似後世的瓢，桃形杯體，帶有單片蓮花瓣形柄，杯底飾由内向外壓印出四

① 器形和銘文照片俱來源於美國哈佛大學藝術博物館，https://www.harvardartmuseums.org/collections/object/204396? position＝2724。

片蓮花瓣形凸出紋飾；器物尺寸：$2.8 \times 9.3 \times 7.5$ cm；[1]材質上，以銀爲主，在口沿和外凸蓮花瓣上燙金。

此器在 1930 年時尚歸日本山中商會所藏，此後轉歸温索浦，藏至 1943 年，最後歸哈佛大學藝術館收藏至今。[2]

銘文分兩處，左外壁刻劃銘文：

　　甘孝=（孝子）

外底部由右至左刻劃銘文：

　　右昃（得），禹三（四）兩半屬分=（八分），中膚（府），右佰。

從器形來看，該器與《聚英》所著録的桃實形銀杯（圖六）、銀質帶環有柄杯（圖七）和銀質有柄杯（圖八）在外觀上都極爲相似，杯體俱作桃實形，有柄。外觀上，主要的區別僅在於柄部的形狀和銀環的有無而已。此外甘孝子杯有蓮花瓣式紋飾，其他皆無。

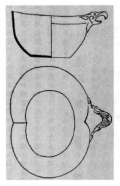

圖六　《聚英》圖十七

圖七　《聚英》圖版第三八

圖八　《聚英》圖版第三八·1

圖九　《聚英》圖十四·1

① 數據來源於美國哈佛大學藝術博物館網站。

② "Provenance：[Yamanaka & Co., New York, by 1930] sold；to Grenville L. Winthrop, New York (by 1930 - 1943)，bequest；to Fogg Art Museum, 1943." (美國哈佛大學藝術博物館網站)

銀質帶環有柄杯（圖七）器足底部亦有銘文，銘文摹本見圖九，銘曰：

五兩半＝（半）厲分＝（八分）卅＝（三十二）分，左得，中府，左价・甘孝子＝。①

通過以上對比可以看出，無論器物形制還是銘文辭例、字體，美藏甘孝子杯都與銀質帶環有柄杯（圖七）極爲相似，當與上舉圖六—圖八所示器物出於同墓葬群無疑。

另一件爲甘孝子盒。器形和蓋銘見下：②

圖一〇　側面彩照

圖一一　內部彩照

圖一二　蓋銘彩照

圖一三　《聚英》圖版第四〇・3

器形似碗，器、蓋結構基本相同，子母口，器物高 7.1 釐米，直徑 9.3 釐米。③ 銀質，燙金。器、蓋內部中心部位各飾有一圈燙金紋飾帶。1943 年入藏於哈佛大學藝術博物館。

器物蓋頂和器底外部俱有銘文，但博物館僅提供了蓋上的銘文照片（見圖一二），銘爲：

_____

① 銘文釋讀從董珊先生意見，參氏著：《戰國題銘與工官制度》，北京大學博士學位論文，2002 年。

② 器形和銘文照片俱來源於美國哈佛大學藝術博物館。

③ 數據來源於美國哈佛大學藝術博物館網站。

甘孝=(孝子)

　　器形上,美藏甘孝子盒與《聚英》所著録的盒(見圖一三)幾乎全同,因《聚英》對所著録之器没有過多的描述,因此不知二器是否爲同器。但美藏甘孝子盒當也出自洛陽金村古墓應無問題。

二、關於器銘字迹特徵的描寫

　　此二器銘文簡單常見,無不識之字;銘文辭例也較爲常見。但因爲照片較爲清晰,且字迹形態較爲豐富、多樣,對於我們進行古文字字迹研究較有啓發意義,下面我們先對其字迹情況作一分析,再闡明它的意義。

　　美藏甘孝子器銘在字迹上有如下特點:

　　其一,銘文在刻劃時留有較多的“收筆動向鈎”,[①]能够幫助我們瞭解書寫者的運筆方向。

　　其二,刻劃文字時字口邊緣起有棱痕,這些棱痕未經打磨,更能顯示筆畫與筆畫之間的打破與被打破關係。

　　其三,筆畫交叉現象較多。

　　詳細情況如下。

　　首先我們來看杯銘“甘”字,整字作圖一四·1形:

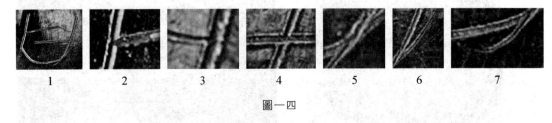

| 1 | 2 | 3 | 4 | 5 | 6 | 7 |

圖一四

　　全字共用四筆寫成,筆畫共有四處交接。左邊一豎筆(豎1)[②]有一處被打破,細節處作圖一四·2狀,橫筆(橫1)左端插入豎1字口。右側筆畫有三處交接,右邊豎筆(豎2)分別被橫1和中間一橫筆(橫2)所打破,細部分别作圖一四·3、4狀,前者橫1末端衝破豎2左側棱綫,與豎2相溝通,後者橫2將豎2穿透,且橫2之下邊棱將豎2字口堵住,説明豎2先於其他二橫筆寫成。豎1與豎2在右下側也有交接,細部作圖一四·5狀,可以看出後者將前者字口打破,且後者所起的棱將前者的字口堵住,説明豎1先寫,而豎2後寫。通

①　“收筆動向鈎指筆畫末端指向下一筆起筆方向的側鈎。”(申澤波、廖廣軍:《尚字頭筆順識別方法》,《新疆警察學院學報》2015年第2期)

②　左豎筆和下面的弧筆一筆寫成,爲避繁瑣,我們將之統稱爲“豎1”。

過這幾處筆畫交接處形態的考察,我們可以確定這樣一種筆畫順序:竪1→竪2→横1或横2。横2由於没有過多的與其他筆畫間的交接關係,不能確定它與横1孰先孰後。但根據書寫習慣,竪1→竪2→横1→横2這樣一種書寫順序的可能性較大。

兩竪筆之間以及竪筆與横筆之間的順序,還可通過兩竪筆相接後的"收筆動向鈎"的走勢來考察。竪1的"收筆動向鈎"(鈎1)作圖一四·6狀(右側筆畫),平緩地向右上彎曲上提,且與其左旁的竪2形成一個角度很小的鋭角,這樣的一種動向鈎筆勢指向的只能是竪2。説明竪1是先寫的,竪2是緊接竪1之後的的第二筆,二筆畫之間没有其他筆畫。

再來看竪2的"收筆動向鈎"(鈎2),其形作圖一四·7狀(下邊筆畫),筆勢向左下行之後迅速上提,若按上提角度延長,它將接於横1起筆處,而非其他。

此外,還可以從筆畫的收筆形態來考察横1和横2之間的先後關係。此字除了横2,其他筆畫都是"直收筆",[1]收筆形態呈尖鋭狀;而横2的收筆爲"頓壓收筆",[2]收筆作鈍圓狀。兩相比較,可知横1寫完後可能還有其他筆畫要寫,所以收筆寫的比較急促,而横2寫完後,在該字内部就没有其他筆畫要寫了,所以才會緩慢頓收。

所以,此"甘"字的筆順只能是:竪1→竪2→横1→横2。

甘孝子盒中的"甘"字也可以爲我們的判斷提供佐證。其字形如下:

横1衝破竪2字口,且其字口上下邊棱堵住竪2字口的痕迹十分明顯。

所以,以上我們對"甘"字筆畫順序的擬復當是可信的。

其次,我們再來看杯銘"孝"字,整字見下圖一五·1:

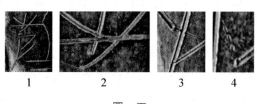

　1　　　　2　　　　3　　　　4

圖一五

此字構字部件、筆畫都較多,如何確定筆畫間的順序本來是困難的。但因爲此字筆

---

[1]　"收筆時無頓壓動作,在行筆方向上直出輕收,許多直收筆提筆後使筆畫末端呈平齊或尖鋭狀。"李松儒:《戰國簡帛字迹研究:以上博簡爲中心》,上海古籍出版社,2015年,第164頁。

[2]　"收筆時有頓壓動作,其形態呈鈍圓狀或下延狀。"(李松儒:《戰國簡帛字迹研究:以上博簡爲中心》,上海古籍出版社,2015年,第164頁)

畫交接現象豐富，"收筆動向鈎"也較多，所以確定此字的筆順有了可能。

我們首先來分析"耂"旁。此偏旁由四筆構成。筆畫交接比較集中，其局部細節放大圖見圖一五·2。其中的豎筆（豎 A）同時與其左旁的捺筆（捺 A）和其下的橫折筆（橫折 A）相交接，且後二者都將豎 A 字口打破，在打破處捺 A 和橫折 A 字口處所起的棱也皆將其字口堵住，説明豎 A 先於捺 A 與橫折 A 寫成。而後二者交接情況不好，暫不能判斷先後。豎 A 右旁的撇筆（撇 A）被橫折 A 打破，且撇 A 的"收筆動向鈎"直指橫折 A，説明撇 A 先於橫折 A 寫成，且此二筆是先後緊密銜接的兩筆，不能分開。如此，這個偏旁的書寫順序只能有如下二種可能：

1. 豎 A→捺 A→撇 A→橫折 A

2. 豎 A→撇 A→橫折 A→捺 A

但因爲橫折 A 的收筆遠離該偏旁的重心（圖一五·2），偏居整字的右下角，書寫者不太可能寫完這一橫折筆後，跨越偏旁"子"，再回到字形左上角寫那一捺筆，即寫字時不能違背"最短綫路"原則。王鳳陽先生曾説過：

> 在保持字與字之間的區別的前提下，人們總是去追求書寫的速度的。爲了書寫迅速就要縮短筆的運動綫路，或者説，是使筆不走或儘量少走空路和回頭路。因此，在保持字形區別的前提下，"最短綫路"原則就是區別律和簡易律在筆畫方面的最集中的體現，就是筆順的出發點和歸宿。合理的筆順就是寫字時合於最短綫路的筆畫安排；違背最短綫路原則，即使筆畫的安排合於筆順規矩，這種安排也是不合理的。①

並且，如果捺 A 是此偏旁的最後一筆的話，其收筆動向是向右，向右後再迅速折回向左書寫"子"旁，十分不順，也不符合手肘生理機制的要求。所以此偏旁的書寫順序當以第一種情況爲是。

我們再來看"子"字旁。筆畫有交接的地方有兩處，分別位於中間一豎筆（豎 B）與其左之捺筆（捺 B）和其右之撇筆（撇 B）處，其細部放大圖見圖一五·3。捺 B 之"收筆動向鈎"（鈎 3）和撇 B 皆衝破了豎 B 的字口，説明豎 B 先於捺 B 和撇 B 寫成。捺 B 和撇 B並無交集，本不能判斷二者之間的先後，但鈎 3 的筆勢明顯指向撇 B，説明捺 B 先於撇 B 寫成。最後剩下的橫折筆（橫折 B）與其他筆畫也沒有交接，本也不容易判斷它與其他筆畫的先後關係，但有趣的是，它也有"收筆動向鈎"（鈎 4，見圖一五·4）爲我們指明了方向，鈎 4 雖不像其他"收筆動向鈎"一樣寫得真實，而作由大到小的點組成的虛綫狀，

---

① 王鳳陽著，張世超修訂：《漢字學》，中華書局，2018 年，上册第 245 頁。

但它却"哩哩啦啦"地指向了竪 B,表明了它與竪 B 的先後關係,即横折 B 在先,竪 B 在後。由此,我們得到了"子"字的書寫順序:横折 B→竪 B→捺 B→撇 B。

整字的筆順爲:竪 A→捺 A→撇 A→横折 A→横折 B→竪 B→捺 B→撇 B。

另,甘孝子杯底部銘文照片中較清楚的幾個字也具字迹研究價值,我們揭示出來簡略討論如下:

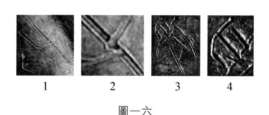

圖一六

"右"(圖一六·1)所從之"又"左右兩筆皆打破中間一筆的字口(見圖一六·2),説明書手在書寫該旁時是先寫中間一筆的。至於左右兩筆的先後關係,此材料没有很好地顯示。這種寫法的"又"不同於中山王器的寫法。中山王器"又"字作三筆完成,其筆順爲先寫周邊"U"形部分,再添中間指形,最後寫出表示手臂的那一竪筆,可參看下圖。

至少説明金村古墓銘文書手的筆順習慣是與中山王器銘文書手不同的。

"禹"(圖一六·3)字"爪"旁表示手指形的上兩個斜筆明顯打破右下與之相鄰的斜筆(見圖一六·4),説明此字在書寫時先寫右下"冉"旁之斜筆,再寫"爪"旁的,這是可以確定的。在"爪"形内部,表示手指的中間一筆打破其左上的那一弧筆,見圖一六·4,説明在書寫時弧筆先寫,"爪"再加於其上。

關於"收筆動向鈎",美藏甘孝子杯表現的淋漓盡致,即便是在重文符號上也有體現,如下圖:

重文符號　　　　　　　　　　　細節

在寫完上一横畫後,筆鋒迅速向左向下寫下一横畫,在這一過程中留下了一個很長的"收筆動向鈎"。這種"收筆動向鈎"可以幫助我們判斷字的筆畫順序。

三、銘文在古文字字迹學上的啓示

關於"筆順"，目前學界普遍認爲只有到文字隸變之後才有得談，此前無所謂筆順不筆順。因爲隸變前漢字没有固定的筆畫，因此也就談不到固定的、統一的筆順。① 這就是目前學者在進行古文字字迹研究時對筆順研究避而不談的一個原因。但是隨着古文字材料的不斷豐富，尤其是楚簡的大量發現，以及古文字材料呈現方式的改善，我們認爲這種認識應該有所改變。首先，記録漢語基本詞彙的字形，絶大部分在很早的時期筆畫和結構就已比較固定，如"人""又"等等，可以説從殷商時代起其結構、筆畫就已固定了，只不過因時地的不同，它們在書體上稍有不同而已。此外，雖然戰國時期各系文字之間差别較大，但在系别内部，絶大部分文字的結構和筆畫也還是相對穩定的。再者，有趣的是，在戰國竹簡文字中，有些字還出現了帶有大量連筆的寫法，典型例子如上博六《孔子見季趄子》簡 14 中的"不"（ ）字，類似於後世的"草書"寫法，它完全是以一種記録語言的書寫符號身份出現的，而不能認爲它是"在習慣的基礎上用綫條去勾勒客觀事物的圖形"。因此，至少在戰國文字中，我們是可以談論筆順問題的。

即便是早期象形程度比較高的文字，我們認爲在具體的某兩三筆之間，筆順問題上也是可以考察和談論的。殷商時期用以刻寫文字的甲骨中有一特殊類别——習字骨，1970 年代郭沫若曾對其中的一片進行過精彩的論述：

> 最有趣的是，我又曾經發現了一片練字骨（《殷契粹編》第一四六八片），内容是自甲子至癸酉的十個干支，反復刻了好幾行，刻在骨版的正反兩面。其中有一行特别規整，字既秀麗，文亦貫行；其他則歪歪斜斜，不能成字，且不貫行。從這裏可以看出，規整的一行是老師刻的，歪斜的幾行是徒弟的學刻。但在歪斜者中又偶有數字貫行而且規整，這則表明老師在一旁捉刀。這種情形完全和後來初學寫字者的描紅一樣。②

這告訴我們，在殷商時期書寫契刻文字是有嚴格的習字教育的，老師教學生習字不可能只示範個整體輪廓，而一定還包括筆順的示範與規範。

而一旦書手習得漢字，並能够熟練書寫漢字後，就會有自己獨特的風格反映出來，在筆順上也會有自己獨特的"創造"，這種"獨創"反映的是筆順的個性特徵，也就是筆迹

---

① 參王鳳陽著，張世超修訂：《漢字學》，上册第 243—244 頁；張世超：《殷墟甲骨字迹研究·自組卜辭篇》，東北師範大學出版社，2002 年，第 120—121 頁。

② 郭沫若：《古代文字之辯證的發展》，《考古》1972 年第 3 期；後收入氏著：《奴隸制時代》，人民出版社，1973 年。

學中所講的"筆順特徵"。① 而筆順一但定型則具有很强的穩定性。

　　學者不僅對字迹的筆順特徵進行過很多論述,還顧慮它是否有價值,價值多大。筆順個性特徵是具有區别性的,如果材料豐富,筆順特徵研究在文字考釋、甲骨的分類斷代、簡帛的分篇綴聯等方面還是大有作爲的。但是這樣的材料,目前還極爲有限,一方面是材料本身的問題,如金文中的鑄銘,基本無法討論具體字的筆順;更重要的是我們目前對這些特徵的呈現方式不到位,現在我們對甲骨文、契刻銘文、簡帛墨書文字的呈現還不够顯微,若能借鑒現代字迹檢驗方法,借助相關儀器,將文字細節放大足够倍數,並從不同角度打光,我們可以根據筆畫的深淺、筆畫間的打破情況、交叉處載體纖維的走向等信息確定相鄰或相交筆畫的先後順序。②

　　雖然目前可利用的、好的金文字迹研究材料還不多,但聊勝於無。通過上舉僅有的幾則材料我們已經可以看出,在同一字上,字形可能存在書手間的差異,如"又"字,中山王器書手習慣先寫外邊的"U"形,再分兩筆書寫中間的一筆;而金村銅器的書手却先寫中間的一筆,再分兩筆書寫左右的筆畫。而在筆順上,我們利用筆畫間的打破關係、字底深淺情況、"收筆動向鈎"、連筆、墨的濃淡等情況可以比較確切地知道相關字的筆順情況。

　　以上關於古文字筆順的論述還只是一種猜想,具體情況如何還有待於日後的細緻觀察和研究。

---

① "筆順特徵是指違反了規範的漢字書寫順序所形成的特殊的筆畫書寫順序特點。"(賈治輝主編:《筆迹學》,法律出版社,2010 年,第 51 頁)

② 具體方法和案例可參看蘇英超:《筆順和錯寫特徵的檢驗》,《刑偵技術》1978 年第 6 期。

遼陽博物館藏戰國銅鼎的國別及其刻銘"枳成"新考 *

徐世權

（河北大學）

　　《中國國家博物館館刊》2012 年第 9 期刊載了李智裕先生的《遼陽博物館藏戰國銘文銅鼎》一文（以下簡稱"李文"），①公布了一件 1993 年出土於遼寧省遼陽市的戰國銅鼎，附耳、圓腹、三蹄足，腹中部有一凸起的弦紋，腹部外側刻有銘文四字，其中"〔圖〕"下有合文符號（見圖一）。"李文"將鼎銘釋作"相成夫人"，認爲是燕系文字，並認爲"相成"有可能讀爲"襄平"。其後，孫合肥先生發表了《遼陽博物館藏戰國銅鼎銘文補釋》一文（以下簡稱"孫文"），②贊同"李文"將鼎銘視作"燕系文字"的意見，並依據李家浩、蘇建洲等先生釋燕系文字的"〔圖〕"爲"枏"的意見，③將鼎銘的首字"〔圖〕"改釋爲"枏"讀爲"宛"，認爲鼎銘中的"〔圖〕〔圖〕"應讀爲"宛城"，與燕系璽印文字中的"枏易都"有關，今地在河北臨漳縣西南漳河南岸故鄴縣城之西。同時，"孫文"謹慎的提出"宛城"也可能是燕在遼東的一個城邑與"宛陽"無關。

　　"李文""孫文"將鼎銘視爲燕系文字，可能與銘文首字"〔圖〕"的形體與多見於燕系

＊　本文爲河北省教育廳語言文字工作調研項目（YWDY201802）、國家社科基金項目（19BYY152）、中國博士後科學基金面上資助項目（2019M651058）的階段性成果。

①　李智裕：《遼陽博物館藏戰國銘文銅鼎》，《中國國家博物館館刊》2012 年第 9 期。

②　孫合肥：《遼陽博物館藏戰國銅鼎銘文補釋》，《江漢考古》2016 年第 3 期。

③　李家浩：《盱眙銅壺芻議》，《古文字研究》第 12 輯，中華書局，1985 年，第 358 頁、第 361 頁注 6。其後蘇建洲先生對此字有進一步的詳細論證，參蘇建洲：《論戰國燕系文字中的"枏"》，《中國學術年刊》第 22 期，（臺北）文津出版社，2007 年，第 95—116 頁。

圖一

文字的"枳"字近似以及銅鼎出土於遼陽市有關。本文認爲鼎銘的刻寫風格更近似於三晉文字，更進一步說應爲戰國中晚期魏國的銅器銘文，理由如下。

一、文字刻寫風格

"李文""孫文"皆將""釋爲"夫人"二字合文，這應該是正確的。三晉文字中"夫人"作"﹝﹞（﹝﹞），①"夫"字多作"﹝﹞（趙）""﹝﹞（魏）""﹝﹞（魏）"等形，②但燕系文字的"夫"多作"﹝﹞"或"﹝﹞"，大夫的合文多作"﹝﹞"或"﹝﹞"，③中間的表人形的一豎不斷開，皆與鼎銘之字不類。

"孫文"提到戰國文字中"成"多用爲"城"，這也是十分正確的意見。如三晉文字中"樂成""襄成""新成"等讀爲"樂城""襄城""新城"等，④但燕系文字中的"城"多从"土"，並且其寫法有着自身的特色，上部所从類似"井"形的兩側皆上翹或以爲加兩個小斜撇，如"﹝﹞""﹝﹞""﹝﹞"等，⑤皆與鼎銘的"﹝﹞"形不類，其寫法却與三晉文字中的"成"

① 湯志彪：《三晉文字編》，作家出版社，2013 年，第 2055 頁。
② 湯志彪：《三晉文字編》，作家出版社，2013 年，第 1504—1509 頁。
③ 王愛民：《燕文字編》，吉林大學碩士學位論文，2010 年，第 165、236 頁。
④ 吳良寶：《戰國文字資料中的"同地異名"與"同名異地"現象考察》，《出土文獻》第 5 輯，中西書局，2014 年，第 59—74 頁。
⑤ 王愛民：《燕文字編》，吉林大學碩士學位論文，2010 年，第 201—202 頁；張振謙：《燕系文字研究》（未刊），第 22—23 頁。

字極近,如"(韓)""(中山)""(魏)"等。①

還可以補充的是,"李文""孫文"皆未指出鼎銘中的""字與見於戰國燕系私璽文字的""形全同,此類寫法也見於三晋私璽文字作""""等;其所從""形亦見於三晋魏國銅器"垣上官鼎"銘文,作"",兵器"五年邢令戟"銘文,作"()"等(具體字形考證詳本文第三部分)。②

所以,從鼎銘文字刻寫的總體風格上看,其是三晋文字的可能性更大。

二、鼎 的 形 制

該鼎的形制爲附耳、圓腹、三蹄足,腹中部有一凸起的弦紋,這類銅鼎如燕國的"太子左枳室鼎(《銘像 2040》)"(見圖二)、"王后左枳室鼎"(《銘像》2012、2014)、"王太后鼎"(《銘像 2241》)等,趙國的"四年昌國鼎"(《銘像》2016)(見圖三),魏國的"二十七年大梁司寇鼎"(《銘像》2160、2161)、"九年承匡令鼎"(《銘像》2166)(見圖四)、"梁上官鼎"(《銘像》2015)、"十三年上官鼎"(《銘像》2136)、"三十五年虒令鼎"(《銘像》2163)、"垣上官鼎"(《銘像》2068)、"信安鼎"(《銘像》2134、2135)、"信安君鼎"(《銘像》2421),戰國晚期衛嗣君時期製造的"三十二年平安君鼎"(《銘像》2429)(見圖五)、"平安君鼎"(《銘像》

圖二③

圖三

① 湯志彪:《三晋文字編》,作家出版社,2013 年,第 1999—2008 頁。

② 蕭春源:《珍秦齋藏金·吴越三晋篇》,澳門基金會,2008 年,第 163 頁。又吴鎮烽:《商周青銅器銘文暨圖像集成》第 32 册,上海古籍出版社,2012 年,第 401 頁。以下簡稱《銘像》。

③ 圖片采自《銘像》。

圖四　　　　　　　　　　　　　　　　圖五

2389)等。可見,這種形制的鼎是戰國中晚期習見的式樣之一,[①]依其形制其國別屬燕或三晉皆有可能。

三、銘 文 釋 讀

上文已論鼎銘刻寫風格和形制屬三晉的可能性更大。把該鼎定爲戰國中晚期魏國銅器的另一個重要的原因就是銘文中的""字所從的""形與魏"五年邢令戈"銘文的"(*)"所從一致。董珊先生將此字釋爲"枳",工師的名字是"閒枳沱",[②]施謝捷先生進一步指出"閒枳"讀爲複姓"閒枝",亦作"閒支""閒氏"(猶"月支"或作"月氏")、"盧支"("盧""閒"通用)等,舉出"閒枝長左""閒支政""閒支滿氏""閒氏信""閒支萬金""盧支突印"等秦漢印文字證成其説。[③]董、施兩位先生爲正確釋讀這類字形給出了語音的定點,可謂卓識。其後,石繼承先生進一步提出其應讀爲"閒虎",即地名"廬虎",是以地名爲氏之例,[④]吳良寶老師進一步補證了上述三位先生的意見,從姓氏讀音

① 對這一類鼎的形制研究詳見蔣文孝、劉占成:《秦宜陽鼎銘文釋録與考辨》,《中國歷史文物》2008 年第 3 期。

② 李學勤先生釋爲"閒杷池"。董、李兩位先生的意見載蕭春源:《珍秦齋藏金·吳越三晉篇》,澳門基金會,2008年,第 160 頁。

③ 孟蓬生《越王差徐戈銘文補釋》一文下第 6 樓的評論,2008 年 11 月 7 日,復旦大學出文獻與古文字研究中心網站,2018 年 6 月 19 日。關於"枳、枝、支"三者的通假關係,可以參看白於藍:《戰國秦漢簡帛古書通假字彙纂》,福建人民出版社,2012 年,第 280—281 頁。將"閒枝"視爲複姓,亦見田河、朱力偉:《秦印複姓初步統計》,《古籍整理研究學刊》2005 年第 3 期;石繼承:《〈漢印複姓的考辨與統計〉三補》,《文史》2015 年第 4 輯。

④ 石繼承:《〈漢印複姓的考辨與統計〉三補》,《文史》2015 年第 4 輯,第 279、282 頁。

及"以地爲氏"等方面看,可信。①

　　李學勤先生將東周銅器銘文中" "(左關匜)、" "(史孔匜)這類自名之字釋爲"枳",讀爲"匜",②裘錫圭先生指出此類形體及齊陶文的" "形等是樹枝之"枳(枝)"的初文,③《上博(七)·武王踐阼》甲本簡9有字作" ",左從"木"、右旁爲"只"下加一短橫,辭例爲" 名(銘)隹(唯)曰",此字釋爲"枳"應無問題,④鄔可晶先生在此基礎上提出"桓"形應該就是由樹枝之"枳(枝)"這類形體變來的。鄔先生還進一步指出所從"只"形與典型楚文字的寫法不類,可能是受到他系文字的影響,至確。此類字形與三晉文字中的" "字十分近似,這爲董、施兩位先生釋"枳"的意見提供了字形上的直接佐證,⑤三晉璽印文字中有" "字(《古璽彙編》3039),用作人名,在字形演變環節上正與此呼應,戰國文字中"口"形下加橫的現象常見,如"向"字作" "" """等。⑥

　　可見,從讀音、字形以及辭例等方面上看,將三晉文字中的這類字形釋爲"枳"當可信。

　　三晉系古璽文字中有作" "(《古璽彙編》2362)、" "(《古璽彙編》1645)," "

---

① 吴良寶:《戰國地名"膚施"、"慮虒"及相關問題》,《文史》2017年第2輯,第286—288頁。

② 李學勤:《釋東周器名匜及有關文字》,原刊於香港中文大學中國語言與文學系:《第四屆國際中國古文字學研討會論文集》,後收入氏著:《文物中的古文明》,商務印書館,2008年,第330—334頁。本文據後者。從字形、語音、青銅器自名以及自宋代以來對這類形制銅器的定名看,李先生的意見可信。王振鐸先生對匜的形制問題做了深入的研究,王振鐸:《論漢代飲食器中的匜和愧》,《文物》1964年第4期。漢代的匜應該與東周時期的自名爲匜的銅器有着密切的演變關係。東周這類形制可參看朱鳳瀚:《古代中國青銅器》下册,南開大學出版社,1995年,第214頁。朱先生命名爲"鉶"。

③ 裘錫圭:《介紹李家浩先生的〈釋瀂〉——兼談與此文有關的兩個問題》,武漢大學"2009中國簡帛學國際論壇"上的主題報告。

④ 復旦大學出土文獻與古文字研究中心研究生讀書會:《〈上博七·武王踐阼〉校讀》,2008年12月30日,復旦大學出土文獻與古文字研究中心網站,2018年6月19日;劉洪濤:《談上博竹書〈武王踐阼〉的器名"枳"》,2009年1月1日,武漢大學簡帛網,2018年6月19日;李家浩:《檳枳、竹枳、枳銘》,《出土文獻研究》第12輯,中西書局,2013年,第11—12頁;鄔可晶:《上古漢語中本來是否存在語氣詞"只"的問題的再檢討》,《出土文獻與古文字研究》第6輯,上海古籍出版社,2015年。

⑤ 鄔可晶:《上古漢語中本來是否存在語氣詞"只"的問題的再檢討》,《出土文獻與古文字研究》第6輯,上海古籍出版社,2015年,第410頁。

⑥ 參李家浩:《戰國貨幣考(七篇)》,《著名中年語言學家自選集·李家浩卷》,安徽教育出版社,2002年,第170—171頁;湯志彪:《三晉文字編》,作家出版社,2013年,第1100—1101頁;劉釗:《古文字構形學(修訂本)》,福建人民出版社,2011年,第346頁。

《古璽彙編》0404）、" ![字形] "（《古璽彙編》1976）等形體，皆是人名用字，亦當从"只"聲，分別釋作"狋"和"馻"。① "狋"與見於《字彙》《正字通》等書的作爲"豹紋"義的俗字"狋"當是同形字；"馻"字作爲鳥名"馻鯀"，見於《山海經・中山經》，②應來源較早。另外，《古璽文編》第 2910 號還收録一方三晉系複姓私璽作" ![字形] "，其中" ![字形] "字可分析爲从"肉""枳"聲，似應是"胑（肢）"字的異體，《説文解字》曰"肢，胑或从支"，《荀子・君道篇》有"如四胑之從心"等。③

　　燕系文字的"枳"也應與本文所論之字有關，具體用爲什麽字還有待於進一步研究。董珊先生提出相關辭例中的"枳室"之"枳"讀爲"閨"或"庋"，可資參考。④ 當然，關於該字的釋讀仍存在不同意見，還可以進一步探討。但目前三晉文字中此類形體確切無疑應讀爲"枳"，還未見有明確讀爲"旨"之字，所以僅從字形上看，戰國文字中的"枳"當是"枳"字。

　　從文字構形的演變過程看，"枳"字的形體變化應有兩條綫：" ![字形] "（口下長筆本爲連在木上的樹枝）"應是" ![字形] "演變到" ![字形] "（《清華簡・子儀》）、" ![字形] "（《郭店簡・唐虞之道》）的過渡形體（連着的樹枝斷開後又在其上添加飾筆小撇），之後爲秦文字所繼承作" ![字形] "（《睡虎地秦簡・日書甲》）；而鄔可晶先生指出的上博簡的字形" ![字形] "則是由" ![字形] "到" ![字形] "和" ![字形] "的中間形體（指事符號"口"形從樹枝上斷開後，在其下方添加一

---

① 裘錫圭先生認爲李家浩先生將這些字釋作"狷""鵑""稱"等的説法"可以考慮"，參《戰國貨幣考（十二篇）》"《論集》編校追記"最後一條，《裘錫圭學術文集・金文及其他古文字卷》，復旦大學出版社，2012 年，第 229 頁。李家浩先生的意見見《盱眙銅壺芻議》，《古文字研究》第 12 輯，中華書局，1985 年，第 358 頁、第 361 頁注 6。其後蘇建洲先生有進一步的詳細論證，蘇建洲：《論戰國燕系文字中的"栖"》，《中國學術年刊》第 22 期，（臺北）文津出版社，2007 年，第 95—116 頁。劉洪濤先生論證漢代文字中的"旨"字是由戰國文字"兔"字演變而來（劉洪濤：《釋"旨"》，《簡帛》第 12 輯，上海古籍出版社，2016 年，第 9—18 頁），如劉先生所論不誤，戰國文字中似未見有"兔"形演變成"旦"的例證，所以釋"枳"爲"栖"似與字形的演變過程相矛盾（當然"旦"也可能由其他形體省變而來）。另據劉先生説李家浩先生釋字的依據可能是一般釋爲"栖"的古璽文字" ![字形] "形（孟蓬生先生文下網友 lht 的評論），本文已經指出"枳"釋爲"枳"在字形、讀音和辭例上都有其證據，所以" ![字形] "不當分析爲从"木"从"旨"（未見有明確釋爲"旨"之字作" ![字形] "形），而應分析爲从"肉"从"枳"。

② 袁珂：《山海經校注》，巴蜀書社，1992 年，第 212 頁。

③ 關於"胑"與"肢"，詳見段玉裁：《説文解字注》，上海古籍出版社，1988 年，第 170 頁。

④ 孟蓬生《越王差徐戈銘文補釋》一文下評論，2008 年 11 月 7 日，復旦大學出土文獻與古文字研究中心網站，2018 年 6 月 19 日。另外，《古璽彙編》0189 著録一方燕璽作" ![字形] "，其中的"枳陽"讀爲何地，待考。

橫或兩橫的飾筆),①爲三晉和燕系文字所承繼。關於戰國時期不同系別之間記錄同一個詞用不同字形的情況,周波先生有十分全面的研究,讀者可參看。②

如上文所論"柜"釋爲"枳"字不誤,鼎銘中的"〔圖〕"當是其異體。三晉文字中從"木"與從"禾"之字常無别,如"松"字作"〔圖〕"或"〔圖〕",等等。③ 古文字中"木""禾"二旁在用作表意偏旁時可以通用,如"析"作"〔圖〕""〔圖〕";"穌"作"〔圖〕",秦文字"蘇(蘇)"作"〔圖〕""〔圖〕"等。古文字中"林""秝"二字用作表意偏旁時有時亦可通用,如"〔圖〕"或作"〔圖〕","〔圖〕"或作"〔圖〕"等。④ 可見,將"〔圖〕"視爲"柜"字之異體應無問題。三晉系古璽文字中有形作"〔圖〕"(《古璽彙編》1534)用作人名、單字璽"〔圖〕"等與本文所考"〔圖〕"字全同,亦當是"枳"字異體。另外,還有字形作"〔圖〕"(《古璽彙編》1898)亦是人名用字,也應是"柜"異體,"口"形爲"羡符",如"秋"字作"〔圖〕"或"〔圖〕"形等。⑤ 戰國古璽還有"〔圖〕",施謝捷先生釋作"赤章柜(和)",定爲燕系姓名私璽。⑥ 其中"〔圖〕"字,與"〔圖〕"同形,似也應是"枳"字異體。

鼎銘中"枳成",當讀爲"軹城",即戰國時期魏國的"軹"縣,⑦在今河南省濟源縣城南

---

① 關於"羡符"見孫偉龍:《〈上海博物館藏戰國楚竹書〉文字羡符研究》,吉林大學博士學位論文,2009 年。"只"字形體的分析可參看鄔可晶:《上古漢語中本來是否存在語氣詞"只"的問題的再檢討》,《出土文獻與古文字研究》第 6 輯,上海古籍出版社,2015 年;李家浩:《釋老簋銘文中的"濾"字——兼談"只"字的來源》,《古文字研究》第 27 輯,中華書局,2008 年,第 245—250 頁;何琳儀、房振三:《"也"、"只"考辨》,《上海文博論叢》2005年第 3 期。出土文獻中"只"及從"只"之字亦可參看陸從蘭:《出土先秦文獻中的"也"、"只"及相關字研究》,安徽大學碩士學位論文,2011 年。

② 周波:《戰國時代各系文字間的用字差異現象研究》,綫裝書局,2012 年。

③ 湯志彪:《三晉文字編》,作家出版社,2013 年,第 808—809 頁。王慎行先生對"古文字形近偏旁混用"有過很好的總結,其中就有"木、禾偏旁形混用",王慎行:《古文字與殷周文明》,陝西人民教育出版社,1992 年,第61—63 頁。另外,"休"字或作"〔圖〕"形,當是會"人在樹蔭下休息"之意,不從"禾"旁,參看裘錫圭:《文字學概要(修訂本)》,商務印書館,2013 年,第 141 頁。

④ 劉釗:《古文字構形學(修訂本)》,福建人民出版社,2011 年,第 335 頁。

⑤ 相關字形亦見徐在國、程燕、張振謙編著:《戰國文字字形表》,上海古籍出版社,2017 年,第 998、1001 頁。

⑥ 施謝捷:《古璽彙考》,安徽大學博士學位論文,2006 年,第 344 頁。

⑦ "軹"作"軹城",這類地名的稱謂習見。還可舉"焦"作"焦城"、"黄"作"黄城"、"陳"作"陳城"等。秦陶文的"焦"即《水經·渠水注》引《竹書紀年》"梁惠成王十六年,秦公孫壯帥師伐鄭,圍焦城"之"焦城",在今河南三門峽市西;魏兵器銘文中的"黄"即《史記·趙世家》敬侯八年"拔魏黄城"之"黄城",在今山東冠縣南;楚國金幣"陳爯"之"陳",即《史記·楚世家》白起拔郢後,"楚頃襄王兵散,遂不復戰,東北保於陳城"之"陳城",今河南淮陽縣。

十三里。睡虎地秦墓竹簡《編年記》載秦昭王"十七年攻垣、枳"，①《史記·六國年表》秦表昭王十八年"客卿錯擊魏，至軹，取城大小六十一"。②《戰國策·趙策一》"趙收天下且以伐齊章"載"反溫、枳、高平於魏"，③馬王堆帛書本《戰國縱橫家書》"枳"字作"軹"。④另外，《史記·高祖本紀》"降軹道旁"，《漢書·高帝紀》"軹道"作"枳道"。⑤皆可證把"枳"讀爲"軹"不誤。戰國時期魏國的"軹城""軹道"皆與"太行八陘"之一的"軹關陘"有關。北魏酈道元《水經·河水注》："瀸水西屈徑關城南，歷軹關南"，楊守敬按語曰："《元和志》引《述征記》，太行八陘，第一曰軹關陘。《地形志》，軹縣有軹關。《隋志》，王屋有軹關。《方輿紀要》，在濟源縣西北十五里，關當軹道之險，因曰軹關。"⑥繆文遠據上述書指出："軹關陘爲'太行八陘'之一，兩側峰巒夾峙，有如軸孔，稱軹道。軹道東端，依險設關，名軹關。戰國時於軹關東南築城，名軹城。軹道爲黃河北岸自豫北平原進入山西高原之要道，自古爲兵家必爭之地。"⑦所以，戰國時期魏國在此設縣，以作屏藩。至魏昭王七年(秦昭襄王十八年，前 289 年)爲秦國所攻占。這個時間也與我們討論的鼎的形制是戰國中晚期所吻合。

另外，魏"垣上官鼎"(《集成》2242)口沿處的一個單字銘文" **⊗** "應是其置用地之一，以往釋爲"和"或"枂"等，⑧現在看也應該釋爲"枳"，讀爲"軹"。魏"垣上官鼎"器身的形制與"軹城"鼎的形制近似，置用地名皆是"枳(軹)"，這也從側面證明本文所論之鼎的國別屬魏的觀點可信。魏國地名"軹"有"枙""秇"或"开"等寫

---

① 睡虎地秦墓竹簡整理小組：《睡虎地秦墓竹簡》，文物出版社，1990 年。關於《編年記》與《史記》等相關記載的對照，參看高敏：《秦簡〈編年記〉與〈史記〉》，氏著：《雲夢秦簡初探(增訂本)》，河南人民出版社，1981 年，第 109—132 頁；黃盛璋：《雲夢秦簡〈編年記〉地理與歷史問題》，氏著：《歷史地理與考古論叢》，齊魯書社，1982 年，第 46—84 頁。陳偉先生認同李零先生稱《編年記》爲《葉書》的看法，認爲應讀作《世書》，即記錄世系之書，見陳偉主編：《秦簡牘合集》卷一《睡虎地秦墓竹簡》上冊，序言第 2 頁，武漢大學出版社，2014 年。爲了方便，本文暫采用傳統的看法，稱作《編年記》。

② 《史記》，中華書局，2013 年，點校本二十四史修訂本。

③ 繆文遠：《戰國策新校注》，巴蜀書社，1987 年，第 612 頁。

④ 裘錫圭主編：《長沙馬王堆漢墓簡帛集成(壹)》《戰國縱橫家書》第 233 行，中華書局，2014 年。另第三冊注釋部分，第 250 頁注釋 30。

⑤ 關於文獻中"枳"與"軹"字，詳見高亨纂著、董治安整理：《古字通假會典》"軹與枳"條，齊魯書社，1989 年，第 460 頁。

⑥ 楊守敬、熊會貞疏，段熙仲點校，陳橋驛復校：《水經注疏》，南京：江蘇古籍出版社，1989 年，第 370 頁。

⑦ 繆文遠：《戰國策新校注》，第 616 頁。

⑧ 唐友波：《垣上官鼎及其相關問題》，《文物》2004 年第 8 期。

法，①這當屬"同地異名"現象，如魏國地名"瑕陽"寫作"家陽"，②也作"叚陽"或省作"叚"等。③

魏國"枳城"(河南濟源縣)鑄造的銅鼎出土於遼陽市，當是隨戰爭或是其他原因而流入，這類情況很多，如魏國"信安君鼎"(《銘像》2421)出土於陝西武功縣，燕國"王太后右枳室鼎"(《銘像》2241)出土於陝西澄城縣等。

綜上所述，從鼎銘字體的刻寫風格、形制、以及銘文中的""釋爲"枳成(枳城)"，即文獻中魏國的重要交通要塞"枳"縣看，該鼎當是戰國中晚期魏國的銅器。

附記：本文初稿曾在吉林大學中國古文字研究中心舉辦的"古文字與出土文獻青年學者論壇"宣讀過；修改稿發表於《出土文獻》2021年第2期。拙文發表後，就筆者所見亦有三篇文章討論相關問題，讀者可參看。分別爲劉楊先生的《談遼陽博物館藏戰國銅鼎刻銘中的"桿"》，見《首屆簡牘學與出土文獻語言文字研究學術研討會論文集》，2021年8月；董珊先生的《遼陽出土"和成夫人"鼎銘再考》，見復旦大學出文獻與古文字研究中心網站，2021年8月7日；李家浩先生的《關於東周器名"和"及其異體的釋讀——兼釋戰國文字"酬"和人名、複姓中的"和"》，見《文史》2021年第3期。

---

① 戰國貨幣銘文中"开陽"和"开"，李家浩先生、吳良寶老師分別讀爲"枳陽"和"枳"，李家浩：《戰國开陽布考》，《古文字研究》第25輯，中華書局，2004年，第391—396頁；吳良寶：《空首布"枳"地考》，《古文字研究》第25輯，中華書局，2004年，第397—400頁。此蒙吳良寶老師提示。關於這一類情況可以參看吳良寶：《戰國文字資料中的"同地異名"與"同名異地"現象考察》，《出土文獻》第4輯，中西書局，2013年，第59—74頁。

② 裘錫圭：《戰國貨幣考(十二篇)》之三《圓肩圓足三孔布匯考》的"《論集》編校追記"，收入《裘錫圭學術文集·金文及其他古文字卷》，復旦大學出版社，2012年，第227頁；裘錫圭：《致王毓銓先生函》，收入《裘錫圭學術文集·金文及其他古文字卷》，復旦大學出版社，2012年，第230頁。

③ 吳良寶：《十七年坪陰鼎蓋新考》，《中國歷史文物》2007年第5期。關於此類"同地異名"現象可參看吳良寶：《戰國文字資料中的"同地異名"與"同名異地"現象考察》，《出土文獻》第4輯，中西書局，2013年，第59—74頁。

文信圜錢補考[*]

董笛音

（吉林大學古籍研究所）

　　戰國時期有一種秦圜錢面文作"文信"（圖一）。王獻唐認爲圜錢中的"文信"非指西漢初期文信君劉交而是指戰國時期文信侯呂不韋，該幣是其封文信侯期間所鑄，[①]應可信從。《史記·呂不韋列傳》"莊襄王元年，以呂不韋爲丞相，封爲文信侯，食河南洛陽十萬户"；《秦始皇本紀》"（秦王政）十二年，文信侯不韋死，竊葬"。[②] 今河南洛陽市西郊曾出土一塊"文信"錢幣殘石範（圖二）[③]證明圜錢中的"文信"確爲呂不韋封號，其鑄造年代應在秦莊襄王元年至秦王政十二年（前249—前235年）之間。

圖一　（《貨系2》0380—0383)[④]

---

[*]　本文是吉林大學研究生創新研究計畫項目"兩周時期金文中女性稱名問題研究"（101832020CX335）的階段性成果。

[①]　王獻唐：《中國古代貨幣統考》，齊魯書社，1979年，第580—583、586頁。

[②]　《史記》卷八十五《呂不韋列傳》，中華書局，1959年，第2509頁；《史記》卷六《秦始皇本紀》，第231頁。

[③]　左丘：《略談"四曲文錢"》，《考古》1959年第12期；中國社會科學院中國研究所編著：《洛陽發掘報告》，北京燕山出版社，1989年，第183頁。

[④]　需要注意的是《貨系2》0381的"信"字也是從言千聲，因拓本問題"千"字中間一點顯示不够明顯。下文分別將馬飛海總主編，汪慶正、朱活、陳尊祥主編《中國歷代貨幣大系2·秦漢三國兩晋南北朝貨幣》（上海辭書出版社，2002年）簡稱爲《貨系2》，中國社會科學院考古研究所編《殷周金文集成（修訂增補本）》（中華書局，2007年）簡稱爲《集成》，羅福頤主編《古璽彙編》（文物出版社，1981年）簡稱爲《璽彙》。

圖二

戰國文字中不同系別"信"字的寫法各不同,①如:

秦文字: ![信](睡虎地秦簡《語書》1.12)②　　![信](里耶秦簡 8 - 987)

![信](嶽麓秦簡《爲吏治官及黔首》28 正)　　

齊文字: 　　

楚文字: 　　![信](郭店楚簡《老子丙》簡 2)

![信](清華簡《殷高宗問于三壽》簡 18)

關於睡虎地秦簡的時代,整理小組認爲是戰國末期到秦始皇時期,里耶秦簡的年代爲秦始皇二十五年至秦二世二年(前 222—前 208 年),嶽麓秦簡《爲吏治官及黔首》是秦統一後的文獻,③這些簡牘的時代與文信圜錢的鑄造年代相距不遠。而秦印、秦陶文的時代暫不可考。從文字形體來看,秦文字中"信"字常寫作从言人聲,人旁一般不面對言旁書寫。④ 而且作爲偏旁的"人"形未見在中間加小點的情況,⑤如"![信]"(十三年少府矛《集成》11550)"![但]"(寺工獻車書《集成》12041)。齊文字中"信"字寫法多變,其中有

___

① 三晋、燕文字中"信"字多从身聲,與文信圜錢的"信"字相差甚遠,故不在文中列出。

② 陳侃理認爲睡虎地秦簡的《爲吏之道》應更名爲《語書》。參看陳侃理:《睡虎地秦簡"爲吏之道"應更名"語書"——兼談"語書"名義及秦簡中類似文獻的性質》,《出土文獻》第 6 輯,2015 年,中西書局,第 246—257 頁。

③ 參見睡虎地秦墓竹簡整理小組編:《睡虎地秦墓竹簡》,文物出版社,1978 年;湖南省文物考古研究所編著:《里耶秦簡(壹)》,文物出版社,2012 年,第 4 頁;朱漢民、陳松長主編:《嶽麓書院藏秦簡(壹)》,上海辭書出版社,2010 年。

④ "![字]"雖人旁與言旁相對,但該字並不从千聲。

⑤ "![信]"字所从人旁的兩短橫應是起裝飾作用的羨符。

一類形體與文信圜錢的"信"字相似，作""形。楚文字中"信"字常寫作从言千聲，或加注意符心，其中楚簡有一類寫法與文信圜錢的"信"字寫法相同，作""形。文信圜錢中的"信"字皆从言千聲，且該類"信"字皆是言旁在左、千旁在右，[①]千旁帶有小點的一側與言旁相對。

　　總之，文信圜錢的"信"字與秦文字寫法明顯不同，却與齊楚文字存在一定的聯繫。秦在統一六國的過程中，在新占領的地區內已經進行"同文字"的工作，[②]而吕不韋在鑄造文信錢時却不用典型的秦文字寫法，這一現象值得留意。

　　附記：文章在寫作過程中受到吴良寶、何景成老師的審閱指正，趙培燊提出建議，謹致謝忱。

---

① 文信錢範經過鑄造翻轉亦如此。
② 趙平安：《試論秦國歷史上的三次"書同文"》，《河北大學學報》1994 年第 3 期。

楚墓出土的古文字資料與楚王族墓向探析

蔣魯敬（荆州博物館）

陳柳杏（荆州文保中心）

戰國楚墓出土的卜筮祭禱簡和銅器銘文等古文字資料，通常會涉及墓主的身份、族屬等信息，其中，有的墓主可能爲楚王族，爲探討楚王族的墓向提供了資料。

一、出土古文字資料所記墓主涉及的楚王族

根據墓葬内出土竹簡和銅器銘文所記墓主資料，涉及的楚王族可以分爲悼、昭、景和王孫。

1. 悼

發掘於 1965 年冬，因出土"越王勾踐劍"而聞名天下的望山一號墓，是一座有封土、有墓道的中型豎穴土坑木槨墓。墓口東西長 16.1 米、南北寬 13.5 米，有 5 級生土臺階，墓道向東。根據卜筮祭禱簡中屢見"爲悼固貞"，祭禱的先王有簡王、聲王和悼王，整理者認爲墓主即悼固，是以悼爲氏的楚國王族，是楚悼王的曾孫，墓主身份大致相當於下大夫。整理者根據隨葬銅、陶禮器及簡文中的先王、先君，推斷望山一號墓的年代爲戰國中期的楚威王時期或楚懷王前期。①

爲配合南水北調引江濟漢工程建設，湖北省文物考古研究所發掘了位於湖北省荆門市沙洋縣後港鎮松林村二組（原嚴倉二組）的嚴倉墓群獾子冢（M1），M1 平面爲"甲"

---

① 湖北省文物考古研究所：《江陵望山沙冢楚墓》，文物出版社，1996 年，第 212 頁。

字形,墓口長 34 米、寬 32 米,墓道位於東部,方向 103°。墓口至槨蓋板共有 15 級臺階。根據出土的卜筮祭禱簡,"悼愲"就是 M1 的墓主。①

望山 M1 和嚴倉 M1 皆有出土卜筮祭禱簡記載墓主名字,分別爲悼固和悼愲,均爲悼王之後的族人,其墓道方向均爲東向。

2. 昭

1986 年,爲配合荆(門)沙(市)地方鐵路建設,考古工作者發掘了位於湖北省荆門市十里鋪鎮王場村的包山二號墓。包山 M2 有封土,東向墓道,長方形土坑,有 14 級臺階。坑口東西長 34.4 米、南北寬 31.9 米。二號墓出土的竹簡包括卜筮祭禱記録、遣策、司法文書。根據卜筮祭禱簡中屢見"爲左尹卲(昭)㡇貞""爲左尹㡇貞",②依照卜筮祭禱簡中記録墓主的特點,推測左尹卲(昭)㡇就是墓主人。③ 墓主人爲昭氏,當是楚昭王的後人。④

爲配合南水北調引江濟漢工程建設,2012 年,荆州博物館發掘了位於荆州區紀南鎮三紅村的李家堰墓地,其中 M113 是一座小形土坑墓,方向 105°,出土了一件有銘銅戈。銘文鑄於援身,兩行共十二字:⑤

　　　卲(昭)王之諲羃(擇)亓(其)吉金,乍(作)寺(持)韓(萃)戈。

根據銘文辭例,"卲(昭)王之諲"即作器者,與見於傳世"昭王之諲"器(兩簋一鼎,《集成》3634、3635、2288)中的"昭王之諲"應是同名,董珊先生認爲,"諲"爲作器者私名,屬於昭王之族。出土古文字資料中楚人名結構作"諡(王)＋之＋人名",與傳世文獻所見"族氏＋之＋人名",如《左傳》僖公二年"宫之奇"、僖公二十四年"介之推"、僖公三十年"燭之武"等結構相同。"之"前面的成分"諡(王)"的性質是以諡法爲族稱。⑥ M113 的墓主應即戈銘中的"昭王之諲",與包山 M2 的墓主"昭㡇"一樣,都屬於昭王的後人。

2006 年,由湖北省文物考古研究所發掘的襄陽陳坡 M10,位於襄樊市襄陽區(今襄陽市襄州區)東約 8 公里的陳坡村。M10 墓口東西長 20.2 米、東寬 18.2 米、西寬 17.7 米,有 7 級生土臺階,墓道東向,葬具一槨重棺,槨分東、南、北三室。⑦ 墓内出土的一件

① 宋有志:《湖北荆門嚴倉墓群 M1 發掘情况》,《江漢考古》2010 年第 1 期。李大虹:《嚴倉 1 號墓墓主、墓葬年代考》,《歷史研究》2014 年第 1 期。

② 由清華簡《繫年》第二十三章簡 135"右尹卲(昭)之妃",可知,楚悼王時的"右尹"爲昭王之後人。清華大學出土文獻研究與保護中心編,李學勤主編:《清華大學藏戰國竹簡(貳)》,中西書局,2011 年,第 196 頁。

③ 湖北省荆沙鐵路考古队:《包山楚墓》,文物出版社,1991 年。

④ 包山墓地竹簡整理小組:《包山 2 號墓竹簡概述》,《文物》1988 年第 5 期。

⑤ 蔣魯敬、李亮:《荆州李家堰墓地出土戰國銅戈銘文考略》,《江漢考古》2016 年第 2 期。

⑥ 董珊:《出土文獻所見"以諡爲族"的楚王族——附説〈左傳〉"諸侯以字爲諡因以爲族"的讀法》,《出土文獻與古文字研究》第 2 輯,復旦大學出版社,2008 年,第 122 頁。

⑦ 湖北省文物考古研究所、襄陽市文物考古研究所、襄陽市襄州區文物管理處:《襄陽陳坡》,科學出版社,2013 年。

銅戈,援身有銘文兩行:

邵(昭)王之諯(信)睪(擇)亓(其)吉金,[作]寺(持)輅(萃)戈。

"昭王之信"爲作器者,"信"即作器者私名,人名結構與李家堰 M113 出土戈銘中的"昭王之諯"相同,亦屬於昭王之族。或認爲陳坡 M10 墓主很可能就是器主昭王之信,[①]亦有根據該墓同出的銅鼎刻銘"大司馬",認爲墓主即見於鄂君啓節(《集成》12110)和包山楚簡中的"大司馬昭陽敗晉師於襄陵之歲"的楚大司馬"昭陽"。[②] 儘管對陳坡 M10 墓主具體所指還存在"昭王之信"和"昭陽"的分歧,但是這種分歧的背後卻有一點共識,那就是都承認墓主的族屬爲楚王族中的昭氏。

1994 年由河南省文物考古研究所發掘的新蔡葛陵楚墓,是一座有封土、墓道向東的竪穴土坑墓。墓口東西長 25.25 米、南北寬 22.5—23.25 米,墓坑四周有 7 級臺階。葬具爲二槨二棺,槨室呈"亞"字形,分内槨和外槨兩部分,外槨分五室。該墓出土的竹簡分爲卜筮祭禱記録和簿書兩部分,卜筮祭禱簡多處記有"平夜君成""小臣成",墓中出土的銅兵器戟和戈,多處發現"平夜君成之用戟""平夜君成之用戈",由此推斷平夜君成即墓主,"成"爲墓主人的名字,"君"爲其封號,"平夜"則是其封地。[③] 根據卜筮祭禱簡的祭禱順序和特點,"平夜君成"是平夜文君之子、楚昭王之孫。[④] 還需注意的是葛陵楚墓出土的一對骨質弓帽(N:260、261),其中一件上面刻有四字"昭之良之","昭之良"應即曾侯乙簡、包山簡、新蔡簡都出現過的平夜君子良,此人即見於《左傳》哀公十七年的"子良",他是楚昭王之子,楚惠王之弟。子良是始封平夜君,所以他的器物能在他的後代平夜君成的墓中出土,[⑤]也是墓主身份判斷的參照。葛陵楚墓墓主"平夜君成"雖然人名結構與"昭㐌""昭王之諯""昭王之信"有異,但是從出土的古文字資料判斷也屬於昭王之後人。

根據出土的古文字資料所揭示的墓主信息,包山 M2 墓主"昭㐌"、李家堰 M113 墓主"昭王之諯"、陳坡 M10 墓主"昭王之信"或"昭陽"、葛陵楚墓墓主"平夜君成",皆爲楚昭王的族人,其中,包山 M2、陳坡 M10 和葛陵楚墓的墓道皆爲東向,李家堰 M113 儘管没有墓道,其方向 105°也是大致東向。這是目前根據出土古文字資料所確定的"昭王"之族人墓葬的墓向。

3. 景

宜城跑馬堤 M43 爲長方形帶墓道的土坑竪穴墓,墓道位於東部,墓室周圍有四級

① 劉釗:《襄陽陳坡"昭王之信戈"銘文補釋》,《考古》2016 年第 6 期。

② 黄錦前:《襄陽陳坡 M10 出土戈銘補釋及相關問題》,《古文字研究》第 32 輯,中華書局,2018 年,第 288 頁。

③ 河南省文物考古研究所:《新蔡葛陵楚墓》,大象出版社,2003 年,第 184 頁。

④ 宋華强:《新蔡葛陵楚簡初探》,武漢大學出版社,2010 年,第 120 頁。

⑤ 董珊:《出土文獻所見"以謚爲族"的楚王族——附説〈左傳〉"諸侯以字爲謚因以爲族"的讀法》,《出土文獻與古文字研究》第 2 輯,復旦大學出版社,2008 年,第 119 頁。

臺階,墓口長 7.52 米、寬 7.1 米,葬具爲二槨一棺,墓内出土的兩件卧牛鈕銅鼎,一件編號 M43：7,在鼎内兩耳中間近口沿處有兩行銘文"競之兼之少鼎"(圖一);另一件編號 M43：13,在鼎内兩耳之間和蓋内邊緣分别有銘文兩行作"競之兼之少鼎"(圖二)。兩件銅鼎同銘,銘文中第三字即器主之私名,整理者釋爲"兼"。①

圖一　競之兼銅鼎及銘文拓片(M43：7)

圖二　競之兼銅鼎及銘文拓片(M43：13)

---

① 武漢大學、湖北省文物考古研究所、宜城市博物館:《湖北宜城跑馬堤東周兩漢墓地》,科學出版社,2017 年,第 35 頁。

　　"競"即楚三大族"屈""昭""景"之"景",取楚景平王謚法的前一字爲族稱,早爲學者證實。器主名爲"競之羕",即"景之羕",是出自楚景平王之後的族人。人名結構與"競之定"①"競之上"②"競之賈"③相同。2006 年 6 月,湖南張家界且住崗野貓溝一座戰國中晚期土坑墓中出土一件雙紐銅矛,其上銘文作"競□自作軒矛,用揚文德武烈"。④ 銘文第二字即"競"下一字,與《集成》2811 王子午鼎等銘文中的"毆"形同,黃錦前先生釋爲"畏","競畏"爲器主之名,⑤與見於包山簡中的"競丁"(簡 81)、"競得"(簡 90)、"競愄"(簡 110)、⑥"競駝"(簡 187)等人名類似,亦是景平王之後的族人。

　　2005 年 5 月至 2006 年 6 月,河南省文物考古研究所在上蔡縣大路李鄉郭莊村發掘清理了大型楚國貴族墓葬兩座,分別編號爲郭莊 M1 和 M2。兩座墓葬均爲帶封土大型"甲"字形豎穴土坑墓,斜坡墓道東向,南北並列。M1 墓室東西長約 25 米,南北寬 17 米左右,深近 18 米。由於該墓積石積沙,經東漢至今雖遭受近二十次盜掘,仍然出土了千件以上的隨葬品。⑦ M1 出土的一件銅鼎內壁有銘文三列,其中人名作"競之嬰",⑧銅簠殘片有銘文"楚王孫瀴",銅戈上有銘文"瀴之用戈",⑨瀴乃器主私名。1958 年,在湖北江陵縣(今荆州區)嶺河區泗場公社譚家灣楚墓出土的雙戈戟(《集成》11152、11153);⑩2000

①　2006 年 10 月,張光裕先生在友人處見到一批楚式青銅器,凡 29 件(盤、匜、瓶各 1,豆、方壺各 2、帶蓋鼎 7、鬲 7、簠 8),7 件鬲口沿內側、2 件豆的盤內、2 件方座簠的內壁皆鑄相同的銘文,人名爲"競之定"。參看張光裕:《新見楚式青銅器器銘試釋》,《文物》2008 年第 1 期。

②　上海博物館藏的楚滕公量(又稱"大市量")中工佐名"競之上"。參看董珊:《出土文獻所見"以謚爲族"的楚王族——附説〈左傳〉"諸侯以字爲謚因以爲族"的讀法》,《出土文獻與古文字研究》第 2 輯,復旦大學出版社,2008 年,第 114 頁。

③　清華簡《繫年》簡 128,參看清華大學出土文獻研究與保護中心編,李學勤主編:《清華大學藏戰國竹簡(貳)》,中西書局,2011 年,第 196 頁。

④　陳松長:《湖南張家界新出戰國銅矛銘文考略》,《文物》2011 年第 9 期。

⑤　黃錦前:《競畏矛補論及其相關問題》,《楚文化研究論集》第 12 集,上海古籍出版社,2017 年,第 345—346 頁。

⑥　愄,劉樂賢先生釋爲"快",認爲與簡 118 競快的"快"同字。劉信芳先生認爲"愄"是"快"字之假,"競快"讀爲"景缺",《史記·楚世家》楚將軍"景缺",《秦本紀》作"景快"。簡文景快與《楚世家》景缺所處時代相同,疑是同一人。參看劉樂賢:《楚文字雜識(七則)》,《第三屆國際中國古文字學研討會論文集》,香港中文大學中國文化研究所、中國語言及文學系,1997 年,第 624 頁。劉信芳:《包山楚簡解詁》,(臺北)藝文印書館,2003 年,第 102 頁。

⑦　馬俊才、張學濤:《上蔡縣郭莊楚墓》,《中國考古學年鑒 2007》,文物出版社,2008 年。河南省文物考古研究所:《古代青銅器修復與保護技術》,大象出版社,2014 年,第 4 頁。

⑧　河南博物院:《鼎盛中華——中國鼎文化》,大象出版社,2013 年,第 122 頁。

⑨　河南省文物考古研究所:《古代青銅器修復與保護技術》,大象出版社,2014 年,彩版九。

⑩　雙戈戟中的兩件戈,一件短內,現藏湖北省博物館,通長 17.8 釐米、援長 16.5 釐米、胡長 10.5 釐米;另一件有內,現藏國家博物館,援長 16.2 釐米、內長 7.5 釐米、胡長 12.9 釐米。有關兩件銅戈的描述,參看山西博物院:《爭鋒:晉楚文明》,山西人民出版社,2018 年,第 124 頁。石志廉:《"楚王孫漁"銅戈》,《文物》1963 年第 3 期。

年,荊門市五里鋪鎮左冢楚墓 M3 出土了一件銅矛(M3：29),皆有銘文作"楚王孫戅之用"。左冢 M3 銅矛的銘文和花紋與江陵出土的"楚王孫戅戟"(即《集成》11152、11153)①完全相同,所見"戅"應是同一人。② "戅"字(表一),舊釋爲"漁",謝明文先生認爲郭莊楚墓出土銅鼎銘文中的"嬰"字與"戅"字是一字異體,應該就是同一個人。③ 或將"嬰"釋作"朝"字,④結合"楚王孫朝"(原作"楚王孫漁")戈銘文,器主人"朝"是楚平王之孫,即《左傳》哀公十七年所載之武城尹公孫朝,公孫朝爲楚平王庶長子公子申(字子西)之子,並進而認爲郭莊一號墓墓主人應該就是平王庶長子令尹子西。⑤ 由於郭莊一號楚墓的絕大部分資料還未正式公布,對於其墓主的具體所指可能還需再探討,但是,根據墓內出土的銅鼎、簠和戈等銅器銘文所揭示的信息,"競之戅"爲出自景平王之後的族人當是毋庸置疑的。郭莊楚墓 M1 墓道東向,與出土"競之業"銅鼎的宜城跑馬堤 M43 墓道東向一致。

表一　戅字形

郭莊 M1 銅鼎	郭莊 M1 銅戈	郭莊 M1 銅簠	左冢 M3 銅矛	江陵長湖銅戟

同樣需要注意的是出土"楚王孫戅之用"銅矛的左冢 M3,其墓道的方向也是東向。儘管不能確認其墓主具體所指,從出土的銅矛有銘文"楚王孫戅"推斷亦可能是一位與"楚王孫戅"關係密切的族人,尤其是其東向墓道大概也是楚王族的一個標誌。江陵長湖出土"楚王孫戅之用"雙戈戟墓葬的信息並不完整,⑥具體墓向不

① 李健:《江陵泗場出土"楚王孫戈"》,《江漢論壇》1962 年第 8 期。石志廉:《"楚王孫漁"銅戈》,《文物》1963 年第 3 期。

② 湖北省文物考古研究所、荊門市博物館、襄荊高速公路考古隊:《荊門左冢楚墓》,文物出版社,2006 年,第 171 頁。

③ 謝明文:《競之戅鼎考釋》,氏著:《商周文字論集》,上海古籍出版社,2017 年。

④ 曹輝、陶亮:《上蔡郭莊一號墓"競之朝"鼎銘文及相關問題試析》,《中原文物》2019 年第 3 期。關於該字釋讀爲"朝",盧路先生亦有專文論述,參看盧:《競孫鬲器主名之字考釋》,《出土文獻》2021 年第 2 期。

⑤ 曹輝、陶亮:《上蔡郭莊一號墓"競之朝"鼎銘文及相關問題試析》,《中原文物》2019 年第 3 期。

⑥ 墓葬相關資料參看李健:《江陵泗場出土"楚王孫戈"》,《江漢論壇》1962 年第 8 期。石志廉:《"楚王孫漁"銅戈》,《文物》1963 年第 3 期。

詳,不過,從出土銅戟銘文推測墓主大概也和左冢 M3 類似,與"楚王孫顨"關係較密切。

4. 王孫

望山橋 M1 是一座墓道東向的楚墓,由於被盜嚴重,墓内出土的卜筮祭禱簡殘斷,通過卜筮祭禱簡内容的復原,確認了墓主"中廐尹"連續祭祀五代先人的順序爲"簡王—聲王—悼王—肅王—王子丙",墓主"中廐尹"顯然應屬於王孫。從其祭禱的最後一位楚王是肅王來看,墓主應在宣王時期去世。貞人"義懌"又見於天星觀 M1 卜筮祭禱簡,天星觀 M1 下葬的年代在楚宣王或威王時期。從貞人活動的時間範圍來看,亦爲確定望山橋 M1 在宣王晚期提供了一個佐證。據《史記·楚世家》:"十一年,肅王卒,無子,立其弟熊良夫,是爲宣王。"肅王無子,故墓主"中廐尹"及其父"王子丙"與楚肅王不是直系關係,不同於望山 M1、包山 M2 卜筮祭禱簡中所見的父子相及的連續五代先人,這或爲認識楚卜筮祭禱簡中祭祀五代先人的内涵提供了新的資料。由於出土竹簡殘缺嚴重,望山橋 M1 墓主的名字已無從得知,通過對卜筮祭禱簡的復原,確認了墓主爲王孫的身份,其東向墓道也與上文所述悼、昭、景王族墓葬的墓道方向一致。

上述戰國楚墓,都有出土古文字資料記載墓主的名字或身份,都屬於某代楚王之後的族人,即望山 M1、嚴倉 M1 是出自楚悼王之後的悼氏族人;包山 M2、李家堰 M113、襄陽陳坡 M10、新蔡葛陵楚墓是出自楚昭王之後的昭氏族人;宜城跑馬堤 M43 和上蔡郭莊楚墓 M1 是出自景平王之後的景氏族人,左冢 M3 出土銅矛銘文中的"楚王孫顨",即郭莊 M1 出土銅器銘文中的"競之顨",顯然,左冢 M3 墓主應與"競之顨"關係密切,可能也屬於景氏家族。這些墓葬在墓向上保持了高度的一致即東向(表二)。

表二　楚王族墓向

墓　　葬	墓　　　　向	墓　　　主	所屬王族
望山 M1	東向(100°)	悼固	悼
嚴倉 M1	東向(103°)	悼㬎	
包山 M2	東向(93°)	昭𣉑	昭
李家堰 M113	東向(105°)	昭王之諿	
襄陽陳坡 M10	東向(88°)	昭王之信或昭陽	
葛陵楚墓	東向(103°)	平夜君成	

墓　　葬	墓　　向	墓　　主	所屬王族
宜城跑馬堤 M43	東向（88°）	競之益	景
上蔡郭莊 M1	東向	與"競之㻴"有關	
左冢 M3	東向（80°）	與"競之㻴"有關	
望山橋 M1	東向（89°）	楚宣王之孫	

　　除了以上所列由出土古文字資料佐證墓主爲楚王族人或與楚王族人有關的墓葬在墓向上保持一致外，在楚紀南故城周邊分布的熊家冢①、馮家冢②、平頭冢③、周家冢和换帽冢④五座楚王陵的墓道也同樣一致向東。

二、楚國異姓貴族墓葬的墓向

　　1978 年發掘的天星觀一號墓，西距楚紀南故城約 30 公里，是一座有封土、有墓道的長方形豎穴土坑木椁墓。墓道位於墓室之南，坑口南北殘長 30.4 米、東西寬 33.2 米（原坑口長 41.2 米、寬 37.2 米），方向 185°，坑壁設 15 級生土臺階，坑口至坑底深 12.2 米。葬具一椁三棺，椁分七室。天星觀一號墓出土的竹簡根據内容分爲卜筮祭禱記録和遣策兩部分。卜筮祭禱簡多次記録"爲邸陽君番勝貞"，而且全部簡文内容没有出現一處是爲他人占卜的，研究者據此認爲，"邸陽君番勝"爲天星觀一號墓的墓主。"番勝"是墓主的姓名，"君"爲其封號，"邸陽"是其封地，但墓主的爵位與官職在簡文中没有明確記載。⑤

　　根據墓内出土的卜筮祭禱簡，墓主爲邸陽君番勝，明確爲楚異姓，其墓道南向，與上舉楚王族墓葬的墓道東向迥異。⑥

---

① 荆州博物館：《湖北荆州熊家冢墓地 2006～2007 年發掘簡報》，《文物》，2009 年第 4 期。
② 荆州博物館：《湖北荆州八嶺山馮家冢墓地考古勘探簡報》，《文物》2015 年第 2 期。
③ 劉德銀、楊開勇：《荆州八嶺山平頭冢東周墓地》，《中國考古學年鑒（2012）》，文物出版社，2013 年，第 320 頁。
④ 荆州博物館考古資料。
⑤ 湖北省荆州地區博物館：《江陵天星觀 1 號楚墓》，《考古學報》1982 年第 1 期。
⑥ 南陽彭氏墓地中，M32 和 M45 是兩座戰國時期的墓葬，墓道皆爲南向，"彭氏"屬於楚異姓，亦是與楚王族墓葬墓道東向迥異的例證。參看田成方：《東周時期楚國宗族研究》，科學出版社，2016 年，第 146 頁圖 3－2。

三、邦墓區內東向墓道的數量統計

江陵(今荆州)雨臺山楚墓發掘的 558 座墓葬,有墓道的 32 座,其中,墓道南向的有 26 座,墓道西向、北向和東向的各 2 座。[①] 江陵(今荆州)九店東周墓發掘 573 座,有墓道的 42 座,除了墓道西向、北向和東向的各 1 座,其餘墓道皆爲南向。[②] 江陵雨臺山和九店兩處墓地皆爲楚國"邦墓"區,從兩處墓地的墓葬中東向墓道占比均較少來看,東向墓道應是墓主身份較高或與楚王族關係密切的反映。

四、楚王族東向墓道原因探析

戰國時期,南方地區部分高等級貴族墓葬中出現了如殉葬(墓)坑[③]、腰坑[④]、亞字型墓坑及椁室[⑤]、日名制度、祭牲系統等現象,或認爲屬於"復興"商代喪葬禮俗的做法,是當地社會上層復古思想的突出反映之一。[⑥]

關於"殷人尚白",已有較多討論,[⑦]這裏轉録汪濤先生的如下論述:[⑧]

---

① 湖北省荆州地區博物館:《江陵雨臺山楚墓》,文物出版社,1984 年,第 5 頁。

② 湖北省文物考古研究所:《江陵九店東周墓》,科學出版社,1995 年,第 474—476 頁。

③ 殉葬墓在荆州熊家冢墓地和八嶺山馮家冢墓地均有發現,參看荆州博物館:《湖北荆州熊家冢墓地 2006～2007 年發掘簡報》,《文物》2009 年第 4 期。荆州博物館:《湖北荆州八嶺山馮家冢墓地考古勘探簡報》,《文物》2015 年第 2 期。荆州博物館:《湖北荆州八嶺山馮家冢楚墓 2011～2012 年發掘簡報》,《文物》2015 年第 2 期。

④ 信陽長臺關 M1 腰坑葬小鹿一隻,荆門包山 M2 的腰坑内葬一幼山羊,棗陽九連墩 M2 腰坑内葬羊一隻,望山橋 M1 腰坑内葬羊一隻。根據墓葬内隨葬編鐘或與編磬同出的特點,長臺關 M1 的墓主應與天星觀 M1、新蔡葛陵墓主身份較接近,爲楚國"封君"級別。九連墩 M2 墓主爲女性,與 M1 是夫妻異穴合葬,兩座墓葬亦隨葬編鐘,應是"封君"級別的墓葬,大概因 M2 爲封君夫人墓,故腰坑内没有隨葬"鹿",而是隨葬了"羊"。

⑤ 新蔡葛陵楚墓的墓室結構爲"亞"字形,墓主爲"曾侯丙"的文峰塔 M18 墓坑爲"亞"字形,椁室呈"中"字形。2018 年,再次勘探的荆州八嶺山平頭冢一號墓,椁室爲"亞"字形。壽縣李三孤堆楚王墓的椁室也可能是"亞"字形。參看趙曉斌:《再論安徽壽縣李三孤堆楚王墓的椁室形制》,《湘鄂豫皖楚文化研究會第十六次年會會議論文匯編》,2019 年。

⑥ 張聞捷:《"再造商禮"——戰國楚地商代禮俗的復興》,《美術研究》2019 年第 2 期。

⑦ 參看朱楨:《"殷人尚白"問題試證》,《殷都學刊》1995 年第 3 期。杜道明:《"殷人尚白"考論》,《東方叢刊》2001 年第 4 期。

⑧ [英]汪濤著,郅曉娜譯:《顔色與祭祀:中國古代文化中顔色涵義探幽》,上海古籍出版社,2018 年,第 140—141 頁。

　　根據晚商遺留下來的書寫資料，我們發現商代祭祀中白色的使用有兩個顯著特點：(1)"白"是最常用於祭祀的顏色之一，白色動物如白馬，受到商王的特別關注。(2)白色動物，尤其是白猪和白色公牛，經常用於祭祀祖先。比如，白猪的受祭者包括"高祖"王亥和"高祖"上甲以及其他直系先王。

　　在楚墓出土的卜筮祭禱簡中，亦屢見用"白犬"進行祭禱的記録，①遣策簡中還有"白羽"，大概也是楚人在祭禱喪葬等禮儀中復古"殷人尚白"的傳統。葛陵卜筮祭禱簡中在前後相連的兩個日名間進行"禱""荐"的禮儀(簡甲三 109、甲三 119)，可能亦類似於殷墟卜辭中在前後兩個相接的日名間進行祭祀，如"甲子向乙丑"猶言"甲子夕向乙丑"，指甲子日即將結束乙丑日即將開始之時。②

　　楚國不僅在禮儀上復古商代，在文字中也保留了很多殷商甲骨文的特徵。如郭店《老子丙》簡 5"視之不足見"，其中的"視"與"見"，③就保留了甲骨文的字形特徵；清華簡《繫年》中表示軍隊的"師"(簡 42、43、44)多寫作甲骨文中常見的"𠂤"字；清華簡《四告》有一些字也和甲骨文關係密切。④

　　東向墓道、祭禱常用"白犬"以及楚文字保持殷商甲骨文的較古特徵，大概都是戰國時期楚國貴族復古的表現。綜上，根據我們目前所掌握的考古資料，可以推測戰國時期楚王及其族人的墓葬皆爲東向。⑤

---

① 卜筮祭禱簡中"白犬"相關的簡文辭例參看滕壬生：《楚系簡帛文字編(增訂本)》，湖北教育出版社，2008 年，第 726、862 頁。

② 參看裘錫圭：《釋殷虛甲骨卜辭中的"𠀐""𦥛"》，《裘錫圭學術文集・甲骨文卷》，復旦大學出版社，2012 年，第 391 頁。

③ 裘錫圭：《甲骨文中的"見"與"視"》，《裘錫圭學術文集・甲骨文卷》，復旦大學出版社，2012 年，第 444 頁。

④ 趙平安：《清華簡〈四告〉的文本形態及其意義》，《文物》2020 年第 9 期。

⑤ 河南淅川徐家嶺墓地有 10 座楚墓，M1、M10 爲"甲"字形墓，餘均爲長方形土坑豎穴木槨墓，墓向均向東，方向在 78°—105°之間。M10 是一座"甲"字形土坑豎穴墓，墓道位於墓室東部，方向 90°，葬具一槨三棺，墓主爲郍(蔿)子昃，時代爲戰國早期。M1 是一座"甲"字形土坑豎穴墓，墓道位於墓室東部正中，方向 98°，有 7 級臺階，葬具一槨一棺，時代爲戰國早期。《通志・氏族略》："蔿，亦作'蒍'，羋姓，楚蚡冒之後，蔿章食邑於蔿，故以命氏。"《左傳》襄公十五年"蒍子馮"，《左傳》襄公二十二年、襄公二十四年、襄公二十五年作"蔿子馮"；襄公二十五年、襄公三十年"蒍掩"，《左傳》昭公十三年作"蔿掩"。徐家嶺墓地作爲郍(蔿)氏家族墓地，其墓向亦是東向。參看河南省文物考古研究所、南陽市文物考古研究所、淅川縣博物館：《淅川和尚嶺與徐家嶺楚墓》，大象出版社，2004 年。荆門沙洋塌冢一號楚墓的墓道亦是東向，推測其墓主亦與楚王族關係密切。湖北省文物局、湖北省南水北調管理局：《沙洋塌冢楚墓》，科學出版社，2017 年。另外，沙洋塌冢一號墓的槨板上有部分烙印文字，單育辰先生釋讀其中的一處文字爲"湯公"，並提出墓主爲湯公的可能。參看單育辰：《塌冢楚墓"湯公木棳"烙印考》，吉林大學"古文字與出土文獻"青年學者論壇文集，2019 年，第 165 頁。

説上博簡《容成氏》的"冥"及其相關諸字 *

周 波

（復旦大學出土文獻與古文字研究中心、"古文字與
中華文明傳承發展工程"協同攻關創新平臺）

上博簡《容成氏》有兩處關於廢疾（或痼疾）者的文字。其中《容成氏》簡 36—37 云：

民乃宜肙（怨），疠（痼）疾訇（始）生。① 於是疠（乎）又（有）諗（喑）、聾、皮
（跛）、Ａ、痩（瘻）、（府）夔（僂）訇（始）记（起）。②

《容成氏》簡 2—3 云：

於是虔（乎）唫（喑）聾執燭，臱（矇）戍（工）鼓忢（瑟），坒（跛）壁（躃）
獸（守）門，枝（侏）需（儒）爲矢，長者酥（縣）尼（鐸），夔（僂）者坆（事）蠁

---

* 本文寫作得到 2018 年度國家社科基金冷門"絕學"和國別史等研究專項"戰國至秦漢時代雜項類銘文的整理
與研究"（批准號：2018VJX006）、2018 年國家社科基金後期資助項目"張家山漢簡《二年律令》文本整理與相
關問題研究"（批准號：18FZS029）支持。

① "疠"字原整理者讀爲"虐"，此從顧史考先生説。參顧史考：《楚文"唬"字之雙重用法：説"競公'瘧'"及苗民
"五'虐'之刑"》，《古文字研究》第 27 輯，中華書局，2008 年，第 389—390 頁。

② 字多見於古文字，從此聲之字多讀爲"沐"。安徽大學藏楚簡《詩經·柏舟》有"髧彼兩髦"之"髦"作 、
，從"鳥"從上字爲聲，徐在國先生以爲"鶩"字異體（徐在國：《試説古文字中的"矛"及從"矛"的一些字》，
《簡帛》第 17 輯，上海古籍出版社，2018 年，第 1—6 頁），應是。《容成氏》此字應讀爲與"孜""沐"聲近之"府"。
《説文》："府，俛病也。從疒，付聲。""府瘻"，即"府瘻"，連綿詞。又作"瘻附"（《素問·脈要精微論》）、"符婁"
（《爾雅·釋木》）。"府瘻""瘻附"均用指人戚施之疾，"符婁"則用爲木俛瘻臃腫之病。參拙文：《楚地出土文
獻與〈説文〉合證（三題）》，（韓）《漢字研究》2020 年第 1 期。

（數—塿），①瘦（瘐）者煮盧（鹽）｛尾｝，夏（憂—疣/胧）者敘（漁）澤，……

前一處簡文述夏末桀時橫徵暴斂，百姓廢疾（或痼疾）茲生之事。時逢亂世，民多疾癘。《呂氏春秋·明理》即云："夫亂世之民，長短頡牾，百疾，民多疾癘，道多襁緥，盲禿傴尪，萬怪皆生。"後一處簡文載商湯代夏後，太平之世，百姓罷病者皆有所養之事。孔子亦曾言及於此。《禮記·禮運》："孔子曰：'昔大道之行與三代之英，吾未之逮也，而有記焉。大道之行也，天下爲公。選賢與能，講賢修睦，故人不獨親其親，不獨子其子，使老有所終，壯有所用，幼有所長，矜寡孤獨、廢疾者皆有所養……是謂大同。'""废疾者皆有所养"，《管子·入國》謂之"養疾"。《管子·入國》："入國四旬，五行九惠之教一曰老老、二曰慈幼、三曰恤孤、四曰養疾、……所謂養疾者，凡國都皆有掌疾，聾盲、喑啞、跛躄、偏枯、握遞，不耐自生者，上收而養之。疾，官而衣食之，殊身而後止，此之謂養疾。"這兩處簡文，雖所述時代背景不同，但簡文中有關廢疾（或痼疾）的文字或相同，或義近，故可以相互比較，以資發明。

上述文字中有部分"奇字"，雖經諸家多方考證，似仍難達一間，A字即是一例。本文準備在學者們相關研究的基礎上，綜合梳理相關字形及文獻，對簡文中的A字及與之相關的幾個字的釋讀問題再作討論。

上博簡《容成氏》簡 37 的 A 字，圖版作 ![字]。關於此字釋讀，主要有釋"眇"、釋"瞑"兩種意見。

劉釗先生將之釋爲"眇"。其謂："此字是個會意字，即'眇'字的本字，本象目一邊明亮一邊暗昧形，'眇'則爲後起的形聲字……《易·履》：'眇能視，跛能履。'……《穀梁傳·成公元年》：'季孫行父禿，晋郤克眇，衛孫良夫跛，曹公子手僂，同時而聘于齊。'以上兩例'眇'字都用爲'一目失明'之意。得注意的是上引兩段典籍中'眇'都與'跛'相連提及，這與《容成氏》簡文中' ![字] '與'跛'相連提及相一致。……"②

黃德寬先生認爲 A 字是以增填黑色而造出的"杳"字異體，簡文中讀爲"眇"。其云："《說文·木部》：'杳，冥也，从日在木下。'……考諸漢字系統，這個字最大可能就是'杳'……《容成氏》37 號簡 ![字] 字，有的學者以爲是 A 字（引者按：即 ![字]）的省簡，可從。如此，則 ![字] 字也就是'杳'的簡省……如果我們釋'杳'成立的話，那麼'杳'就可以讀作

---

① "僂者事塿"，指讓有駝背、戚施之疾者從事於平整土地的工作。"僂者事塿"，與《淮南子·齊俗》"傴者使之塗（除）"、《劉子·適才》"傴僂者使之塗（除）地"類同。參拙文：《楚地出土文獻與〈說文〉合證（三題）》，（韓）《漢字研究》2020 年第 1 期。

② 劉釗：《〈容成氏〉釋讀一則（二）》，簡帛研究網，2003 年 4 月 6 日。

'眇'。二字古音同屬宵部,聲紐通轉,形音均較妥貼。"①

邱德修先生據上博簡《周易》簡15"冥豫"之"冥"書作 ,認爲:"知 ……係'瞑'之象形……瞑,即可引申爲'瞑眩',又可引申爲'瞎子',今客語名'瞎子'爲'青瞑'是也。"②

以上讀"眇""瞑"兩説皆有不少學者表示讚同。如孫飛燕、單育辰等學者均從劉説。③ 其中單育辰先生云:"是個會意字,從與典籍相對照看,劉釗B(引者按:即《容成氏釋讀一則(二)》一文)釋爲'眇'略有可能。"④季旭昇、徐在國、范常喜等學者均從邱説。⑤ 如范常喜先生謂:"''的構字意圖當是在表示眼睛的圓圈中有意塗黑兩筆來表示目盲、眚目之義,是用象意的方法造出來的'瞑'字。……《説文·目部》:'瞑,翕目也。''瞑'可以表示閉上眼睛,也可以用來表示'目盲',字或作'冥'。……"⑥

按與上引簡文類似的説法也見於《國語》《吕氏春秋》《禮記·王制》等傳世古書。如《國語·晋語四》:"蘧蒢不可使俯,戚施不可使仰,僬僥不可使舉,侏儒不可使援,蒙瞍不可使視,嚚瘖不可使言,聾聵不可使聽,童昏不可使謀。……官師之所材也,戚施直鎛,蘧蒢蒙璆,侏儒扶盧,蒙瞍修聲,聾聵司火。"《吕氏春秋·季春紀·盡數》:"形不動則精不流,精不流則氣鬱。鬱處頭則爲腫爲風,處耳則爲挶爲聾,處目則爲𥄕爲盲,……處腹則爲張爲疛,……輕水所多禿與癭人,……苦水所多尪與傴人。"《禮記·王制》:"瘖聾、跛躃、斷者、侏儒、百工各以其器食之。"又《韓詩外傳》卷二:"太平之時,無暗、癃、跛、眇、尪、蹇、侏儒、折短,……"《抱朴子·塞難》:"而或焠陋尪弱,或且黑且醜,或聾盲頑嚚,或枝離劬蹇,……"上述文獻皆可以相互參看。

比較可知,《容成氏》A字相當於簡2的"矇"、《國語》的"蒙(矇)"、《吕氏春秋》《抱朴子》的"盲"、《韓詩外傳》的"眇"。其中"矇"字,《周禮·春官·序官》"瞽矇"下鄭玄注引鄭司農曰:"有目眹而無見謂之矇。"可見這幾個字都是瞎眼、目盲之義。僅從文義來看,將A釋爲"眇"或"瞑"都很合適。不過,聯繫古文字字形,A似只能釋爲"瞑"。

諸家多將《容成氏》A字與楚簡讀爲"冥"之字相聯繫,説是。上舉上博簡《周易》簡

---

① 黄德寬:《楚簡〈周易〉""字説》,黄德寬、何琳儀、徐在國著:《新出楚簡文字考》,安徽大學出版社,2007年,第184—191頁。

② 參單育辰:《新出楚簡〈容成氏〉研究》,中華書局,2016年,第237—238頁。

③ 孫飛燕:《上博簡〈容成氏〉文本整理及研究》,中國社會科學出版社,2014年,第104頁。

④ 單育辰:《新出楚簡〈容成氏〉研究》,中華書局,2016年,第240頁。

⑤ 季旭昇:《説文新證》,福建人民出版社,2010年,第561頁;徐在國:《上博竹書(三)〈周易〉釋文補正》,簡帛研究網,2004年4月18日。

⑥ 范常喜:《楚簡""及相關之字述議》,其著:《簡帛探微》,中西書局,2016年,第104—105頁。

15 讀爲"冥"之字,楚文字大都寫作"果"。如信陽簡 1-23"冥冥"之"冥"作🀆,上博簡《三德》簡 19"冥冥"之"冥"作🀆。楚郊立果戈(《通鑒》16855)"果"字作🀆。望山二號墓簡 2 讀爲"繰(褖)"之字作🀆,簡 14 作🀆,後者圈形右部亦加有墨點。清華簡《祝辭》簡 2"冥冥"之"冥"作🀆,圈形中間爲一向左的弧筆。清華簡《子產》簡 15"冥冥"之"冥"作🀆,上加"宀"或"冖"旁。

關於楚文字"果"字,學界相關討論亦不少。目前主要有釋"樏"、釋"冥"兩説。

李零先生最早將上舉信陽簡 1-23 之字讀爲"冥"。指出:"'冥冥',亦合文,是昏暗的意思。'冥'原作'🀆',像果實在樹木之上,應即'樏'的本字('樏'即'樏櫨'之'樏',與木瓜類似),楚簡多用爲'冥'字。"①

徐在國先生認爲上博簡《周易》簡 15 之字當釋爲"樏",指出"木"上所從並非是"日",右部有一小部分塗黑,當是有意爲之;上博簡《容成氏》簡 37 的 A 字,一半明一半黑,與此字上半所從同,當釋爲"冥";簡文"樏"當讀爲"冥"。②

季旭昇先生《説文新證》將"果"釋爲"樏",將 A 釋爲"瞑"。其云:"《上二·容》37 有'暗、聾、跛、🀆(瞑)、瘻、疛、瘻始起',又《曾》201 🀆(郹),《上三·易》15 🀆(樏),所從'🀆'與'冥'當有關(疑爲'瞑'之初文,《説文》釋'翕目也')。"③

徐在國先生主編的《上博楚簡文字聲系(一~八)》改易舊説,認爲上舉上博簡《周易》簡 15、上博簡《三德》簡 19 之字當是從"木""瞑","樏"字異體;《容成氏》簡 37 的 A 字,一半明一半黑,當是"瞑"的本字,以塗黑一邊表示目瞑看不清楚的意思。④

范常喜先生之説與《説文新證》《上博楚簡文字聲系(一~八)》相同。其謂:"總體來看,🀆、🀆、🀆、🀆 四種字形上部圓圈中的筆畫雖然稍有不同,但都是爲了將眼睛塗黑以構意,所以這些字上部所從與《上博二·容成氏》中的'🀆(瞑)'實爲一字。字形均當分析爲從'木'、'瞑'聲,整個字可直接釋作'樏'。正如李零先生所説,'樏'似即'樏櫨'之'樏'。"⑤

清華簡《祝辭》簡 2 之"果",整理者釋爲"冥"。其注云:"'冥'字楚文字屢見,字形暫不能分析。"清華簡《子產》簡 15 從"宀(或冖)"之字,整理者直接釋爲"冥"。

① 李零:《長臺關楚簡〈申徒狄〉研究》,其著:《簡帛古書與學術源流》,生活·讀書·新知三聯書店,2004 年,第 182 頁。

② 徐在國:《上博竹書(三)〈周易〉釋文補正》,簡帛研究網,2004 年 4 月 24 日。

③ 季旭昇:《説文新證》,福建人民出版社,2010 年,第 561 頁。

④ 徐在國:《上博楚簡文字聲系(一~八)》,安徽大學出版社,2013 年,第 1987 頁。

⑤ 范常喜:《楚簡"🀆"及相關之字述議》,其著:《簡帛探微》,中西書局,2016 年,第 107—108 頁。

從楚簡"果"字大都讀爲"冥冥"之"冥"來看,與"果"形聯繫緊密的 A 顯然也應是一個從"冥"得聲的字。我們認爲諸家將 A 讀爲"瞑"應可信。不過,上引意見認爲 A 爲表意字,是"瞑"之本字;"果"當分析爲從"木"、"瞑"聲,是"榠"字異體的説法,恐怕都是有疑問的。

范常喜先生認爲 A 所從圓圈形當可視爲"目"之外框,因而可用有意塗黑兩筆來表示目盲、眚目之義,①恐不可從。楚文字"目"多書作 🔲 或 🔲 形,與 A 字外框形體差異較大。郭店簡《唐虞之道》簡 26"目"書作 🔲,雖與 A 所從接近,但這類寫法屬齊魯文字特點的寫法,②與典型楚文字有别,將之與楚文字 A 作比,並不妥當。從上舉楚文字"果"字形體來看,"果"很可能是一個整體表意字,將之分析爲形聲結構證據不足。

我們認爲,上舉諸説中清華簡整理者將《祝辭》簡 2、《子産》簡 15 讀爲"冥"之字直接釋爲"冥",頗有道理。

《説文》:"冥,幽也。從日、從六、冖聲。日數十,十六日而月始虧幽也。"唐蘭先生已經指出,《説文》篆文作 🔲,其形有誤;其説解亦"穿鑿可笑"。説是。不過他將甲骨卜辭 🔲 字釋爲"冥",③亦有問題。甲骨卜辭 🔲 字,趙平安先生從夏渌之説釋爲"娩",並以爲即楚文字 🔲 字之來源。④ 其説可供參考。

目前能確認的"冥"字時代最早者不超過戰國。除上舉楚文字讀爲"冥""瞑"諸字外,尚見於戰國秦刻石《詛楚文》《汗簡》《古文四聲韻》。不過這類文字,係經多次翻刻或輾轉傳抄,其中錯訛亦不少。

季旭昇先生據戰國秦刻石《詛楚文·湫淵》"冥"字作 🔲 等形,馬王堆帛書《五十二病方》"冥"作 🔲 等形,認爲"冥"字從冂、從日,可能會日在下,暮色昏冥之意,下從大。⑤ 此説亦有疑問。

《詛楚文·湫淵》"冥"字中間所從看上去近似傳抄古文"日"字寫法。不過,秦文字"日"字寫法多見,與古文"日"寫法明顯不同。《詛楚文·湫淵》"昔"字作 🔲,所從"日"旁寫法亦與"冥"字中間形體有别。《詛楚文·巫咸》"冥"字作 🔲,《詛楚文·亞駝》"冥"字作 🔲。這兩個字形中間爲"白"形,並不從"日"。看來《詛楚文·湫淵》"冥"字中間也

---

① 范常喜:《楚簡"🔲"及相關之字述議》,其著:《簡帛探微》,中西書局,2016 年,第 104—105 頁。

② 參馮勝君:《郭店簡與上博簡對比研究》,綫裝書局,2007 年,第 261—262 頁。

③ 唐蘭:《天壤閣甲骨文存考釋》,輔仁大學,1939 年,第 60 頁。

④ 趙平安:《從楚簡"娩"的釋讀談到甲骨文的"娩㛰"——附釋古文字中的"冥"》,其著:《文字·文獻·古史——趙平安自選集》,中西書局,2017 年,第 20—24 頁。

⑤ 季旭昇:《説文新證》,福建人民出版社,2010 年,第 561 頁。

應是"白"形,其上部本作尖頭。此形中部作點畫而非橫筆,大概屬傳抄翻刻之訛。也可能當時有這種古文寫法(參下文)。馬王堆三號墓簽牌簡48"白"作 ,即其例。①

《里耶秦簡(壹)》簡8-1221有從"冥"之"冀"字,書作 。"冥"旁除掉"冖"後,人面部形體作"白"形,其寫法仍與《詛楚文·巫咸》《詛楚文·亞駝》"冥"字所從相合。總之,從上舉秦文字來看,"冥"字本不從"日"。漢初馬王堆帛書"冥"字中間已變作"日"形。秦篆文"白"字多上部多作尖頭狀,與"日"形區別尚明顯。在秦至漢初隸書中"白""日"兩形則多已混同。② 看來,"冥"字從"日"形大概就是在秦漢時代隸書階段"白""日"相混的情況下才出現的。

《詛楚文·巫咸》《詛楚文·亞駝》這一形體"冖"下的部分象正面人形附帶畫出人的面部,似應看作一整體表意字。從整體構形來看,這部分形體與甲骨、金文"黑"字寫法非常接近。③

甲骨文"黑"字作 、、 等形。④ 金文"黑"字作 、、、、、 等形。⑤ 唐蘭先生據金文字形,認爲"黑"本象正面人形(即大字)而面部被墨刑的人。⑥ 說是。古文字"黑"多加橫豎筆畫、點畫以指示在人面上(一般爲額部)刻紋、填墨。上舉《詛楚文·巫咸》《詛楚文·亞駝》、里耶秦簡"冥"從"白"形,中間作橫筆,似也可如此理解。

納西東巴象形文中常用塗黑方法表示表示與"黑""冥"等意義密切相關的字。如: 、 夜也,從月倒形無光。 暗也,無光也,從光黑。 天地之際昏黑也,從天黑。 獄也,關仇人之黑房也,從屋從黑。⑦ 范常喜先生注意到,東巴文中用於塗黑表意時,筆畫較爲隨便,無論是將外部輪廓全部塗黑,還是部分塗黑,甚至簡化爲一短橫

---

① 馬王堆簡帛也保留有部分古文遺迹,"白"字也可能如三號墓遣策個別文字一樣,都是受到了舊有書寫習慣的影響而使用占義。參周波:《戰國時代各系义字間的用字差異現象研究》,綫裝書局,2012年,第316—324頁。

② 王輝主編:《秦文字編》,中華書局,2015年,第1026—1041、1259—1261頁。

③ 范常喜先生已經指出,古文字中"黑"的構形與A相似。參范常喜:《楚簡" "及相關之字述議》,其著:《簡帛探微》,中西書局,2016年,第120—121頁。

④ 劉釗主編:《新甲骨文編(增訂本)》,福建人民出版社,2014年,第597頁。

⑤ 董蓮池:《新金文編》,作家出版社,2011年,第1423—1424頁。

⑥ 唐蘭:《陝西省岐山縣董家村新出西周重要銅器銘辭的譯文和注釋》,《文物》1976年第5期。

⑦ 黃德寬先生、范常喜先生均已指出此點。參黃德寬:《楚簡〈周易〉" "字說》,黃德寬、何琳儀、徐在國著:《新出楚簡文字考》,安徽大學出版社,2007年,第188—190頁;范常喜:《楚簡" "及相關之字述議》,其著:《簡帛探微》,中西書局,2016年,第118—119頁。

或者黑點,其構字意圖及表意效果不變。① 上舉甲骨金文"黑"字及秦文字"冥"字寫法正可與所列東巴文相比較。

高鴻縉曾指出"(白)即貌之初文,象人面及束髮之形"。② 其説可供參考。又《説文》:"兒,頌儀也。从儿,白象面形。"上舉秦文字"冥"所从"白"形亦象人面之形,或即甲骨、金文"黑"字上部形體之簡省。也可能"冥"所从這部分形體後來受到"白"形類化而致訛。

上博簡《三德》簡 1"晦"字書作 。此字从"月","黑"省聲,當是"晦"字異體。③ 又上博簡《用曰》簡 3"墨"字作 。兩字"黑"旁寫法與 A 及"果"上部形體很近。尤其值得注意的是,這兩形除多加兩點外,中間一筆亦爲弧筆,與清華簡《祝辭》簡 2"果"上部寫法相合。

從上舉古文字字形看,古文字"冥"或與"黑(或墨)"有關。"冥""墨"二字音義並近。"墨"古音在明紐職部,"冥"古音在明紐耕部,聲爲一系,韻部爲旁對轉,可以相通。"冥""蒙""冒""墨"諸字皆有混暗不明的意思。王力先生曾據此指出,這幾個字應有同源關係。④ 我們認爲"冥"字"冖"下的形體應與"黑"相關,或即"黑"字,或與"黑"爲一字之分化。《説文》謂"冥"从"冖"聲,可信。《説文·冖部》:"冖,覆也。从一下垂也。"又:"鼏,以木橫貫鼎耳而舉之。从鼎、冖聲。"又:"䗖,蠶甘飴也。一曰:螟子。从蚰、鼏聲。蜜,䗖或从宓。"《玉篇·冖部》:"冖……以巾覆物,今爲幂。""冥""鼏""䗖"諸字皆从"冖"聲,亦常通用。從《詛楚文》來看,古文字"冥"應看作从"冖"聲之形聲字。"冖"旁下部形體應與"黑"有關,爲義符,兼表音。

我們認爲,將楚文字"果""粜"徑釋爲"冥",是很合適的。

楚文字"果"字或"果"旁上部寫法與上舉古文字"黑"上部寫法相合,均象人面部之形;其中間或作弧筆或部分填黑,均象人面部刻紋、填墨。其下部"木"形則應看作《詛楚文》"冥"這類寫法下方"大"形之變。

清華簡《子産》簡 15 讀爲"冥"的字,上所从偏旁或可看作"冖"旁,爲"冥"字之聲符。若此説不誤,那麼《子產》簡 15 之字就與《詛楚文》、秦漢文字"冥"構形一致。也可能上所从偏旁即"宀"旁。《汗簡》引"冥"字古文或作 ,即从"宀"旁。總之,《子產》簡 15 此

① 范常喜:《楚簡" "及相關之字述議》,其著:《簡帛探微》,中西書局,2016 年,第 119 頁。

② 季旭昇:《説文新證》,福建人民出版社,2010 年,第 646—647 頁。

③ "晦"字釋讀參晏昌貴:《〈三德〉四札》,武漢大學簡帛網,2006 年 3 月 7 日;劉雲:《戰國文字考釋三則》,復旦大學出土文獻與古文字研究中心編:《戰國文字研究的回顧與展望》,中西書局,2017 年,第 142—144 頁。

④ 王力:《同源字典》,商務印書館,1982 年,第 245—248 頁。

字可隸定作“\u5b8a”,即“冥”字之變體。

上博簡《三德》簡 12 云:“監(臨)川之都,B䏺(澗)之邑,百轘(乘)之豙(家),十室之佸(聚),宫室汙(洿)沱(池),各慭(慎)丌(其)乇(度),母(毋)遊(失)丌(其)道。”其中 B 字作。整理者注云:“,從字形分析,是一从网从果的字,果字見於上博楚竹書《周易·豫卦》上六,今本作‘冥’,疑即古書‘榠’字(“榠”是木瓜)。這裏疑讀爲‘溟’。”

王晨曦《上海博物館藏戰國竹書〈三德〉研究》將 B 字隸定作“罺”,讀爲“密”。其云:“我們以爲,此字釋爲‘冥’,讀作‘密’。在上古音中,‘冥’是明紐耕部,‘密’是明紐質部,…… ‘冥’、‘密’讀音輾轉可通。……‘密’有‘靠近’之意,多與‘邇’近義連用。‘密邇’: 貼近;靠近。《書·太甲上》:‘予弗狎於弗順,營于桐宫,密邇先王其訓,無俾世迷。’《尚書·畢命》:‘惟周公左右先王,綏定厥家,毖殷頑民,遷于洛邑,密邇王室。’《左傳》、《國語》等‘密邇’多見。如《左傳》定公四年:‘辭吴曰: 以隨之辟小,而密邇于楚,楚實存之。’‘罺(密)䏺(澗)之邑’就是靠近山澗的城邑。”①

劉信芳先生認爲 B 字即“幎”字異構。其謂:《廣雅·釋詁一》:“幎,覆也。”幎或作冪、羃。《吴都賦》“羃歷江海之流”,注:“分布覆被皃。”“幎澗之邑”蓋爲沿水澗分布之邑。②

按王文將 B 字讀爲“密”,從字形及文意來看,當可信;認爲 B 字當釋爲“冥”,則恐有問題。劉説將 B 字釋爲“幎”,應可信;將之讀爲“羃”,則不可從。

上博簡《三德》簡 19 云:“母(毋)曰果₌(果果一冥冥),上天又(有)下政。”其中“冥”字書作,與上舉楚文字“冥”寫法一致,而與 B 字構形有别。B、“冥”二字既並見一篇,用法又有别,則 B 别爲一字的可能性似較大。

我們認爲,B 字當隸定作“罠”。此字又見於馬王堆帛書《五十二病方》。《五十二病方》“罠”字屢見,或讀爲“冥”,或讀爲“冪”。如《五十二病方》66 行:“如巢者: 矦(候)天甸(電)而兩手相靡(摩),鄉(嚮)甸(電)祝之曰:‘東方之王,西方【□□□】主罠₌(冥冥)人星。’二七而【□】。”又 92 行:“……盛以新瓦甕,罠(冪)口以布三【□】,……”又 129 行:“……罠(冪)以布,蓋以鍴,縣(懸)之陰燥所。”以上三“罠”字帛書分别作、、。其中前兩形下部作“”,後一形下部作“大”。

《五十二病方》所見“罠”字,原釋文均釋作“冥”。趙平安先生從之。並且進一步指出:“整理小組把它們隸作冥,理解爲冪的通假字,是完全正確的。《五十二病方》抄寫年

---

① 王晨曦:《上海博物館藏戰國竹書〈三德〉研究》,復旦大學碩士學位論文,2008 年,第 73 頁。

② 劉信芳:《楚簡帛通假彙釋》,高等教育出版社,2011 年,第 396 頁。

代'大約在秦漢之際',字體近篆,多有古意,我們有理由相信這種寫法的冥字較多地體現了早期的某些特點。後世从'冖'可能是从'网'省簡而來的。……"①

不過,《五十二病方》另有"冥"字。如目録"冥(螟)"字作 ▨ ,134 行"冥(螟)者"之"冥"作 ▨ ,下部亦作"朩",但上部从"冖",寫法與"冥"區別明顯。根據上面的討論,這個與"冥"並見的"冥",不大可能也是"冥"字。又秦文字"冥"多見,上部皆从"冖",並不从"网"。"冖"爲"冥"之聲符,从"网"則取義不明。因此,趙先生所謂"冥"字"後世从'冖'可能是从'网'省簡而來的"觀點亦值得商榷。

范常喜先生認爲《五十二病方》92 行的 ▨ 整理者直接釋作"冥"與形不合,當改隸作"冥",可分析爲从网冥省聲;又因爲"冥"字在簡文中用作"幂",疑"冥"即"幎"或"冪"字異構,意爲覆蓋。② 其説可從。不過,范先生由於從舊説將楚文字"果"看作"槐"字異體,將 B 字分析爲从"网""槐"聲,並未將 B 字與《五十二病方》的"冥"字完全溝通。我們認爲,上博簡《三德》簡 12 的 B 字、馬王堆帛書《五十二病方》所見"冥"字,均當分析爲从"网","冥"聲(或"冥"省聲),也許就是"冪(幂)"字異體。

《戰國策·楚策四》:"伯樂遭之,下車攀而哭之,解紵衣以冪之。"《列女傳·鄒孟軻母》:"夫婦人之禮,精五飯,冪酒漿,養舅姑,縫衣裳而已矣。"《集韻·錫韻》:"冖,《説文》:'覆也。'或作冪、幎。""冪"多訓爲罩、覆,故以"网"爲義符。"冪"或从"冥"聲。《禮記·禮器》:"犧尊疏布幎。"《釋文》:"幎,本又作冪,又作幂。"從上引文獻來看,上博簡《三德》《五十二病方》的"冥"字,可能就是"冪(幂)"字異體。

"幂""密"古書常通用。如《儀禮·士喪禮》:"幂用疏布。"鄭玄注:"古文幂皆作密。"又《儀禮·少牢饋食禮》:"皆設扃幂。"鄭玄注:"古文幂皆爲密。"又《儀禮·士喪禮》:"取幂。"鄭玄注:"古文幂爲密。"《儀禮·特牲饋食禮》:"有幂。"鄭注:"古文幂爲密。"故上博簡《三德》簡 12 的"冥(幂)"没有問題可讀爲"密"。

《三德》簡 12"監(臨)川之都,冥(幂—密)臎(潤)之邑","密""臨"義近,皆指靠近、接近。古書除上文提到的"密邇"連用之外,"密近"亦常連用。如《吳越春秋·闔閭内傳第四》:"隨君卜昭王與吳王不吉,乃辭吳王曰:'今隨之僻小,密近於楚,楚實存我,有盟,至今未改。'"《晏子春秋·外篇上十四》:"夫何密近,不爲大利變,而務與君至義者也?此難得其知也。"曹操《拒王芬辭》:"昌邑即位日淺,未有貴寵,朝乏讜臣,議出密近:故計行如轉圜,事成如摧朽。""密邇""密近"義近,指物則爲靠近、接近;指人則爲親近。古人營

---

① 趙平安:《從楚簡"娩"的釋讀談到甲骨文的"娩妫"——附釋古文字中的"冥"》,其著:《文字·文獻·古史——趙平安自選集》,中西書局,2017 年,第 25 頁。

② 范常喜:《楚簡" ▨ "及相關之字述議》,其著:《簡帛探微》,中西書局,2016 年,第 113—114 頁。

都建邑多據山河形勝之險以守之。《逸周書·武紀解》:"國有三守:卑辭重幣以服之,弱國之守也;修備以待戰,敵國之守也;循山川之險而國之,僻國之守也。"①《史記·太史公自序》:"爲秦開地益衆,北靡匈奴,據河爲塞,因山爲固,建榆中。"《後漢書·郎顗傳》:"昔盤庚遷殷,去奢即儉。"李賢注引《帝王紀》曰:"般庚以耿在河北,迫近山川,自祖辛以來,奢淫不絶,般庚乃南度河,徙都於亳。"《後漢書·耿弇傳》:"恭以疏勒城傍有澗水可固。"又"匈奴遂於城下擁絶澗水。"②上博簡《三德》簡 12 的"監(臨)川之都,冥(冪—密)鮪(澗)之邑"正可與上引文獻相參看。

上文已指出,從《詛楚文·巫咸》《詛楚文·亞駝》來看,古文字"冥"字除掉"冖"旁的形體與"黑"密切相關,象正面人形(即大字)而附帶畫出面部。《里耶秦簡(壹)》簡 8-1221"蕢"所從"冥"旁除掉"冖"後,人面部形體仍作"白"形,與《詛楚文·巫咸》《詛楚文·亞駝》相合;其下部則由"大"形變爲"𠂤"形。前舉馬王堆帛書《五十二病方》"冥"字或"冥"旁,人面部之形已類化爲"日",失其象形;其下部或作"大"形,或作"𠂤"形,當分別承續自秦《詛楚文》、里耶秦簡這類寫法。楚文字"冥"字上部人面或人面着墨之形依舊保留,其下部"大"形則多變作"木"形。從古文字字形演變規律來看,字形下方"大"形訛變作"火"形或"𠂤"形、"木"形並非特例。

上舉金文、楚簡"黑"字或"黑"旁就有下部"大"形變作"火"形的例子。又如包山簡 173"異"字作 [字形],下從"大"形。曾侯乙墓簡 149"冀"字作 [字形],簡 84"翼"字作 [字形],下部均變作"火"形。郭店簡《語叢三》簡 3、簡 53"異"字分別作 [字形]、[字形],《汗簡》"異"字古文作 [字形](見目録,正文脱),石經"異"字古文作 [字形],下部皆變作"𠂤"形。中山王器 [字形] 字屢見,均用作紀年。朱德熙先生據碧落碑"有唐五十二祀"之"祀"字從"異",認爲此中山文字可能是"異"字簡體,假借爲"祀"。③ 若此説可信,則是"大"形變作"木"形之例。曾侯乙簡 80"鞅"字作 [字形],"央"旁下部作"大"形。曾侯乙墓簡 84、簡 89"鞅"字分別作 [字形]、[字形],"央"旁下部亦變作"𠂤"形。④ 又如古文字"樂"下部本作"木"形,東周文字"樂"下部往往變作"大"形或"火"形。如王孫誥鐘"樂"作 [字形],信陽簡 2-18"樂"作 [字形],下部變作"大"形。子璋鐘"樂"作 [字形],望山簡 1-176"樂"作 [字形],下部變作"火"形。此皆"大""火""𠂤""木"諸形混同之例。這類形體變化,"大"形變作"火"形屬加飾筆增繁,"大"

① 此例參何有祖:《上博五〈三德〉釋讀(二)》,武漢大學簡帛網,2006 年 2 月 21 日。

② 此例參范常喜:《楚簡"[字形]"及相關之字述議》,其著:《簡帛探微》,中西書局,2016 年,第 115 頁。

③ 朱德熙:《中山王器的祀字》,《朱德熙文集》第 5 卷,商務印書館,1999 年,第 172 頁。

④ 參魏宜輝:《楚系簡帛文字形體訛變分析》,南京大學博士學位論文,2003 年,第 18 頁。

形變作"▲"或"木"則是出於筆畫延伸或移位。①

《汗簡》引"冥"字古文或作▢。"宀"下部分可能即《詛楚文》"冥"字、楚文字"冥"字之變體。古文"冥"所從"目"形當是"白"形(人面之形)形訛。古文"白"形常訛作"目"形。如石經古文"白"作▢,《説文》古文"白"作▢。《古文四聲韻》引石經古文"隙"作▢。"泉"字中部"目"形即《説文》古文"白"之變。皆是其例。此字"目"形下部可看作"▲"形再加短飾筆。此古文"冥"字下方"▲"旁寫法類似"巾"形,正與《汗簡》、石經"異"字下方寫法相合。郭店簡《語叢二》簡50"矣(疑)"作▢,下作"大"形。郭店簡《語叢一》簡50"疑"字作▢,所從"矣"旁下部作"▲"形上綴點畫。古文字短橫筆與點畫作爲飾筆常通用,因此《汗簡》"冥"字古文下部寫法與《語叢一》簡50"矣"旁下部寫法可看作同一類變化。天星觀簡3620"央"字作▢,上博簡《子羔》簡11"央"字作▢,②下部寫法可分別與上引"冥"字古文、《語叢一》《疑》所從"矣"旁下部形體相參看。

上博簡《容成氏》的A字,黃德寬先生指出,此字是上博簡《周易》簡15▢字的省簡。③從上舉楚文字"冥"上部本有加黑點的寫法來看,此説當可信。A字宜看成是"果"字截除性簡化字。上舉上博簡《三德》簡1"晦"字所從"黑"旁將下部省略,僅保留頭部形體,其變化就與"冥"字如出一轍。

《古文四聲韻》卷二引《古老了》"冥"字古文作▢。《古文四聲韻》引《汗簡》"白"作▢,又引《古孝經》"伯"作▢。古文"冥"字下部與"日"形有別而與古文"白"形相合。這部分形體當即《詛楚文》、里耶秦簡"冥"字所從"白"形,楚文字"果"字頭部。此形與上博簡《容成氏》A字構形寫法肖似,或即A字,亦應看作"果"字之簡省。

綜上所論,楚文字"果""果"當徑釋爲"冥"。從《詛楚文·巫咸》《詛楚文·亞駝》"冥"字字形來看,古文字"冥"字除掉"宀"旁的部分象正面人形附帶畫出人的面部,應看作一整體表意字,這一形體與古文字"黑"密切相關。上博簡《容成氏》的A字當看作"果(冥)"字之省體。簡文A當讀爲"瞑",相當於出土及傳世文獻中的"矇""盲""眇"。上博簡《三德》的B字、馬王堆帛書《五十二病方》舊釋"冥"之字,當隸定作"冢",分析爲從"网","冥"聲,或即"冪(幂)"字異體。古文字"冥"下方"大"形或變作"▲"形,或變作"木"形,或截去下方筆畫僅保留頭部形體,這在傳抄古文中也保留有部分例證。

①　參魏宜輝:《楚系簡帛文字形體訛變分析》,南京大學博士學位論文,2003年,第18—24頁。

②　參魏宜輝:《楚系簡帛文字形體訛變分析》,南京大學博士學位論文,2003年,第24頁。

③　黃德寬:《楚簡〈周易〉"果"字説》,黃德寬、何琳儀、徐在國著:《新出楚簡文字考》,安徽大學出版社,2007年,第191頁。

　　附記：新出安徽大學藏戰國竹簡《詩經》簡 9 有"葛藟冥（縈）之"。整理者已引《儀禮·士喪禮》"幎目用緇"鄭注"幎，讀若《詩》云'葛藟縈之'之縈"，毛傳"縈，旋也"，證"冥"當讀爲"縈"。根據楚簡用例，筆者認爲上博簡《三德》簡 12 的"B（羃）澗之邑"的 B 應讀爲同是熒省聲之"營"。"營"謂環繞而居。"臨川之都，營澗之邑"，泛指循山川之險而營建之都邑。

　　補記：清華簡《五紀》簡 18 三"黑"字分別作 、、，是用作單字之"黑"可截除下部，僅保留頭部形體之例。這一簡化方式與本文所論楚文字"果（冥）"可截除性簡化作 完全一致。

　　原載黃人二等編：《出土文獻與中國經學、古史研究國際學術研討會論文集》，（臺）高文出版社，2019 年。

清華九《治政之道》札記三則

蔡振華

（吉林大學考古學院）

《清華大學藏戰國竹簡》第九册公布了一篇命名爲《治政之道》的先秦政論文獻，根據編痕和文意可與此前公布的《治邦之道》合編一卷，内容十分重要。筆者在此將讀後的一點想法寫録出來，以求教於方家。

一

《治政之道》簡 7—8：

> 比政□□，量德之賢，是以自爲匡輔左右，非爲臣賜，曰：是可以永保社稷，定厥身，延及庶祀。

清華簡整理者在"自爲"下點斷，云："自爲，爲了自己。《管子·國蓄》：'君雖彊本趣耕，而自爲鑄幣而無已，乃今使民下相役耳，惡能以爲治乎？'《淮南子·兵略》：'舉事以爲人者，衆助之；舉事以自爲者，衆去之。'《史記·蘇秦列傳》：'臣聞忠信者，所以自爲也；進取者，所以爲人也。'"[1]上文"比政□□，量德之賢"，整理者指出："比政，考校政績。量德，考量其德。"[2]比政、量德對文見義，其説可信。但按照整理者的斷讀，説考量政績和德行是"爲了自己"，隔絶了與"匡輔左右"的關係，在文意上不够顯豁。因而我們認爲"是以"應是"以是"的倒文，"是"指"比政□□，量德之賢"，"爲"應作動詞用，在這裏是設

① 清華大學出土文獻研究與保護中心編，黄德寬主編：《清華大學藏戰國竹簡（玖）》，中西書局，2019 年，第 133 頁。

② 清華大學出土文獻研究與保護中心編，黄德寬主編：《清華大學藏戰國竹簡（玖）》，中西書局，2019 年，第 133 頁。

置、建立、選擇的意思。這句話意爲通過考量政績和德行的方式自己選置四輔及左右職官。胡寧、劉信芳二位先生分別指出“是以自爲匡輔左右”應作一句讀，①是正確的。

按照這樣的斷讀，下文“非爲臣賜”看起來像是缺少主語，整理者可能也是考慮到了這一點，才在“自爲”下點斷。實際上將“是以自爲匡輔左右”作一句讀並不會造成句子結構上的缺陷，“非爲臣賜”的主語“爲匡輔左右”可以理解爲蒙上省略。“比政□□，量德之賢，是以自爲匡輔左右”的核心内容就是“爲匡輔左右”，意思明確，並且句子結構比較緊密，下接“非爲臣賜”文氣一貫，不會造成理解上的障礙。

“非爲臣賜”，整理者說“意爲設四輔及左右職官不是爲了賞賜臣下”，將“爲”理解爲介詞“爲了”。李亦鵬先生補充説：“‘爲臣賜’表示‘爲了臣子而賞賜’，只是賜的近賓語承上省略了。類似的結構如《墨子·魯問》：‘鮗者之恭，非爲魚賜也’，意謂釣魚的人恭身，不是爲了魚而賞賜（魚）。”②按照李先生的意見將簡文省略部分補足，“非爲臣賜”即是“非爲臣賜臣”，當事者與“爲”所引介動作的受事者相同，結構繁複，並不符合語言的經濟性原則，文獻中也罕見類似表達，因此“爲”在這裏作爲介詞是不合適的。

“爲臣賜”應當理解爲“爲”作動詞接雙賓語結構，“爲某賜”這樣的句式在典籍中很常見，如：

(1) 且君嘗<u>爲晋君賜</u>矣，許君焦、瑕，朝濟而夕設版焉。（《左傳》僖公三十年）

(2) 王高予之爵，重予之禄，任之以事，斷予之令，夫豈<u>爲其臣賜</u>哉，欲其事之成也。（《墨子·尚賢中》）

(3) 鮗者之恭，非<u>爲魚賜</u>也。（《墨子·魯問》）

(4) 宋之野人，耕而得玉，獻之司城子罕，子罕不受。野人請曰：“此野人之寶也，願相國<u>爲之賜</u>而受之也。”（《吕氏春秋·孟冬紀·異寶》）

(5) 夫捽而浮乎江，三入而出，特王子慶忌<u>爲之賜</u>而不殺耳，臣已爲辱矣。（《吕氏春秋·仲冬紀·忠廉》）

“爲”作爲動詞，其意涵十分豐富，“爲某賜”之“爲”有給與、施加一類的意思。③“賜”在此用作名詞，但不必一定作“賞賜”來講，上引(1)(3)(4)諸“賜”字就明顯个是用作“賞賜”的。“賜”引申有“恩惠”義，《儀禮·士喪禮》“君若有賜焉”，鄭玄注：“賜，恩惠也。”《國語·晋語一》“報賜以力”，韋昭注：“賜，惠也。”《公羊傳》僖公二年“非相爲賜”，何休注：

① 胡寧：《讀清華簡九〈治政之道〉札記》，復旦大學出土文獻與古文字研究中心網站，2019 年 11 月 28 日。劉信芳：《清華玖〈治政之道〉試説》，武漢大學簡帛網，2019 年 12 月 27 日。

② 李亦鵬：《清華簡〈治政之道〉疑難字詞考釋》，（臺灣）中興大學碩士學位論文，2021 年，第 50 頁。

③ 徐紅：《上古漢語給予動詞研究》，東北師範大學博士學位論文，2018 年，第 97 頁。

"賜,猶惠也。"王力《古代漢語》將上引辭例(1)中的"爲賜"理解爲"施惠",是比較合適的,①在簡文中同樣適用。"非爲臣賜"意思是"並非施與臣子恩惠"。

二

簡41—42云:

> 彼其行李使人來請其故,不聽其辭,唯縱其志。彼乃播善執怨,亦戒以待
> 之。爲時以相見平原之中,鑿杜除軔,被甲纓胄,以衆相向。

"時",原簡寫作"旹",整理者括注爲"時",②未做進一步解釋。羅小虎認爲:"整理者報告讀爲'時',或許理解爲'約定時間'一類的意思。我們懷疑此處的'時'可讀爲'伺',偵察、刺探。本字作'覗'。簡文意思是説:安排好了偵察人員然後才在平原之中相見。'伺'與軍事戰爭有關,與上文的'亦戒以待之'以及下文的'除軔'、'被甲纓胄,以衆相向'正合。"③

按,羅小虎説恐難成立,"爲時以相見平原之中"之上已言"戒以待之","戒"字當包含"安排偵查人員"等應對措施,沒有理由再單獨説明"爲伺"。楚簡中"旹"即後世"時"字,整理者釋讀可從,但"爲時"不能解釋爲"約定時間"。"時"在古代指客觀的時節、時間、時機,是不能受人爲干預的,《戰國策·秦策三》:"聖人不能爲時,時至而弗失。舜雖賢,不遇堯也,不得爲天子;湯、武雖賢,不當桀、紂不王。"《吕氏春秋·召類》:"聖人不能爲時,而能以事適時。事適於時者其功大。"因此典籍中動賓結構的"爲時"從來沒有"約定時間"的意思。

"時"有"是"義,古代時、是通用,《尚書·堯典》"黎民於變時雍"孔安國傳、《詩經·小雅·十月之交》"豈曰不時"毛傳、《儀禮·士冠禮》"孝友時格"鄭玄注等皆謂:"時,是也。"《尚書·舜典》"惟時懋哉",《史記·五帝紀》作"維是勉哉"。《皋陶謨》"咸若時",《史記·夏本紀》作"皆若是"。"爲時"當即"爲是",在句中是連詞,"爲是"猶"於是""爲此",《左傳》宣公十七年:"夫三子者曰:'若絶君好,寧歸死焉。'爲是犯難而來。"昭公三年:"於是景公繁於刑,有鬻踊者,故對曰:'踊貴,屨賤。'既已告於君,故與叔向語而稱之。景公爲是省於刑。"

"以"作爲承接連詞時,與"而"同。《公羊傳》莊公二十四年"戎衆以無義",王引之

① 王力:《古代漢語(校訂重排本)》第1册,中華書局,1999年,第21頁。

② 清華大學出土文獻研究與保護中心編,黄德寬主編:《清華大學藏戰國竹簡(玖)》,中西書局,2019年,第129頁。

③ "羅小虎"發言,見於簡帛網簡帛論壇"清華玖《治政之道》初讀"第44樓,2019年11月23日。

云：“‘以’猶‘而’也。僖二十一年《傳》曰：‘楚，夷國也，强而無義。’是其證。”又：“《易·同人·象傳》曰：‘文明以健，中正而應。’《繫辭傳》曰：‘蓍之德圓而神，卦之德方以知。’《禮記·聘義》曰：‘温潤而澤，仁也；縝密以栗，知也。’昭十一年《左傳》曰：‘桀克有緡以喪其國，紂克東夷而隕其身。’‘以’亦‘而’也，互文耳。”①

　　文獻中又有“爲是而”，《新序·善謀》：“楚平王殺伍子胥之父，子胥出亡，挾弓而干闔閭。闔閭曰：‘大之甚，勇之甚。’爲是而欲興師伐楚。”“爲時以”猶“爲是而”，在句中作連詞，相當於因此、於是，表示結果。簡文中一方“不聽其辭，唯縱其志”，另一方“播善執怨，亦戒以待之”，其結果就是“相見平原之中”——即戰争的隱晦表達。

三

　　簡43云：

　　　　故灼龜，鰓祀，磔禳，祈禖，沉□珪璧、犧牷，饋酓，以祈其多福，乃即以

　　報之。

“□”原作：

整理者注：“□，字形不清，疑由石、夾、示構成，讀爲‘禖’，祭祀‘禖’之專字。《説文》：‘幽薶也。从土、痰聲。’”②字形表收入“不識字”。③　潘燈認爲□字上部從“爲”，是聲符，下部從“示”，可隸定爲“蟊”，讀爲“禍”。④　王寧認爲字形中間部分與“夾”字形不類，當是從“來”，疑讀爲“薶（埋）”。⑤

　　按，曾侯丙缶銘文有 （蓋銘）（耳銘）字，馮勝君先生釋爲“禖”，⑥或爲清華簡整理者分析形體的依據，但實際上與□字構形並不相同。本篇竹簡保存狀況不佳，簡中存在大量污漬，有些污漬在紅外綫照片中依然很明顯，給簡文的正確釋讀造成了干擾。

①　[清]王引之撰，李花蕾校點：《經傳釋詞》，上海古籍出版社，2014年，第8頁。

②　清華大學出土文獻研究與保護中心編，黃德寬主編：《清華大學藏戰國竹簡（玖）》，中西書局，2019年，第145頁。

③　清華大學出土文獻研究與保護中心編，黃德寬主編：《清華大學藏戰國竹簡（玖）》，中西書局，2019年，第278頁。

④　“潘燈”的發言，見於武漢大學簡帛網簡帛論壇“清華玖《治政之道》初讀”第106樓，2019年12月9日。

⑤　“王寧”的發言，見於武漢大學簡帛網簡帛論壇“清華玖《治政之道》初讀”第56樓，2019年11月25日。

⑥　見王子楊：《曾侯丙方缶銘文“硤以爲長事”解》，《“曾國考古發現與研究學術研討會”論文集》，北京·湖北大廈，2014年12月21日，第62—65頁。

學者將□字中部的構件看作"夾"或"來",是把竹簡中間的豎向條帶狀污漬誤認作筆畫的結果。從□字所處的語境來看,整理者讀爲"瘞"十分合適。清華簡《金縢》簡5周公有云:"尒之許我,我則晉璧與珪;尒不我許,我乃以璧與珪歸。"文例可與本簡對照。"晉"字原作🔲,從石、晉聲,晉即《説文》"晉"字籀文,陳劍先生聯繫新蔡簡等材料讀爲"瘞",十分正確。① 根據這些信息再來比對彩色照片和紅外照片,□字筆畫其實不難分辨,兩橫筆的下方左側爲"口"形,右側兩個"子"形隱約可辨,可嚴格隸爲㝅。包山207簡"瘞"寫作孨,當爲晉之簡體。㝅是在孨字基礎上加注意符"示",應該是"瘞薶"之"瘞"的專字。清華八《邦家處位》簡3"厭"字作🔲,同樣從孨聲,且所從孨旁中的"口"形與"孖"並列,與㝅相同。

"鰥祀",整理者注:"鰥,《爾雅·釋詁》:'病也'。鰥祀,廢弛祭祀。"② 羅小虎讀爲"虔祀"。③ 陳民鎮先生認爲"鰥"或讀作"矜"。矜,慎也,"矜祀"指慎重的祭祀。④ 子居讀爲"禋祀"或"勤祀"。⑤ 王寧懷疑"鰥"當讀"祼"。⑥ 按,簡文中可確釋的"灼龜""礫禳""沉瘞珪璧、犧牷""饋邕"都是具體的祭禱方式,待考的"鰥祀""祈禘"性質應該與之相同,因此整理者之説顯然不合文意,"虔祀""矜祀""勤祀"諸説也不恰當。"禋祀""祼祀"或可成立,但在語音關係上還有待疏通。

"鰥祀"疑讀"肆祀"。鰥從眔聲,清華九《攝命》簡9"鰥"即作"眔";肆從隶聲,出土文獻中"肆"或作"隶"及從"隶"聲的"銉"字,⑦眔、隶古音相通,《説文繫傳》:"眔,目相及也。從目、隶省聲。讀若與隶同也。"《禮記·中庸》:"所以逮賤也。""逮",《經典釋文》作"遝",云:"遝,本又作逮。"《公羊傳》哀公十四年:"祖之所逮聞也。""逮",《漢石經》作"遝"。《尚書·吕刑》"群后之逮在下",《墨子·尚賢中》引"逮"作"肆"。史大豐、王寧指出清華三《芮良夫毖》簡8—9"眔"與真部的"均""均""臣""均"押韻,"眔"當讀透母脂部,⑧"隶""逮"均在定母質部,透、定發音部位相同,脂、質陰入對轉,"眔""隶"作爲聲符

① 陳劍:《清華簡〈金縢〉研讀三題》,《出土文獻與古文字研究》第4輯,上海古籍出版社,2011年,第145—169頁。

② 清華大學出土文獻研究與保護中心編,黃德寬主編:《清華大學藏戰國竹簡(玖)》,中西書局,2019年,第144頁。

③ "羅小虎"的發言,見於武漢大學簡帛網簡帛論壇"清華玖《治政之道》初讀"第29樓,2019年11月23日。

④ 陳民鎮:《讀清華〈治政之道〉筆記》,清華大學出土文獻研究與保護中心網站,2019年11月22日。

⑤ 子居:《清華簡玖〈治政之道〉解析》,中國先秦史網站,2019年12月7日。

⑥ "王寧"的發言,見於武漢大學簡帛網簡帛論壇"清華玖《治政之道》初讀"第107樓,2019年12月10日。

⑦ 郭永秉:《從新出清華簡資料看〈説文〉古文的來源》,《"古文字與出土文獻"青年學者西湖論壇論文集》,中國美術學院,2021年,第131—144頁。

⑧ 史大豐、王寧:《清華簡八〈攝命〉"通眔寡眔"及相關問題》,《濟南大學學報(社會科學版)》2019年第4期,第79—86頁。

具備通用的語音條件。文獻中"鰈"常作"矝","矝"從"令"聲,"令"聲字與真部字關係密切,有的古音學家將其歸入來母真部,與定母質部的"隶"都是齒音字,韻母真、質陽入對轉,讀音相近。又,郭店簡《五行》簡17"溧涕"即"泣涕",陳斯鵬據此指出"眔"是"泣"字初文。① 泣從立聲,《老子》"以道莅天下",《經典釋文》:"莅,《説文》作竦。"《説文繫傳》:"竦,臨也。從立、隶聲。"徐鍇曰:"《春秋左傳》'如齊隶盟',今俗作'涖',借也。隶音逮,柳嗜反。""眔"的一類形體在文字演變過程中變形音化從"自"聲作"息","自"是從母質部字,"肆"在心母質部,從、心同爲齒音,則自、肆古音接近。

《周禮·典瑞》"以肆先王",鄭玄注:"肆,解牲體以祭,因以爲名。""肆祀"文獻中常見,《尚書·牧誓》:"今商王受惟婦言是用,昏棄厥肆祀弗荅。"鄭玄注:"肆,祭名。"《詩經·周頌·雝》:"有來雝雝,至止肅肅。相維辟公,天子穆穆。於薦廣牡,相予肆祀。假哉皇考,綏予孝子。"清華五《厚父》簡3—4"朝夕肆祀,不盤于康",簡4"其在時後王之享國,肆祀三后,永叙在服,惟如台",簡9—10"民式克恭心敬畏,畏不祥,保教明德,慎肆祀",簡13"民曰惟酒用肆祀,亦惟酒用康樂"。肆、磔都是牲體的處理方式,簡文中"肆祀""磔禳"連言,較爲協調。

（附記：本文成稿後見到駱珍伊先生在復旦大學出土文獻與古文字中心研究網站（2022年4月6日）發表《〈清華玖·治政之道〉"瘱"字擬補》一文,也將簡43的漫漶字擬補爲"眔",請讀者參看。）

---

① 陳斯鵬:《"眔"爲"泣"之初文説》,《古文字研究》第25輯,中華書局,2004年,第256—261頁。

利用人工智能技術進行竹簡編聯的初步測試

——以《清華簡》爲例

莫伯峰 （首都師範大學、"古文字與中華文明
傳承發展工程"協同攻關創新平臺）

胡韌奮 （北京師範大學、"古文字與中華文明
傳承發展工程"協同攻關創新平臺）

對出土竹簡進行重新編聯,恢復原來簡序,是簡牘研究中極爲重要的基礎性工作。竹簡編聯的依據,"大致可以從外在因素和内在因素兩個方面來把握。所謂外在因素,大致包括竹簡形態如長度、寬度、編綫的道數與間隔,書寫風格如字體、密度、某些特殊用字以及標識符號的采用等等。所謂内在因素,則是指詞匯、句式、體裁和内容。只有將這些因素綜合考慮,不斷推敲,反復改進,才能獲得比較合乎原初面貌的編聯結果"。① 其中,"外在因素是竹簡編聯的重要依據,使形制相同的竹簡可以編排在一起;内在因素則是檢驗編聯正確與否的最終條件,不僅同篇的竹簡要有共同的主題,而且簡序的排列也要使内容上有連貫性"。②

本文所論人工智能運用於竹簡編聯,是從内在因素方面進行,也就是基於語言和内容的連貫性實現編聯。近年來人工智能在自然語言處理(NLP)領域取得了長足進步,這是展開這項研究的重要基礎。一些新的語言模型已經具有非常强大的語言處理能

---

① 陳偉:《郭店竹書别釋》,湖北教育出版社,2003 年,第 83—84 頁。近年來發現的"簡背劃痕",也是編聯的一項重要外在因素。

② 劉傳賓:《出土簡牘編聯與拼綴方法綜論》,《天津師範大學學報(社會科學版)》2018 年第 4 期。

力,比如 2018 年谷歌發布的 BERT 模型就取得了非常不凡的成績,該模型包含有語序、語法、語義、語境等多層次的語言信息,在多項指標上都超越了人類的表現。[①] 胡韌奮等曾構建了古漢語 BERT 模型,在詩、詞、古文三種文體的斷句任務中,F1 值分別達到 99％、95％、92％以上,已經具有了很強的實用價值。[②] 而之後 OpenAI 發表的 GPT-2 模型又在多項指標上超越了 BERT 模型,[③]説明這方面的研究正是方興未艾。

在 BERT 模型所設立的兩項初始訓練目標中,句子預測便是其中之一。在這項任務中,模型的目標是判斷兩個句子是否相鄰,這與竹簡編聯的任務性質極爲近似。因此,通過構建適合竹簡材料的語言模型,來完成竹簡編聯任務具有理論上的可行性。當然,竹簡編聯需要考慮的因素非常多,竹簡語言與後世語言也有較大的差異,僅憑語言模型能够發揮多大的效果還有待驗證。所以,我們設計了本次測試,一方面希望通過實例檢測,驗證研究思路是否可行;另一方面也希望通過測試發現問題,爲今後探索指明方向。而更爲重要的是,希望能從另一個角度來觀察和思考專家編聯工作的語言本質,深入探討編聯工作的理論問題。以下爲此次初步測試的一些基本情况。

一、人工智能編聯竹簡的基本原理簡析

我們曾在《人工智能模擬辭例歸納的初步測試》一文中討論過,人工智能技術如何模擬古文字考釋中的"辭例歸納法"。[④] 對於人工智能而言,無論是進行"辭例歸納"還是"竹簡編聯",所使用的語言模型本身並没有本質性差異,只是任務發生了改變。而在我們看來,"辭例歸納"和"竹簡編聯"兩項任務還具有很大的一致性——"辭例歸納"是根據語境,進行**字詞單位**的推導;"竹簡編聯"則是根據語境,進行**句子或更大語言單位**的推導。二者只是在推導單位上存在差異,所憑藉的依據還是"語感"和"語義"這兩個方面。因此,這裏依舊沿用《人工智能模擬辭例歸納的初步測試》文中用到的《三字經》例子,來舉例説明人工智能如何實現竹簡編聯。

首先看利用語感進行編聯的情况。假設我們手裏有一枚殘簡,上面寫有"人之初",相信絶大多數人都能猜測出,下面可以編聯的是"性本善"。即使年幼的孩童,不能理解

---

① Devlin, Jacob, et al. "Bert: Pre-training of deep bidirectional transformers for language understanding." arXiv preprint arXiv: 1810.04805 (2018).

② 胡韌奮、李紳、諸雨辰:《基於深層語言模型的古漢語知識表示及自動斷句研究》,《中文信息學報》2021 年第 4 期。

③ OpenAI:"GPT-2: 6-Month Follow-Up." https://openai.com/blog/gpt-2-6-month-follow-up/.

④ 莫伯峰、丘煒琦、謝澤澄:《人工智能模擬辭例歸納的初步測試》,《漢語言文學研究》2021 年第 3 期。

這些句子的意義,但因爲經常聽過或讀過,也能讓他們完成這種編聯。這就是利用"語感"實現的編聯,憑藉大量語言用例的積累,使人感覺語言自然流暢的一種能力,"語感"是人類進行編聯時首先憑藉的方法。而人工智能在"培養語感"方面已經達到了較高的水平,通過海量語料的訓練,人工智能在某些領域的語感已經超過了人類。從具體實現方式上來看,人類通常從正面來評估語感,認爲編聯後語感最好的語句就是正確的答案。人工智能則從反面來評估語感,以困惑度(Perplexity)來反映語感好壞,認爲編聯後困惑度越低的語句就是正確的答案。

再來看利用語義進行編聯的情況。假設殘簡上寫的是"性相近",而我們又從來沒有讀過《三字經》,那我們又如何能夠編聯出"習相遠"這個正確答案呢? 這時可以從語義的角度來進行編聯。語言表達時,相鄰句子通常在語義上是衔接連貫的,句子中詞語的意義比較接近。因此,通過計算句子的語義相似度,也可以爲編聯提供幫助。"性"與"習"的詞義接近,"遠"與"近"的詞義相對,所以便能夠根據語義推斷出"性相近"與"習相遠"關係較緊密。人工智能在"判斷詞義關係遠近"方面,也已經發展出了非常成熟的技術,基於四庫全書等古代漢語語料,可以將古代漢語中的詞語表示爲高維稠密向量,通過計算這些向量的距離便能夠衡量語義的相似度。

"語感"和"語義"能解決竹簡編聯的很大一部分問題,但不是所有問題。這與人工智能模擬"辭例歸納"時所遇到的情況一樣,除了語感和語義之外,各種知識也是解決語言問題的重要因素。比如"昔孟母,擇鄰處"中的"昔孟母",從語感和語義上來説,它當然也可以是"昔張母""昔王母",甚至可以是"昔張父""昔王父"。只有根據歷史知識"孟母三遷",並進行邏輯推導,我們才能確定這裏必須是"昔孟母"。因此,只有建立相關的古代文化知識庫才能完備地解決這一問題。

以上,是人工智能利用"語感"和"語義"進行竹簡編聯工作的舉例簡述。更加詳細的原理分析,還可參閲《人工智能模擬辭例歸納的初步測試》一文。

二、任務分析與評測指標

本次竹簡編連的任務目標爲:給定一批打亂順序的竹簡文本,將其按照文意進行排序。爲了驗證方法的可行性以及評估的便利性,先將任務設計爲:給定一支位置確定的簡(第一支簡),在篇章範圍內預測它的下一支簡,目標是預測的準確率越高越好。即,假定該篇文章包括 N 支簡,對於任意一支簡,希望模型能夠對餘下 N-1 支簡與之匹配程度進行打分,並將上下文匹配度從高到低排序。正確答案的排名越靠前,模型效果越好,否則越差。

爲全面評測模型的效果,編聯設有三項評測指標:

Top1-accuracy：正確答案簡排在第一位的比例

Top3-accuracy：正確答案簡排在前三位的比例

Mean Reciprocal Rank(MRR)：搜索引擎或推薦系統中衡量排序效果的指標

這三項指標中，Top1-accuracy 能够展現模型的精准程度，Top3-accuracy 能够爲實際編聯工作縮小範圍，Mean Reciprocal Rank(MRR)則綜合評估了模型的總體效果。

三、數據分析與預處理

本次編聯測試的數據爲《清華大學藏戰國竹簡》(壹—玖)①釋文共計 45 篇。數據首先經初步整理(包括：對存疑簡文進行修訂，對缺失簡文進行標記，並按章拆分《系年》篇)，共得到測試文獻 67 篇，共計 824 支簡。作爲參與預測的有效竹簡，平均每篇文獻包含約 15 支簡。在這 824 個編聯單位中，《越公其事》包含了 76 支簡，簡數最多(《系年》包含 138 支簡，但被拆分爲 23 章，所以被計爲 23 篇文獻)，單從數量上來看，是編聯難度最大的一篇簡文。《尹至》和《祝辭》包含了 5 支簡，簡數最少，單從數量上來看，是編聯難度最小的兩篇簡文。

選擇《清華簡》(壹—玖)作爲編聯測試的對象，基於多方面的原因。首先，《清華簡》(壹—玖)的簡序基本已經確定，因此測試有標準答案可供對照。其次，《清華簡》(壹—玖)的釋文整理水平非常高，更容易獲取一個較好的文本材料，以避免因文獻自身的問題影響到編聯工作的結果。最後，《清華簡》(壹—玖)的文本數量也較爲可觀，充足的數據有利於獲得更客觀的測評結果。基於上述這些原因，並充分考慮了技術實現的可行性，我們嘗試整理了《清華簡》(壹—玖)的釋文，作爲本次編聯的測試數據。

爲滿足測試的要求，釋文被進行了多項預處理。本次測試的對象是距今已逾兩千多年的戰國竹簡文字，在戰國文字轉化爲現代楷書漢字這一過程中，必然會涉及一些語言文字方面的學術性問題。因爲這些問題並非本次測試的重點，所以在測試流程的設計上，將先屏蔽各種干擾性語言文字因素，希望後續逐步地接近真實的編聯任務，遵循由易到難循序漸進的方式來推動測試的進步。我們對《清華簡》(壹—玖)文本做了以下預處理：

(1) 剔除字形層面的影響。《清華簡》(壹—玖)爲戰國時期文獻，其上爲戰國時期的文字。由於這次測試的不是圖像識別模型，而是語言模型，因此這些戰國文字都被轉寫爲現代楷書漢字。也就是説測試基於現代楷書漢字進行，而非基於戰國文字或其隸定

---

① 李學勤主編：《清華大學藏戰國竹簡》(壹—玖)，中西書局，2010—2019 年。以下簡稱《清華簡》(壹—玖)。

字形進行。

（2）剔除各種字詞關係的影響。釋文中的通假字、異體字、古今字、繁簡字等情況都將會對編聯工作產生影響，我們根據現時學界較爲通行的意見，確定一種意見來處理釋文中的這些用字等情況，以一種最簡文本作爲本次編聯的基礎。例如竹簡中的"隹"常通爲"唯"，"古"常通爲"故"，在釋文中不再括注這種字詞關係，徑釋爲"唯"和"故"。

（3）降低疑難文字的影響。當釋文中存在未識字（無編碼的圖片文字）或考釋意見分歧較大的文字時，無疑將對編聯工作產生較大影響。編聯模型應對這種不完整信息的推斷也存在較大困難。因此，我們以能夠貫通上下文意的詞匯填補這些疑難文字的位置，以此來暫時減少對編聯結果產生的影響。

（4）降低殘斷竹簡的影響。一些竹簡存在殘斷的情況，也會對編聯工作產生較大影響。現在雖有一些方法（如基於語義相似度的方法，詳下文）來應對這一問題，但與其他竹簡的編聯邏輯有較大差異，也會對最終結果的性質產生較大影響。因此暫時將這部分排除在編聯任務之外，在編聯結果中以"NA"標記該竹簡的下支簡爲殘簡。

四、測試過程及測試結果

測試分爲兩個階段進行：第一個階段的模型，主要是從語感角度對竹簡進行編聯。第二階段的模型，增加了語義信息方面的評估，並引入了懲罰因子來處理編聯中的"萬能竹簡"問題（詳後）。

以下介紹一下模型的基本情況，並通過一些具體語例介紹測試的過程。本次測試使用的是 GPT 模型，GPT 是一個自然語言生成模型，基於大規模古漢語語料庫預訓練的 GPT - 2 模型有很好的古詩文語感，並能夠對句子的成立概率進行估計。第一階段測試利用模型計算不同編聯結果的文本困惑度，困惑度越低，説明句子的產生概率越大。

以《邦家處位》的簡【1】爲例：

·【1】邦家處位，傾戾其天命，抑君臣必課以度。度君數臣，臣適督君，君唯聾狂，使臣猶迷。政事逆美，寵福逆惡。與介執

模型認爲困惑度最低的編聯項（※號項），正好是正確的那支竹簡：

·【1】邦家處位，傾戾其天命，抑君臣必課以度。度君數臣，臣適督君，君唯聾狂，使臣猶迷。政事逆美，寵福逆惡。與介執（困惑度：332.5754）[1]

※【1】邦家處位，傾戾其天命，抑君臣必課以度。度君數臣，臣適督君，君唯聾狂，

---

[1] 該困惑度表示該簡本身的困惑度。

使臣猶迷。政事逆美,寵福逆惡。與介執+【2】事,事是謀人（困惑度：285.2945）

·【1】邦家處位,傾灵其天命,抑君臣必課以度。度君數臣,臣適督君,君唯聾狂,使臣猶迷。政事逆美,寵福逆惡。與介執+【3】梗政。子立代父（困惑度：372.53802）

·【1】邦家處位,傾灵其天命,抑君臣必課以度。度君數臣,臣適督君,君唯聾狂,使臣猶迷。政事逆美,寵福逆惡。與介執+【8】人而不足用（困惑度：312.6786）

·【1】邦家處位,傾灵其天命,抑君臣必課以度。度君數臣,臣適督君,君唯聾狂,使臣猶迷。政事逆美,寵福逆惡。與介執+【11】必納功、崇能、有度（困惑度：349.20245）

第一階段的最終編聯結果見下表一：

表一 困惑度排序實驗結果

	Top-1 Accuracy	Top-3 Accuracy	MRR
Full(A)+Trunc(B)	34.4％	58.1％	50.4％

説明：第一階段的模型,超過1/3的竹簡可以通過語感直接準確地找到正確的下一支簡,正確答案排名前3的準確率達到58.1％,MRR達到0.5以上。第一階段的實驗表明,通過語言模型的語感來進行竹簡編聯具有一定的可行性。

第二階段的最終編聯結果見下表二：

表二 多維度排序實驗結果

	Top-1 Accuracy	Top-3 Accuracy	MRR
perp_score+similarity+cost	42.1％	66.1％	57.5％

説明：第二階段的模型,在基於語感（perp_score,困惑度）的基礎上,又結合了語義相似度（similarity）的因素,並通過增加懲罰因子（cost）的方式處理了"萬能竹簡"的問題。最終結果裏,超過40％的竹簡可以直接找到正確的下一支簡,正確答案排名前3的準確率超過了2/3,MRR接近0.6以上。相較於第一階段的結果,又有了非常明顯的效果提升。

五、分析與思考

在測試的過程中,每一個編聯錯誤都提供了一次重新分析問題的機會。每一次解決錯誤的過程,也都讓我們去更深入地思考某些語言問題的實質。這部分將是人機協作所能帶給學術研究的最大價值。以下是我們在本次測試中的幾點思考。

(1) 基於更大的語境,連接更少的字詞。

在測試中我們發現,以不同長短的語言片段來判斷語感,會得到完全不同的結果,並直接影響最終的編聯結果。比如,同樣以《邦家處位》簡【1】爲例,上文表1中的結果是以簡【1】整支簡的内容(Full(A))作爲語境來預測下一支簡,如果只是輸入簡【1】的後半段(從"政事逆美"開始),並拼接部分後文(Trunc(B)),各支簡的困惑度都會顯著提高,排序也出現了明顯變化,甚至困惑度最低的簡(※號項)不再是正確項:

- 【1】政事逆美,寵福逆惡。與介執　　(困惑度:1141.8258)
- 【1】政事逆美,寵福逆惡。與介執+【2】事,事是謀人　(困惑度:705.67413)
- 【1】政事逆美,寵福逆惡。與介執+【3】梗政。子立代父　(困惑度:844.3941)
- ※【1】政事逆美,寵福逆惡。與介執+【8】人而不足用　(困惑度:698.5738)
- 【1】政事逆美,寵福逆惡。與介執+【11】必納功、崇能、有度　(困惑度:1003.2555)

基於上述原因,我們嘗試了四種不同的文本截取方式來測試困惑度的差異:

Full(A)+Full(B):上簡的全部内容拼接下簡的全部内容

Trunc(A)+Full(B):上簡的部分内容拼接下簡的全部内容

Full(A)+Trunc(B):上簡的全部内容拼接下簡的部分内容

Trunc(A)+Trunc(B):上簡的部分内容拼接下簡的部分内容

下表三是采用四種不同截取方式進行編聯測試的最終結果:

表三　語感方法中的文本截取設置對比

排序		Top-1 Accuracy	Top-3 Accuracy	MRR
1	Full(A)+Trunc(B)	34.4%	58.1%	50.4%
2	Trunc(A)+Trunc(B)	31.9%	52.9%	47.5%
3	Full(A)+Full(B)	22.9%	42.0%	38.5%
4	Trunc(A)+Full(B)	17.2%	35.5%	32.7%

從表中數據可以看到,采用 Full(A)+Trunc(B)方式截取,各項準確率都最高,這與我們通常的認識存在一定差異。通常我們都會認爲,采用 Full(A)+Full(B)的方式最爲可靠,也就是把兩支簡上的所有文字信息都使用上最保險,但是基於數據來看,這

種方式的編聯正確率要比 Full(A)＋Trunc(B)低了 10 多個百分點。這無疑給我們一些的啓示：編聯需要基於更大的語境，連接更少的字詞。上簡的内容越多，已知的確定性信息就越多，對下簡的内容就更容易預測。下簡與上簡的關聯度，越到後面就越少，過多注意後部的信息反倒不利於正確的編聯。

（2）"萬能竹簡"説明編聯工作要分類分步進行。

這裏所説的"萬能竹簡"，是指那些本身困惑度非常低的竹簡。比如《祭公之顧命》中的第 8 號簡："以余小子揚文武之烈，揚成、康、昭主之烈。王曰：嗚呼，公，汝念哉！遜措乃"，在《祭公之顧命》中一共有 10 支簡的後面拼上 8 號簡都會得到最低困惑度，這與 8 號簡本身的低困惑度有關。一方面這支簡上的語句本身是比較完整的。另一方面，從語言學上來看，這支竹簡上的内容比較"百搭"，與其他各種竹簡放到一起都没有什麽"違和感"。在傳世文獻中，比如"不知其可也""其誰曰不然"這樣的句子也都具有這種"百搭"的效果，要對其進行正確的排序，確實難度非常大。對於人類專家而言，這種"百搭"的竹簡一直是竹簡編聯中的難點，而對於計算機而言，這種困難同樣存在。從計算機的角度來看，這種困難的實質就是竹簡本身困惑度太低。由此可知，語義越完整、本身困惑度越低的竹簡越難以進行編聯。

爲了解決"萬能竹簡"的"百搭"問題，我們在第二階段測試中設計了懲罰因子，對這種現象進行了控制。編聯被分爲了兩輪進行，第一輪首先從各支竹簡中清查出"萬能竹簡"。第二輪再將懲罰因子加入"萬能竹簡"的得分計算公式，從而在懲罰之後，再對得分進行重新排序。這種做法相當於我們已經知道某些竹簡容易出錯，減少通過語感和語義來進行編聯。這種編聯方式也啓迪我們，在進行編聯工作時，應該分類分步進行。首先清理出"萬能竹簡"，然後再對剩餘的竹簡進行編聯，最後再通過適當方式來處理"萬能竹簡"的問題。

（3）語感和語義各有優長。

語感和語義都對編聯工作有幫助作用，總體而言語感對編聯工作的作用更大（我們測試發現，僅依靠語義相似度進行編聯，正確率只有僅依靠語感編聯的一半左右），語義相似度更多起到的是一種輔助作用。但語義相似度在編聯中也有自己獨特的作用。語義相似度的引入，除了作爲語感信息的補充外，對於殘缺文字的情形也可以較好處理。比如，以《保訓》【簡 2】爲例：

【2】爽，□□□□□□□□□，王若曰：發，朕疾重甚，恐不汝及

這種文字殘缺的情況，無疑會對語感評估產生很大的影響。而利用語義相似度，就可以不受這種情況影響了。以下爲《保訓》中其他竹簡文本與【簡 2】的語義相似度排序，【簡 3】正是語義相似度最高的項：

【2】爽,□□□□□□□□,王若曰:發,朕疾重甚,恐不汝及+【3】訓。昔前人傳寶,必受之以詞,今朕疾允病,恐弗堪終,汝以書 (相似度：0.885)(正確竹簡排名最高)

【2】爽,□□□□□□□□,王若曰:發,朕疾重甚,恐不汝及+【10】朕聞兹不舊,命未有所延。今汝祗備毋懈,其有所由矣。不 (相似度：0.857)

【2】爽,□□□□□□□□,王若曰:發,朕疾重甚,恐不汝及+【11】及爾身受大命,敬哉,勿淫!日不足,惟宿不詳。 (相似度：0.825)

【2】爽,□□□□□□□□,王若曰:發,朕疾重甚,恐不汝及+【9】微志弗忘,傳貽子孫,至于成唐,祗備不懈,用受大命。嗚呼!發,敬哉! (相似度：0.796)

【2】爽,□□□□□□□□,王若曰:發,朕疾重甚,恐不汝及+【5】不違于庶萬姓之多欲。厥有施于上下遠邇,乃易位邇稽,測 (相似度：0.7923)

【2】爽,□□□□□□□□,王若曰:發,朕疾重甚,恐不汝及+【8】哉!昔微假中于河,以復有易,有易服厥罪,微無害,乃歸中于河。 (相似度：0.791)

【2】爽,□□□□□□□□,王若曰:發,朕疾重甚,恐不汝及+【6】陰陽之物,咸順不擾。舜既得中,言不易實變名,身兹備惟 (相似度：0.782)

【2】爽,□□□□□□□□,王若曰:發,朕疾重甚,恐不汝及+【4】受之。欽哉,勿淫!昔舜舊作小人,親耕于歷丘,恐求中,白稽厥志, (相似度：0.773)

【2】爽,□□□□□□□□,王若曰:發,朕疾重甚,恐不汝及+【7】允,翼翼不懈,用作三降之德。帝堯嘉之,用受厥緒。嗚呼!發,祗之 (相似度：0.773)

【2】爽,□□□□□□□□,王若曰:發,朕疾重甚,恐不汝及+【1】惟王五十年,不豫,王念日之多歷,恐墜寶訓,戊子,自沫水,己丑,昧 (相似度：0.758)

另外,當很多篇竹簡混在一起,要進行編聯時,首先使用的方法其實就是用語義編聯,這種方法的本質其實就是假設不同竹簡之間可能並不是直接接續,但用語義來編聯,可以允許這種信息的間隔。

以上這些問題,有的是專家編聯時可能也常常會遇到的問題,有的是專家編聯時可能未曾思考過的問題。人工智能利用計算機客觀地處理這些問題,讓很多問題更純粹地展現出來。

六、餘　　論

通過人工智能的竹簡編聯,我們對編聯工作的語言學本質有了更好的瞭解,對編聯工作的認識更加深入。接下來,我們計劃進一步分析實驗數據,並針對一些典型的排序錯誤,對方法進行改進。同時,下一步我們還將引入一些其他類型的語言模型,比較不同模型的不同結果,争取使此項工作更加深入。

以上二維碼爲《清華簡》45 篇釋文的具體編聯結果。

附記:文中"思考與分析"部分所提出的問題,都是胡韌奮在測試過程中發現和嘗試解決的,莫伯峰對其進行了匯總並進行了初步分析。關於模型的細節和測試的具體過程,胡韌奮寫有詳細的技術報告,限於篇幅此不録入。

睡虎地秦簡文字札記三則[*]

湯志彪　李惠平

（華東師範大學中國文字研究與應用中心）

　　睡虎地秦簡自公布以來，一直備受關注，研究者衆，成果豐碩，很多問題業已成爲定論。然而，筆者在研讀這批簡牘過程中發現尚有可説者，故不揣淺陋，成此小文，以就正於方家。

一

　　睡虎地秦簡《日書》乙種第 103 壹簡言：

　　　　斗利祠及行賈賈市吉。

　　本句簡文亦見於《日書》甲種。整理者均點讀作：“斗，利祠及行賈、賈市，吉。”①吴小强、趙岩先生從之。② 吴小强先生還把此句簡文翻譯爲：斗宿，有利於祭祀神靈和跑生意、做買賣、市場交易，都很吉利。③ 趙岩先生認爲，本句簡文無法獲釋“行賈”和“賈市”的區别。又謂：傳世文獻未見“行賈”“賈市”連用的情況，而多見於《焦氏易林》的“行賈市”之語，大概是由“行賈”“賈市”二詞凝結而成。④

＊　本文得到國家社科基金一般項目“楚系出土文獻職官整理研究”（批准號：21BZS044）、先秦出土文獻與傳世古籍史事對比研究（項目號：2056）、上海市教委科創重大項目《古陶文編》（項目批准號：2019-01-07-00-05-E00048）、“出土文獻與上古文學關係研究”（項目號：20&ZD264）資助。

① 睡虎地秦墓竹簡整理小組：《睡虎地秦墓竹簡》，文物出版社，1990 年，第 192、238 頁。
② 吴小强：《秦簡日書集釋》，嶽麓書社，2000 年，第 209 頁。趙岩：《〈睡虎地秦墓竹簡·日書乙種〉札記（續五則）》，武漢大學簡帛網，2009 年 4 月 21 日。
③ 吴小强：《秦簡日書集釋》，嶽麓書社，2000 年，第 209 頁。
④ 趙岩：《〈睡虎地秦墓竹簡·日書乙種〉札記（續五則）》，武漢大學簡帛網，2009 年 4 月 21 日。

按,在上述諸説中,整理者的斷句可信,至於對簡文的解釋,我們則傾向於吳小强先生的説法,只是吳先生未詳細解釋"賈市"一詞,今試爲之補充説明。

"行賈"和"賈市"都是文獻中常見的詞語。《呂氏春秋·上農》:"農不敢行賈,不敢爲異事。"《史記·貨殖列傳》:"魯人俗儉嗇,而曹邴氏尤甚,以鐵冶起,富至巨萬。然家自父兄子孫約,俯有拾,仰有取,貰貸行賈遍郡國。"《史記·貨殖列傳》:"行賈,丈夫賤行也,而雍樂成以饒。"此爲"行賈"例子。

典籍亦有"賈市"一詞。《管子·七臣七主》:"天下得失,道一人出,主好本,則民好墾草萊,主好貨,則人賈市。"《史記·大宛列傳》:"善賈市。"秦簡中也有類似例子。睡虎地秦簡《秦律十八種·金布律》簡 68:"賈市居列者及官府之吏,毋敢擇行錢、布"。① 睡虎地秦簡《日書》甲種簡 120 正三:"貨門,所利賈市,入貨吉,十一歲更。"② 又簡 20 背壹:"宇南方高,北方下,利賈市。"③均其例。

古代商業買賣分"行商"和"坐商"兩類。《周禮·天官·大宰》:"六曰商賈,阜通貨賄。"鄭玄注:"行曰商,處曰賈。"據此,簡文"行賈"中的"賈"特指"行商",所以在"賈"字前加了"行"字以跟後文的"賈"字相區別。這樣一來,簡文中的"賈市"當別解。

我們曾考慮"賈市"作"市場買賣"解。蒙王彦輝先生私下見告,如此解釋,單字雖可通,但作爲一個詞語則罕見。故王先生認爲此處的"賈市"即"賈於市"。所言甚是。

據上文分析,簡文"賈市"中的"賈"當理解爲"買"或"賣"。《説文》:"賈,市也。"段《注》:"賈者,凡買賣之稱也。"簡文的"市"當指"市場"。古書習見,不贅。

由此,簡文"行賈"是指"行商"。"賈市"就是"賈於市",也就是指"坐商"。可見,吳小强先生把"行賈"解釋爲"做買賣、跑生意"是可信的;把"賈市"解釋爲"市場交易"也未爲不可。

需要説明的是,趙岩先生所認爲的見於"《焦氏易林》的'行賈市'之語""大概就是由'行賈'、'賈市'二詞凝結而成"的看法是有問題的。從趙先生所引的例子來看,"行賈市"顯然當理解爲"行商",而非"行賈"、"賈市"二詞所省併而成。

二

睡虎地秦簡《法律答問》簡 28 言:

① 睡虎地秦墓竹簡整理小組:《睡虎地秦墓竹簡》,文物出版社,1990 年,第 36 頁。

② 睡虎地秦墓竹簡整理小組:《睡虎地秦墓竹簡》,文物出版社,1990 年,第 199 頁。

③ 睡虎地秦墓竹簡整理小組:《睡虎地秦墓竹簡》,文物出版社,1990 年,第 210 頁。

可(何)謂"盜埱埻"？王室祠，狸(薶)其具，是謂"埻"。①

"埱"字，又見於《封診式》。《穴盜》：

其所以埱者類旁鑿，迹廣□寸大半寸。②

對於《穴盜》中的"旁鑿"，整理者認爲是寬刃的鑿子。③ 至於兩處的"埱"字，整理者認爲即《說文》訓作"氣出土也"的"埱"字，在簡文中都是"挖掘的意思"。④ 陳玉璟先生認爲，簡文的"埱"同"俶"，"俶"有"作"義，"作"又有"刻挖"的意思。⑤ 方勇先生認爲"埱"字本身所從的"叔"旁就表示以弋掘地之義。他引裘錫圭先生《釋"弋"》一文爲證。方勇先生指出，在《釋"弋"》一文中，裘先生認爲叔之本字，以金文字形而言，實乃從"又"持"弋(杙)"以掘芋。甲骨文"叔"字或於"弋"下加"土"，以"弋"掘地之意更爲明顯。據此，方勇先生總結認爲"甲骨文、金文的'叔'字形義已經明顯告訴我們它的掘地之義了。""簡文中的'埱'字以及《說文》中的'埱'字篆體也許就是甲骨文中'弋'下加'土'的'叔'字的承襲者。既然知道了'埱'字本義表以'弋'掘地。那麼，其當然就有了'挖掘'的意思"。那麼"'盜埱埻'是指盜挖薶在地下的王室祭祀用品的犯罪行爲。'其所以埱者類旁鑿'是指洞是用挖掘類工具從旁邊鑿出來的"。⑥

按，上面的解釋均有不安。先來看陳玉璟先生的觀點。上引方勇先生已經指出，陳玉璟先生的解釋"過於曲折，可信度不高"。另外，"作"訓作"刻挖"的義項一般用在物體上，而不會用在挖掘土地上。

而"埱"字是否如字讀，訓作"挖掘"，也可商榷。首先，"埱"字是否具有"挖掘"之義，整理者並未作出合理的解釋。其次，"叔"字所從的"弋(杙)"在早期文字中固然有"弋掘"之意，然而這個義項在後世卻消失了。秦漢時期的文獻中未見"叔"有"弋掘"義。另外，"弋(杙)"字的造字本義亦與本簡文所言的挖穴方式不同。可見，上述學者觀點都是有問題的。

我們懷疑"埱"在此讀作"搔"。"埱"從"朮"聲，"搔"從"蚤"聲，從"朮"聲的字可以與從"蚤"聲的字相通。⑦《說文》："搔，括也。"段《注》："捪杷也。"從字書和典籍來看，"捪"

---

① 睡虎地秦墓竹簡整理小組：《睡虎地秦墓竹簡》，文物出版社，1990年，第100頁。

② 睡虎地秦墓竹簡整理小組：《睡虎地秦墓竹簡》，文物出版社，1990年，第160頁。

③ 睡虎地秦墓竹簡整理小組：《睡虎地秦墓竹簡》，文物出版社，1990年，第160頁。

④ 睡虎地秦墓竹簡整理小組：《睡虎地秦墓竹簡》，文物出版社，1990年，第100頁。

⑤ 陳玉璟：《秦簡詞語札記》，《安徽師範大學學報(哲學社會科學版)》，1985年第1期。

⑥ 方勇：《讀秦漢簡札記四則》，《古籍整理研究學刊》2009年第4期。

⑦ 高亨纂著，董治安整理：《古字通假會典》，齊魯書社，1989年，第747頁。

"杷"當是同義詞。《集韻·爻韻》:"掊,引取也。"《説文》:"杷,收麥器。"段《注》:"杷,引申之義爲引取。""搔"又有刨刮義。《廣韻·豪韻》:"搔,爬刮也。"此外,"搔"還有"抓""撥"義。《漢書·枚乘傳》:"夫十圍之木,始生如蘗,足可搔而絶,手可擢而拔。"顏師古曰:"搔,謂抓也。""搔"還有"撥"義。《文選·上書諫吳王》:"足可搔而絶。"張銑注:"搔,撥也。"由此可知,"搔"是爬土、撥扒泥土並引取物體的意思。

尋繹簡文意思,《法律答問》簡 28 當是説盜刨抓取祭祀物品,《封診式》中則是説刨土成穴,兩者都有引取泥土和物品等意思。而這兩種動作均需要小心謹慎,以防動作和聲音過大驚動他人。可見這個解釋在兩條簡文中均是合適的。

<h1 style="text-align:center">三</h1>

睡虎地秦簡《法律答問》簡 158 有如下内容:

> 甲小未盈六尺,有馬一匹自牧之,今馬爲人敗,食人稼一石,問當論不當?
> 不當論及賞(償)稼。

其中"敗"字,整理者認爲:"本義爲毀壞,此處疑指將馬嚇驚逃走。"[①]方勇先生認同整理者把"敗"理解爲"將馬嚇驚逃走"的意見,並認爲此處的"敗"應訓爲"害",指危害。方先生還説,"害"是指"害馬"而言,"本指損害馬的自然本性,後轉爲害群之馬"。簡文"今馬爲人敗"是指馬的自然本性被人危害,即被驚嚇,所以才做出"食人稼一石"的出格事情來。[②][14]

按,把"敗"理解爲"將馬嚇驚逃走"可從。但方勇先生的解釋恐不妥。第一,"敗"固然有"害"義,但不能據此認爲此處的"害"是指"害馬"甚至是"害群之馬"。首先,"害馬"頗爲不辭,其次,簡文明言"馬一匹",並非"馬群",所以不可能有所謂的"害群之馬"。第二,正如有的學者所指出的那樣,把馬匹"食人稼一石"解釋爲"馬""做出""出格事情來"顯然有悖情理。[③]

循整理者的思路,我們認爲此處的"害"字當讀作"發"。上古音"敗"是並母月部字,

---

① 睡虎地秦墓竹簡整理小組:《睡虎地秦墓竹簡》,文物出版社,1990 年,第 130 頁。

② 方勇:《秦簡札記四則》,《長春師範學院學報(人文社會科學版)》2009 年第 5 期。此文又發表於復旦大學出土文獻與古文字研究中心網站,2009 年 3 月 14 日。

③ "xiaoyu"先生論點。參看方勇《讀秦漢簡札記四則》文後評論,復旦大學出土文獻與古文字研究中心網站,2009 年 3 月 14 日。

“發”是幫母月部字,兩字古音極近,例可通假。典籍中“敗”可與“撥”字相通。[①] 另外,“貝”字可與从“市”聲字通,而从“市”的字又可與“發”字相通,亦可作旁證。[②]

《文選·西京賦》:“鳥不暇舉,獸不得發。”薛綜注:“發,駭走也。”若然,則簡文是说馬爲人所驚駭而走,從而吃了莊稼的。當然,“發”還有“脱”義。《漢書·匈奴傳》:“弓一張,矢四發。”顏師古注:“發猶今言箭一放兩放也,今則以一矢爲一放也。”《方言》:“發,稅舍車也。”注:“稅,猶脱也。”據此,“爲人發”也可理解爲被人所放。這兩類意思用在簡文中均文從字順,而以前者爲佳。

需要説明的是,睡虎地秦簡《封診式》簡1言:“治獄,能以書從迹其言,毋治(笞)諒(掠)而得人請(情)爲上;治(笞)諒(掠)爲下,有恐爲敗。”對於其中的“敗”字,整理者譯爲“失敗”。[③] 方勇先生認爲,“有恐爲敗”的“敗”字,也是指受到驚嚇之義。“治(笞)諒(掠)爲下;有恐爲敗”是指犯人受到拷打和恐嚇,就會使其受到驚嚇,從而得不到案情的真相。這有些類似後世的嚴刑逼供,屈打成招的意味。[④]

按,把簡文的“敗”解釋爲“失敗”,無法通讀原文。典籍中“敗”字也没有“驚恐”“驚嚇”等意思。另外,把“笞掠爲下,有恐爲敗”解釋爲“犯人受到拷打和恐嚇”有增字解經之嫌。同時,“拷打”和“恐嚇”的程度都要比“驚嚇”嚴重,嫌疑犯在受到“拷打”和“恐嚇”後才“驚嚇”似不合邏輯。可見,此處的“敗”字當重新考慮。

我們認爲,此處的“敗”當訓作“壞”“害”等意思。《玉篇》:“敗,壞也。”《戰國策·秦策五》:“魏太子爲質,紛强欲敗之。”高誘注:“敗,害也。”簡文“有恐爲敗”的意思是説,一旦有“笞掠”行爲則恐怕爲之(笞掠)所“敗壞”或“所害”。[⑤]

上文兩處秦簡中的“敗”字的釋讀各不相同,這在秦簡中是常見的現象。其實在睡虎地秦簡中,即使在同一支竹簡中,相同的字的訓讀也可能有別。

睡虎地秦簡《日書》乙種第255簡有這樣的話:“丙亡,爲間者不寡夫乃寡婦,其室在西方,疵而在耳,乃折齒。”[⑥]

對於簡文兩個“乃”字,整理者無説。我們認爲,第一個“乃”字當訓作“則”。《經傳釋詞》:“乃猶則也。”又謂:“乃與則同義。”

---

① 高亨纂著,董治安整理:《古字通假會典》,齊魯書社,1989年,第655頁。

② 高亨纂著,董治安整理:《古字通假會典》,齊魯書社,1989年,第653—654頁。

③ 睡虎地秦墓竹簡整理小組:《睡虎地秦墓竹簡》,文物出版社,1990年,第147頁。

④ 方勇:《秦簡札記四則》,《長春師範學院學報(人文社會科學版)》2009年第5期。

⑤ 簡文“有”字用法亦見於文獻。《漢書·季布傳》:“臣恐天下有識者聞之,有以窺陛下。”文中第二個“有”與簡文用法一致。

⑥ 睡虎地秦墓竹簡整理小組:《睡虎地秦墓竹簡》,文物出版社,1990年,第255頁。

　　至於第二個"乃"字，當是"且""又"的意思。本句簡文是講某人的面貌特徵的，上文言"疵而在耳"，此處"乃折齒"當承接上文而言的，故"乃"當爲遞進關係。《經傳釋詞》："乃猶且也。"據此，簡文"疵而在耳，乃折齒"是説該人不但耳朵有"疵"，而且還"折齒"。

　　附記：文章草成後，蒙王彥輝、張新俊兩位先生審閲並提出寶貴修改意見，一併致謝。

秦代縣行政文書運作研究

——以"徒作簿"爲例

齊繼偉

（中國社會科學院古代史研究所）

一、引　　言

　　秦代基層行政運作是目前學界關注的熱點。"徒作簿"（或"作徒簿"）作爲簿籍文書的一種，對於研究秦代行政運作以及勞力管理至關重要。里耶秦簡中保留了大量縣屬機構的"徒作簿"，自公布以來，受到學界的廣泛關注。前輩學者曾利用這些基層行政文書，將簡牘所見"徒作簿"的格式、内容及分類作過很好的梳理，但一些細節性問題，仍有探討餘地。① 新出《嶽麓書院藏秦簡（伍）》（以下稱"嶽麓伍"）中收録了"内史倉曹令甲卅"的一組令文，内容正好涉及黔首、徒隸等居作官府者的勞作記録如何製作及上呈。將嶽麓秦簡"内史倉曹令甲卅"的令文與里耶秦簡"徒作簿"的記録及上呈情況對照，不但能對秦代"徒作簿"的製作、審核、校對、存檔等細節作具體、深入的研討，而且可以窺探秦代基層公務文書的管理及運作方式。

---

① 參見賈麗英：《里耶秦簡所見徒隸身份及監管官署》，《簡帛研究（二〇一三）》，廣西師範大學出版社，2014 年，第 68—81 頁；高震寰：《從〈里耶秦簡〉（壹）"作徒簿"管窺秦代刑徒制度》，《出土文獻研究》第 12 輯，中西書局，2013 年，第 132—143 頁；沈剛：《〈里耶秦簡〉（壹）所見作徒管理問題探討》，《史學月刊》2015 年第 2 期；黃浩波：《里耶秦簡牘所見"計"文書及相關問題研究》，《簡帛研究（二〇一六春夏卷）》，廣西師範大學出版社，2016 年，第 81—119 頁；劉自穩：《里耶秦簡牘所見"徒作簿"呈送方式考察》，《中國人民大學學報》，2018 年第 3 期；謝坤：《讀嶽麓秦簡〈内史倉曹令〉札記》，武漢大學簡帛網，2018 年 3 月 10 日。

二、相關簡文解析

　　“嶽麓伍”收錄有幾組“内史倉曹令”，其中“内史倉曹令甲卅”的内容比較完整，涉及縣官按日分條記錄徒隸、居貲贖債者勞作情況的詳細規定。在未行探討之前，我們有必要先對“内史倉曹令甲卅”的令文作簡單釋讀。先將簡文迻錄如下：

　　　●令曰：縣官□□官（?）作徒隸及徒隸免復屬官作□□徒隸者自一以上及居隱除者，黔首居☑$_{2142}$及諸作官府者，皆日勞薄（簿）之，上其廷，廷日校案次編，月盡爲寂（最），固臧（藏），令可案殹（也）。不從令，丞、令、令史、官嗇夫、吏$_{1854}$主者，貲各一甲。稗官去其廷過廿里到百里者，日薄（簿）之，而月壹上廷，恒會朔日。過百里者，上居所縣廷，縣廷案之，$_{1925}$薄（簿）有不以實者而弗得，坐如其稗官令。　　内史倉曹令甲卅$_{1921}$[1]

　　經簡文圖版的核對，簡 2142 的釋文，整理者釋“縣官□□官（?）作徒隸”，恐釋讀有誤。“縣”，圖版作“▉”，殘迹非“県”旁，疑爲“黔”的殘筆。其後“官”字（第一個），圖版作“▉”，上端筆畫是以“⺊”形起筆，非“官”字，應釋爲“首”，同簡簡末“黔首”圖版作“▉”“▉”，可作對照。“▉”，筆迹殘損較多，但上部筆畫仍可見“居”字的殘筆（見嶽麓簡 1704“居”▉）。“▉”，整理者未釋。據圖版可釋作“縣”。對比“縣”（睡虎地《語書》簡 8：▉；關沮秦簡 309：▉；嶽麓秦簡 J41：▉）字圖版墨迹較明顯處，應爲“県”與“系”的銜接，其右旁从“系”相對清晰。

　　綜上，簡 2142 可釋爲：“●令曰：黔 首 居 縣 官作，徒隸及徒隸免復屬官作□□徒隸者自一以上及居隱除者，黔首居☑。”“黔首居縣官作”與“徒隸”及“徒隸免復屬官作”爲並列關係，“作”與“徒隸”之間當斷讀。若上述釋讀無誤，不難看出“内史倉曹令甲卅”提到以下幾類對象：其一爲“黔首居縣官作者”。秦漢時期“居作”即罰作官府服勞役，常見有“居貲”“居贖”“居債”等幾種方式，有時可統稱作“居貲贖債”。其二爲“徒隸”，具體指城旦舂、鬼薪、白粲、隸臣妾等刑徒。其三爲“徒隸免復屬官作者”，這裏的“免”意即除免，所謂“徒隸免復屬官作者”，指已被除免徒隸的原來身份但仍須在官府服役，因與原來“徒隸”的身份不同，故需要加以區分。睡虎地秦簡《秦律十八種·倉律》：“免隸臣妾、隸臣妾垣及爲它事與垣等者，食男子旦半夕參，女子參。”①此處“隸臣妾、免隸臣妾”

---

① “免隸臣妾”的“免”，學界存有爭議。整理者注：免，疑即達到免老年齡。高恒認爲“免隸臣妾”當爲達到“免老”年齡的隸臣、妾。或者“免隸臣妾”是指其他刑徒、城旦舂、鬼薪白粲等降爲隸臣妾而言。詳見　（轉下頁）

可與"徒隸及徒隸免復屬官作"對應。其四爲"居隱除者","居"爲前置定語,指居作官府,修飾"隱"和"除"的兩種情況。"隱"即"隱官",指已受肉刑事後證明爲冤案或因立功而被免罪者,官府將其安置在隱蔽的機構從事勞作。睡虎地秦簡《法律答問》:

> 將司人而亡,能捕及親所知爲捕,除毋罪;已刑者處隱官。·可(何)罪得"處隱官"? ·群盜赦爲庶人,將盜戒(械)囚刑罪以上,亡,以故罪論,斬左止爲城旦,後自捕所亡,是謂"處隱官"。它罪比群盜者皆如此。[2]

睡虎地秦簡《秦律十八種·軍爵律》:

> 工隸臣斬首及人爲斬首以免者,皆令爲工。其不完者,以爲隱官工。[2]

張家山漢簡《二年律令·盜律》:

> ……庶人以上,司寇、隸臣妾無城旦舂、鬼薪白粲罪以上,而吏故爲不直及失刑之,皆以爲隱官;女子庶人,毋筭(算)事其身,令自尚。[3]

上述律文即包含因官吏不公正判決及誤判導致遭受肉刑後被平判,以及因立功而被免罪的兩種情況。此外,嶽麓秦簡《亡律》有"内官、中官隸臣妾、白粲以巧及勞免爲士五、庶人、工、工隸隱官而復屬内官、中官者",以及"……私官隸臣,免爲士五、隱官,及隸妾以巧及勞免爲庶人,復屬其官者"句,以上均提到"復屬其官"即對應前述"居"的定語。顯示隱官雖被免罪但仍須在官府勞作。而"居隱除"中的"除"即"除有爲",嶽麓秦簡:

> ☐☐☐☐☐☐城旦。司寇勿以爲僕、養、守官府及除有爲殹(也)。有上令除之,必復請之。乚徒隸_{殘5+1434}毄(繫)城旦舂、居貲贖責(債)而敢爲人僕、養、守官府及視臣史事若居隱除者,坐日六錢爲₁₄₃₀盜。……₁₄₂₁[①] (嶽麓肆)

<hr>

(接上頁) 高恒:《秦律中"隸臣妾"問題的探討》,《文物》1977年第7期;楊劍虹認爲"免隸臣妾"是指刑滿釋放恢復自由的刑徒,他們還要繼續服勞役。楊劍虹:《"隸臣妾"簡論》,《考古與文物》1983年第2期;張金光則認爲"免隸臣妾"並不是刑滿釋放的隸臣妾,而是因其年老,應免重役。張金光:《關於秦刑徒的幾個問題》,《中華文史論叢》1985年第1期。今按:結合正文内容,這裏的"免"當作"免除"講,但秦漢時期"免"的方式有多種,能否等同於"刑滿釋放",本文暫保留意見。此外,睡虎地秦簡《秦律十八種·司空》:"司寇不踐。免城旦勞三歲以上者,以爲城旦司寇。"嶽麓秦簡《亡律》:"内官、中官隸臣妾、白粲以巧及勞免爲士五、庶人、工、工隸隱官而復屬内官、中官者。"反映官府根據需要,可以依據刑徒的勞績時間將城旦的身份減免爲城旦司寇。前引高恒的第二種意見值得重視。據此,無論"免隸臣妾""免城旦"還是"徒隸免復屬官作",這裏的"免"乃作"免除"或"減免"講。但"免"的對象仍不是完全的自由身,仍須在官府勞作,即簡文所謂"復屬官作"或"復屬其官"。

① 關於"☐☐☐☐☐☐城旦。司寇勿以爲僕、養、守官府及除有爲殹(也)",于振波先生指出:"城旦與司寇之間或不必斷讀,城旦司寇指監管城旦之司寇,在秦漢律令中常見。城旦司寇有自己的本職工作,所以不能從事僕、養等其他工作。"

它隱除犯令者，坐日六錢爲盜，盜比隸臣不守其所葆職凵。吏令者，以請
寄人法論之。1033[1]　（嶽麓伍）

“除有爲”指“已被官府除任而承擔某項職務的人”。秦漢時期，官府中的府史胥徒
有從百姓中遴選者，如郵人等。但里耶秦簡中所見官府機構的雜職却多由隸臣妾、司寇
擔任，其中，隸臣妾除在各類縣屬機構中日常勞作外，還要從事吏僕、養、走、工、組織、守
府門、劦匠等職務，司寇也常擔任牢人等工作。上述引文中“除”的對象主要指隸臣妾、
司寇等。嶽麓秦簡稱“徒隸觳（繫）城旦舂、居貲贖責（債）而敢爲人僕、養、守官府及視臣
史事若居隱除者，坐日六錢爲盜”，表明“居隱除”的工作可能與僕、養、守官府及視臣史
事（嶽麓簡還見“書史隸臣”“臣史隸臣”）的事務有關。所謂“它隱除犯令者，坐日六錢爲
盜”是說有不當“隱”及不當“除”的犯令行爲，如上述令徒隸系城旦舂、居貲贖債者擔任
僕、養，當事人按每日六錢的“盜”罪懲處，犯令的吏員則以“請寄人法”論處。故上述提
到的“居隱除者”主要是針對官府的徒隸及司寇，具體則是指“隱”和“除”兩類對象，前者
主要是官府針對一類刑徒（受過肉刑）的補償或照顧，後者則主要針對隸臣妾和司寇（多
具有特殊才能，供職於某項崗位）。

據此，嶽麓秦簡“内史倉曹令甲卅”中提到的對象已很明確，即上述黔首居貲贖債、
徒隸、徒隸免復屬官作者以及隱官和“諸有除”等在官府勞作者。秦令規定官府需要按
日分條記録這些諸作官府者的勞作情況，並上呈縣廷，由縣廷按日校驗、按月匯總。里
耶秦簡 10 - 1167：

> ☑……居貲贖責作官府□□同作務不……簿。
> ☑……人（第一欄）
> 百日伐幹。
> 百八日取菅。
> ……（第二欄）
> 四百六日吏僕☑
> 五百九十五日取□☑（里耶秦簡 10 - 1167）[4]

以上是居貲贖債按日勤務的登記帳簿，而徒隸的勤務記録則見於里耶秦簡所見司空、
倉、田官、庫等諸多官府機構的各類“徒作簿”。其中，司空徒作簿中涉及的刑徒有城旦
舂、城旦司寇、仗城旦、鬼薪、白粲、隸臣繫城旦、隸妾繫舂、隸臣居貲、隸妾居貲、小城旦、
小舂等刑徒，倉徒作簿中主要涉及大、小隸臣及大、小隸妾。隱官、諸有除者以及司寇的
勤務賬簿在目前公布的里耶秦簡中尚無記録，但從里耶秦簡 16 - 5 所見“居貲贖債、司
寇、隱官、踐更縣者”的表述上看，上述人員的勞作記録應當是分别建簿的。另外，里耶

秦簡所見"尉課志"中有"司寇田課"(8-482)以及簡8-851見"寇田計",簡7-304見"廿八年遷陵隸臣妾及黔首居貲贖責作官府課",顯示司寇、黔首居貲贖債的勤務記録也是單獨統計,至於隱官、諸有除者的勤務賬簿則有待出土資料的進一步公布。

令文的後半部分語義明確,内容涉及"徒作簿"的分類、製作及呈報方式。從"廷日校案次編,月盡爲冣(最)"以及"日薄(簿)之,而月一上廷"判斷,上述"徒作簿"至少可分爲"日簿"和"月簿"(冣)的兩種類型。縣屬機構負責勞作記録的製作,由縣廷按日校驗,並按月匯總。"徒作簿"的上呈依據稗官距離縣廷的遠近存在按日和按月的兩種方式,若稗官距離縣廷在二十里之内,則默認爲當日呈報。若距離二十里至百里之間,須趕在下月月初之前集中上呈一次;若距離超過百里,則向"居所縣廷"上呈。這裏的"居所縣廷"是指"諸作官府者"所在勞作場所的縣廷。那麽,實際上就存在兩種情況,一是勞作場所仍在本縣,但距離縣廷已超過百里,則法令默認此情況仍爲按月向本縣縣廷集中呈報;二是勞作場所是在它縣,且距離本縣縣廷已超過百里,則不用呈報本縣縣廷,只需在當地呈報。以上呈報方式,在里耶秦簡所見諸多"徒作簿"的上呈記録中均有體現。

三、里耶秦簡所見諸多"徒作簿"的分類及製作

里耶秦簡中保留了很多記録刑徒勞作情況的"徒作簿",對應嶽麓秦簡"内史倉曹令甲卅"的規定,我們大致可將秦代"徒作簿"的分類及製作過程作進一步梳理。目前,學界討論"徒作簿"的分類主要依據按日和按月等編製記録來劃分,具體可分爲"日作簿""月作簿""年作簿",甚至有學者推測可能存在"季作簿"。[5] 在此,我們先將其中有見具體日期的簡列表如下(表一):

表一 里耶秦簡所見有具體日期的"徒作簿"

日 期	製作官署	日序	簡 號
廿七年十一月乙卯	司空昌【薄】	初八	8-1665
廿八年四月庚午朔乙未	不詳	廿六	10-1124
廿八年九月丙寅	貳春鄉守畸徒薄	廿九	8-1280
廿九年八月乙酉	庫守悍作徒薄	廿三	8-686+8-973
廿九年九月戊午	貳春□☑	廿七	8-1146

續　表

日　　　期	製作官署	日序	簡　　號
卅年七月丁巳朔丙子	司空守兹薄作☑	廿	9－1078
【卅】年八月丙戌朔癸卯	不詳	十八	8－1279
卅年九月丙辰朔庚申	貳春鄉守帶作徒薄	初五	9－1210＋9－2286
卅年十月辛亥	啓陵鄉守高☑	廿一	8－801
卅年十一月癸未	貳春鄉徹作徒薄	廿四	8－1370＋9－516＋9－564
卅年十一月丁亥	貳春鄉守朝作徒薄	廿八	9－18
卅年十二月乙卯	畜□□□徒作薄	廿六	8－199＋8－688＋9－1895
☑三月癸丑朔壬戌	【司空】□☑	初十	8－2156
卅一年四月癸未朔甲午	【倉是】□☑	十二	8－736
卅一年四月癸未朔乙未	啓陵鄉守元作徒薄	十三	8－1759＋9－819
☑月癸未朔壬寅	啓陵鄉守逐作徒薄	廿	16－996
卅一年□月癸未丙午	啓陵鄉守逐作徒薄	廿四	9－2341
卅一年四月癸未朔丁未	啓陵鄉守逐作徒薄	廿五	9－38
卅一年四月癸未朔戊申	啓陵鄉守逐☑	廿六	9－1923
卅一年五月壬子朔丁巳	都鄉□☑	初六	8－196＋8－1521
卅一年五月壬子朔壬戌	都鄉守是徒薄	十一	8－2011
卅一年七月辛亥朔丙寅	司空☑	十六	8－2111＋8－2136
卅一年九月庚戌朔癸亥	司空色徒作薄	十四	11－249
卅一年後九月庚辰朔壬寅	少内守敵作徒薄	廿三	8－2034
卅二年五月丙子朔庚子	庫武作徒薄	廿五	8－1069＋8－1434＋8－1520
卅二年六月乙巳朔甲戌	田徒薄	卅	10－412
卅二年十月己酉朔乙亥	司空守圂徒作薄	廿七	9－2289
卅三年正月庚午朔己丑	貳鄉守吾作徒薄	廿	8－1207＋8－1255＋8－1323
卅三年三月乙亥	司空□作□☑	初五	8－697
卅三年十月庚子朔丁未	□□□□□徒薄	初八	12－1499

日　　　期	製作官署	日序	簡　　　號
☑年十二月癸卯朔庚戌	□□☑	初八	10-1139
【卅五年七月戊】子朔癸巳	貳春鄉兹徒薄	初六	8-962＋8-1087

上表按日期先後依次排序,且均可確定爲某日的"徒作簿",製作官署涉及司空、倉、少内、庫、田官、畜官、貳春鄉、都鄉、啓陵鄉等部門。除此之外,因竹簡殘泐而日期不詳者還見於簡 8-142、8-663、8-1095、8-1327、8-2008、8-2111、8-2134、8-2136、8-2151、9-1099、9-1781＋9-2298、10-55、10-591、10-1160、11-48、15-810 等。日期上,以上所列日序見於月初、月中及月末,反映上述提到的勤務記録應只是某部門當月勞作情況的一部分,而這些"日簿"的記録正與嶽麓秦簡"内史倉曹令甲卅"所規定的"皆日鬳薄(簿)之,上其廷"吻合。此外,里耶秦簡 8-1069＋8-1434＋8-1520 中提到"作徒日簿一牒",爲書手自名。如:

　　　　卅二年五月丙子朔庚子,庫武作徒薄(簿):受司空城旦九人、鬼薪一人、舂三人;
　　　　受倉隸臣二人。•凡十五人。
　　　　其十二人爲萈:獎、慶忌、勉、船、何、冣、交、頡、徐、娃、聚。
　　　　一人絀:竆。
　　　　二人捕羽:亥、羅。（正）
　　　　卅二年五月丙子朔庚子,庫武敢言之:疏書作徒日薄(簿)一牒。
　　　　敢言之。横手。
　　　　五月庚子日中時,佐横以來ノ圂發。（背）8-1069＋8-1434＋8-1520[6]

據以上内容可知,秦代"徒作簿"是以"疏書"的方式記録,以牒的形式呈送。《漢書•蘇建傳》:"初桀、安與大將軍霍光争權,數疏光過失予燕王,令上書告之。"師古注:"疏,謂條録之。"[7]與秦令"皆日鬳薄(簿)之"相合,"鬳"字,整理者注:即"分條記録"。其次,"内史倉曹令甲卅"規定"作徒日簿"需經縣廷校案。里耶秦簡 8-16"廿九年盡 I 歲田官徒薄廷 II",沈剛先生指出,簡 8-16"廷"字較前面字大,且字體不一,應當是後書。它表明田官等這些刑徒統計賬目,要通過縣廷校驗。[8]現在來看,這一看法是非常準確的。

另外,嶽麓簡"内史倉曹令甲卅"規定:"廷日校案次編,月盡爲冣(最),固臧(藏),令可案殹(也)。"表明呈報的"作徒日簿"除了要由縣廷案驗外,還須按月匯總。其中,"冣"

字,也見於里耶秦簡,如:

1. 卅一年五月壬子朔辛巳,將捕爰,叚(假)倉茲敢言之:上五月作徒薄(簿)及
   㝡卅牒。敢言之。(正)
   五月辛巳旦,佐居以來。氣發。　居手。(背)　8-1559[6]

2. 作徒薄(簿)及㝡卅一☑　　8-815[6]

梁煒杰先生認爲"㝡"字是表示按月編製的"作徒薄"及每日記録"作日徒薄"牒數的總
和。[9]胡平生先生不同意上述看法,認爲"㝡"字應當是指作徒人數、分工數據的總計。[10]
兩者的區别在於,前者認爲"㝡"字是表示"日簿"牒數的總計;而後者認爲"㝡"字是按月
用人數的匯總數據。比較而言,簡文稱"上五月作徒薄(簿)及㝡卅牒"中既然將"五月作
徒簿"與"㝡"並列提到,且例 2 中"作徒簿"按月三十日計算,加上作爲總計的"㝡"簿正
好是三十一。例 1 中三十一年五月雖然有三十日,但簡文稱"辛巳"呈報的當天要"將捕
爰",故缺漏一牒,正好爲"卅牒",因此,"日簿"與"㝡簿"之間顯然有别,相對而言,胡平
生先生的判斷似更準確。

　　另外,例 1、例 2 所見兩例資料並非"作徒簿"的實際賬簿,而是縣屬機構移送相關簿
籍資料的説明文件。現已知嶽麓秦簡"内史倉曹令甲卅"規定縣屬機構距離縣廷若在二
十里至百里之間,其徒作簿的上呈須趕在下月朔日之前統一呈報。"辛巳"爲三十一年
五月的最後一天,前述"徒作簿"又以"牒"的形式呈報,説明"五月作徒簿及㝡卅牒"或
"作徒簿及㝡卅一"作爲當月"作徒日薄"以及當月作徒人數、分工數據的總計,是縣屬機
構趕在下月朔日之前所需上報的相關簿籍數據的總數。事實上,胡平生先生所説的秦
代作徒"㝡"簿的原件(或副本)在里耶秦簡中確有保存,如:

3. 卅四年十二月,倉徒薄(簿)㝡。
   大隸臣積九百九十人,
   小隸臣積五百一十人,
   大隸妾積二千八百七十六,
   凡積四千三百七十六。
   其男四百廿人吏養,
   男廿六人與庫武上省。(第一欄)
   ……　　　　　　　　　　　　　　10-1170(僅録部分)

4. ☑亭作徒薄㝡　　　☑　　　　9-246

5. 卅年八月貳春鄉作徒薄(簿)。
   城旦、鬼薪積九十人,

仗城旦積卅人。

舂、白粲積六十人。

隸妾積百一十二人。（第一欄）

•凡積二百九十二人。☒

卅人甄。☒

六人佐甄。☒

廿二人負土。☒

二人□瓦。☒（第二欄）　8－1143＋8－1631[6]

以上例3、例4、例5均爲某年某月的作徒"冣"簿。簡文均不見"上廷"的收發記録，且與"作徒日簿"的最大區别是有"凡積"的總計表述，當爲縣廷存檔。例5條目雖然不見"冣"字，但從内容及格式的表述上看屬典型的"冣"簿(月簿)文書。現據其内容製表如下(表二)：

表二　里耶秦簡所見"冣"簿

時　間	製作官署	内　容	簡　號
卅年八月	貳春鄉作徒薄	某月；•凡積二百九十二人	8－1143＋8－1631
卅四年十二月	倉徒薄冣	某月；冣；凡積四千三百七十六	10－1170
不詳	亭作徒薄冣　☒	冣	9－246

將前述里耶秦簡所見"徒作簿"中的"日簿"與此處"冣簿"("月簿")加以比對，結合嶽麓秦簡"内史倉曹令甲卅"的具體規定，可知"作徒日簿"及月末的"冣"均由縣屬機構製作，"日簿"的校案及"冣簿"("月簿")的存檔則由縣廷負責。例3、例4、例5所見"冣簿"即縣廷存檔的關於本月作徒人數、分工數據的總計，且冣簿是以"月"爲單位作的統計，因此也可稱之爲"月簿"。

綜上，秦代"徒作簿"就内容而言確有"日簿"和"月簿"(冣簿)的區分。值得一提的是，至於以往常被提到作爲"年作簿"證據的簡8－16、簡8－285，劉自隱先生注意到簡8－16所見"廿九年盡Ⅰ歲田官徒薄Ⅱ廷"、簡8－285"畜官、Ⅰ田官作Ⅱ徒薄，□及貳春Ⅲ廿八年Ⅳ"簡首塗黑，且中部靠上部位穿有二孔，從形態上判斷當是楬，認爲據目前所見材料還不能作爲"年作簿"的有力證據。[12]但是秦漢時期多見郡縣"集簿"，集簿爲本郡或本縣中某年度各類事項的綜合統計報告，用於逐級上計，而官府各類"徒作簿"的年度統計按理也應包含在内。此外，西北漢簡有見"月言簿""四時簿"，爲月度及季度會計報告。如《居延新簡》EPF22·398："·甲渠候官建武七年正月盡三月穀出入四時簿。"[13]《居延漢簡》37·18："居延都尉元鳳元年七年四月盡六月財物出入簿。"[14]其中，此類賬簿名前冠以説明某季度之"某月盡某月"的表述與里耶秦簡8-285"廿九年盡歲田官徒簿"、簡9-1116"廿九年以盡歲庫及捕爰徒簿"吻合，因此，雖然目前出土的秦簡材料中尚没有見"年作簿"的正本或副本原件，但依上述判斷，相信秦代"徒作簿"也應有"年簿"的匯總。

四、秦代"徒作簿"的呈報方式

前已述及，嶽麓秦簡"内史倉曹令甲卅"規定了"徒作簿"的呈報方式依據秤官距離縣廷的遠近，所須呈報的頻率、日期、地點有所不同。具體而言，分爲以下三種情況：(1) 距離二十里之内，當天呈報；(2) 距離二十里至百里之間，須趕在下月朔日之前集中呈報一次；(3) 距離超過百里，則向"居所縣廷"呈報。這裏的"居所縣廷"還應區分本縣與它縣的差異。

里耶秦簡部分"徒作簿"包含有完整收發記録，對應"内史倉曹令甲卅"的規定，可將秦代遷陵縣"徒作簿"的上呈情況作相應考察，且對"徒作簿"提到的呈報部門，如司空、倉、庫、少内、田官、畜官、都鄉、啓陵鄉、貳春鄉與縣廷的位置關係作進一步的印證。

1. 當天呈報

里耶秦簡中有完整收發記録的"徒作簿"均爲當日呈報，涉及倉、庫、田官、畜官、少内、司空、都鄉等部門。爲便於討論，我們按部門依次將相關信息製表如下（表三）：

表三　當天呈報的部門

部門	發 送 日 期	接 收 日 期	簡 號
倉	卅一年四月癸未朔甲午	□午旦，隸【妾】□☑	8-736
倉	卅一年五月壬子朔辛巳	五月辛巳旦，佐居以來。	8-1559
倉	五月甲寅倉是敢言之：寫上。	不詳	8-663
庫	卅二年五月丙子朔庚子	五月庚子日中時，佐横以來。	8-1069＋8-1434＋8-1520
庫	廿九年八月乙酉	乙酉旦，隸臣負解行廷（發送日期）	8-686＋8-973
田官	卅二年六月乙巳朔甲戌	□□甲戌旦，史□以來。	10-412

續　表

部門	發　送　日　期	接　收　日　期	簡　號
畜官	卅年十二月乙卯	十二月乙卯水十一刻₌下一,佐貳以來。	8-199+8-688+9-1895
少内	卅一年後九月庚辰朔壬寅	後九月壬寅旦,佐□以來。	8-2034
少内	二月乙丑	二月乙丑旦,佐雜以來。	9-1099
司空	卅年七月丁巳朔丙子	七月丙子水十一刻₌下二	9-1078
司空	卅一年九月庚戌朔癸亥	九月癸亥水十一刻₌下二,佐痤以來。	11-249
司空	卅二年十月己酉朔乙亥	十月乙亥水十一刻₌下二,佐痤以來。	9-2289
司空	不詳	☑□□旦,佐平【以來】。	12-2126
司空	□月乙亥	□□月乙亥旦□☑	8-697
司空	後九月丙寅	不詳	8-2008
都鄉	卅一年五月壬子朔丁巳	五月丁巳旦,佐初以來。	8-196+8-1521
都鄉	卅一年五月壬子朔壬戌	五月壬戌旦,佐初以來。	8-2011
都鄉	二月辛未	二月辛未旦,佐初□☑	8-142

(説明:簡 8-145、8-681、8-1472、8-1531、9-1731、9-1732、9-3159、11-244、15-810 的收發記録殘泐,暫不録入。)

上表所列文書的收發記録均爲當日上呈、當日接收。里耶秦簡所見文書傳遞多用漏刻計時,據胡平生先生推測,秦代滴漏爲白晝、夜晚分別計時,白晝、夜晚各十一刻,一晝夜二十二刻,這樣,一刻約相當於今 1 小時零 5 分。[15]據其推算,"水十一刻刻下一""水十一刻刻下二"分別對應現在時間的 6:00—7:05 及 7:05—8:10。張家山漢簡《二年律令·行書律》:"郵人行書,一日夜行兩百里。"參考上述"佐某以來"的收文時間均爲當日呈報(距離在二十里之内),上述文書可能最多以"夜水下十一刻"傳遞即可送達。司空、少内、田官、畜官均爲縣廷管理機構,都鄉與縣廷同地,庫的收文記録見"五月庚子日中時",與前述機構常見收文時間相比,其與縣廷距離當遠於其他機構,但仍應在二十里之内。另外,需要説明的是,倉的"作徒日簿"雖然是當日呈報,但前述例 2 中代理倉守兹,於三十一年五月的最後一天向縣廷提交一份説明文件,提到其"將捕爰",同時將五月的"作徒日簿"及"取"簿共計三十牒一併呈報,表明距離縣廷二十里之内的縣屬機構,若遇特殊情況,實際上也可趕在下月朔日之前集中呈報,顯示出秦代行政管理的適度靈活。

2. 會下月朔日呈報

里耶秦簡所見諸多"徒作簿"的呈報文書中没有收發記録的見於貳春鄉與啓陵鄉,根據嶽麓秦簡"内史倉曹令甲卅"的相關規定,若呈報部門距離縣廷在二十里至百里之間,須集中在下月朔日之前呈報一次,將里耶秦簡中貳春鄉、啓陵鄉的"徒作"記録匯總,可見貳春鄉、啓陵鄉分別在三十一年十一月及四月的單日作簿(表四):

表四　會下月朔日集中呈報的部門

部　門	時　　間	日序	簡　　號
貳春鄉	卅年十一月癸未	廿四	8 - 1370＋9 - 516＋9 - 564
	卅年十一月丁亥	廿八	9 - 18
啓陵鄉	卅一年四月癸未朔乙未	十五	8 - 1759＋9 - 819
	☑月癸未朔壬寅	廿	16 - 996
	卅一年四月癸未朔癸卯	廿一	8 - 1278＋8 - 1757
	卅□年□月癸未丙午	廿四	9 - 2341
	卅一年四月癸未朔丁未	廿五	9 - 38
	卅一年四月癸未朔戊申	廿六	9 - 1923
	卅一年四月癸未朔己酉	廿七	10 - 122

(説明: 簡 16 - 996、9 - 2341 朔日與卅一年四月合。)

據晏昌貴、郭濤先生《里耶秦簡所見秦遷陵縣鄉里考》一文,啓陵鄉位於遷陵縣的東部偏南,貳春鄉可能位於遷陵縣的西部偏北,貳春鄉與遷陵縣的往來文書,最快可當天到達(多數超過 1 天),而啓陵鄉與遷陵縣的文書最快也要 3 天。[16]以上兩鄉的"徒作簿"均無具體收發記録,且集中見某月的"單日作簿",顯然爲月末統一呈送。據此推測,兩地距離縣廷路程應當超過二十里,但是否一定是在廿里到百里之間,尚待考證。里耶秦簡 8 - 754＋8 - 1007 記録:

　　　卅年□月丙申,遷陵丞昌,獄史堪【訊】。昌辤(辭)曰:上造,居平□,侍廷,爲遷陵丞。【昌】當詣貳春鄉,鄉【渠、史獲誤詣它鄉,□失】道百六十七里。即與史義論貲渠、獲各三甲,不智(知)劾云貲三甲不應律令。故皆毋它坐。它如官書。

　　　☑堪手。　　8 - 754＋8 - 1007

昌爲遷陵縣丞,在趕往貳春鄉的路途中竟然"失道百六十七里"。遷陵縣位於今湘西龍山,地多山區,推測,遷陵丞昌之所以"誤詣它鄉"除有路途較遠的原因外,還可能與當地錯綜複雜的山嶺地貌有關,而文書的呈報顯然也會受此影響。值得一提的是,"内史倉曹令甲卅"規定:"過百里者,上居所縣廷,縣廷案之。"如果徒隸的勞作場所仍在本縣,但距離縣廷或已超過百里,而法律所言"過百里者,上居所縣廷,縣廷案之",則這裏的"居所縣廷"只能是本縣,那麼其呈報方式應當是默認按"過廿里到百里者",同樣爲月末集中呈報。也就是説,啓陵鄉距離縣廷即便超過百里,可能同樣也是按月集中呈報的。令文中的"過百里者"應當是針對有存在勞作"它縣"的情況。

3. 派往它縣的徒隸,過百里者,按距離當地縣廷遠近向當地縣廷呈報

秦代"居所"指官府居作的勞作場所。里耶秦簡有見遷陵縣徒隸遠調它縣勞作的記録,如"畜□□□徒作簿"(【一人】牧馬武陵:獲。一人爲連武陵薄(簿):□),"司空守圖徒作簿"(五人除道沅陵。一人學車西陽。一人傳送西陽。二人除道沅陵),"倉徒薄(簿)冣"(男卅人會逮它縣。女六百六十人助門淺。女六十人會逮它縣。女九十人居貲臨沅。女卅人居貲無陽。女七人行書西陽),"☒ 司空□□薄"(一人□□西陽。一人治□益陽。四人治□臨沅)等。① 武陵、益陽均爲縣名,《漢志》分屬漢中郡、長沙國。遷陵,沅陵,無陽,西陽,臨沅,門淺,學者多數認爲可能均爲洞庭郡屬縣,據里耶秦簡出土的道路里程簡記載,如簡16-52:

> 鄢到銷百八十四里,
> 銷到江陵二百卌里,
> 江陵到屏陵百一十里,
> 屏陵到索二百九十五里,
> 索到臨沅六十里,
> 臨沅到遷陵九百一十里,
> 凡四千四百卌里。 (只截録第二欄)[17]

再結合學界對洞庭郡屬縣復原的已有成果,②可知,除西陽與遷陵距離相對較近外,其餘

---

① 以上簡號分別爲8-199+8-688+9-1895,9-2289,10-1170,12-2126。

② 相關研究見陳偉:《秦蒼梧、洞庭二郡芻論》,《歷史研究》2003年第5期,第168—172頁;周振鶴:《秦代洞庭、蒼梧兩郡懸想》,《復旦學報》2005年第5期,第63—67頁;徐少華、李海勇:《從出土文獻析楚秦洞庭、黔中、蒼梧諸郡縣的建置與地望》,《考古》2005年第5期,第63—70頁;趙炳清:《略論"洞庭"與楚洞庭郡》,《歷史地理》第21輯,上海人民出版社,2006年,第33頁;鐘煒、晏昌貴:《楚秦洞庭蒼梧及源流演變》,《江漢考古》2008年第2期,第92—100頁;莊小霞:《里耶秦簡(壹)所見秦代洞庭郡、南郡屬縣考》,《簡帛研究(二〇一二)》,廣西師範大學出版社,2013年,第51—63頁;游逸飛:《里耶秦簡所見的洞庭郡——戰國秦漢郡縣制個案研究之一》,《中國文化研究所學報》2015第61期,第29—68頁;鄭威:《出土文獻所見秦洞庭郡新識》,《考古》2016年第11期,第84—88頁。

提到的幾個縣與遷陵的里程恐都超過二百里。目前已公布的里耶秦簡中只能看到遷陵縣遠調徒隸於它縣勞作的派發記録，縣屬機構的“徒作簿”中亦不見它縣徒隸的記載，可知由遷陵派往它縣勞作的徒隸，或它縣派往遷陵縣的徒隸，其日作情況只在當地記録並審核，即“過百里者，上居所縣廷，縣廷案之”。至於縣廷之間人員的付受轉接，秦律有專門規定。睡虎地秦簡《行書律》載：“行傳書、受書，必書其起及到日月夙莫（暮），以輒相報也。書有亡者，亟告官。隸臣妾老弱及不可誠仁者勿令。書廷辟有曰報，宜到不來者，追之。”《金布律》規定：“官相輸者，以書告其出計之年，受者以入計之。八月、九月中其有輸，計其輸所遠近，不能逮其輸所之計，□□□□□□【移】計其後年。計毋相繆。工獻輸官者，皆深以其年計之。”[2] 以上提到的“官相輸者”除包含物資、錢財外，人員的付受顯然也包含在內。里耶秦簡 10－1170“倉徒薄（簿）冣”記録三十四年十二月的隸臣使用情況見“男卅人輸戜（鐵）官未報”，即反映出縣廷遠調它縣的徒隸勞作情況雖然只在當地記録並校案，但人員的遠調及轉接必須有相關部門的記録以及回復，可見秦代文書運作的細密、嚴格。

五、結　　語

秦漢時期，公文文書是官僚行政管理的一個重要手段。漢承秦制，漢人“以文書御天下”之語，實際上正是對秦代政務運作的一種繼承和反映。正如卜憲群先生所言，公文在秦漢國家行政管理上發揮了巨大作用，國家龐雜的行政事務又有力地促進着公文制度在法律中的落實與完善。[18] 秦代“徒作簿”作爲官府勞力管理的簿籍文書，政府對其製作、審核、校對、存檔等細節的嚴格管理即反映出如上情形。本文通過對里耶秦簡所見諸多“徒作簿”的考察，結合嶽麓秦簡“內史倉曹令甲卅”的相關規定，可知秦代“徒作簿”有“日簿”和“月簿”（或“冣簿”）的兩種類型。這些“徒作簿”是以“疏書”的方式記録，以簡牘的形式呈報及存檔。縣屬機構是“徒作簿”的製作部門，縣廷負責“徒作簿”的審計。“徒作簿”的呈報方式依據縣屬機構距離縣廷的遠近，其呈報的頻率、日期、地點有所不同，顯示出秦代政務管理的適度靈活。

參考文獻：

［1］陳松長主編：《嶽麓書院藏秦簡（伍）》，上海辭書出版社，2017 年，第 69、181 頁。

［2］陳偉主編，彭浩、劉樂賢等撰著：《秦簡牘合集·釋文修訂本（壹）》，武漢大學出版社，2016 年，第 86、124、134、231 頁。

［3］彭浩、陳偉、工藤元男：《二年律令與奏讞書——張家山二四七號漢墓出土法律文

獻釋讀》,上海古籍出版社,2007 年,第 141 頁。

[4] 湖南省文物考古研究所:《龍山里耶秦簡之"徒簿"》,《出土文獻研究》第 12 輯,中西書局,2013 年,第 101—131 頁。

[5] 高震寰:《從〈里耶秦簡〉(壹)"作徒簿"管窺秦代刑徒制度》,《出土文獻研究》第 12 輯,中西書局,2013 年,第 132—143 頁。

[6] 陳偉主編,何有祖、魯家亮、凡國棟撰著:《里耶秦簡牘校釋(第一卷)》,武漢大學出版社,2012 年,第 231、272、283、358 頁。

[7] 班固:《漢書》,中華書局,1962 年,第 2467 頁。

[8] 沈剛:《〈里耶秦簡(壹)〉所見作徒管理問題探討》,《史學月刊》2015 第 2 期。

[9] 梁煒杰:《讀里耶秦簡(壹)札記——"作徒簿"類型反映的秦"取"意義》,武漢大學簡帛網,2013 年 11 月 9 日。

[10] 胡平生:《也説"作徒簿及最"》,武漢大學簡帛網,2014 年 5 月 31 日。

[11] 汪桂海:《漢代官文書制度》,廣西教育出版社,1999 年,第 119—128 頁。

[12] 劉自穩:《里耶秦簡牘所見"徒作簿"呈送方式考察》,《中國人民大學學報》2018 年第 3 期。

[13] 張德芳:《居延新簡集釋(七)》,甘肅文化出版社,2016 年,第 75 頁。

[14] 中研院史語所簡牘整理小組編:《居延漢簡(一)》,中研院史語所,2014 年,第 118 頁。

[15] 胡平生:《里耶秦簡所見秦朝行政文書的製作與傳送》,《簡帛研究(二〇〇八)》,廣西師範大學出版社,2010 年,第 38 頁。

[16] 晏昌貴、郭濤:《里耶秦簡所見遷陵縣鄉里考》,《簡帛》第 10 輯,上海古籍出版社,2015 年,第 149 頁。

[17] 湖南省文物考古研究所編著:《里耶發掘報告》,嶽麓書社,2006 年,第 198—199 頁。

[18] 卜憲群:《秦漢公文文書與官僚行政管理》,《歷史研究》1997 年第 4 期。

本文發表在《檔案學研究》2021 年第 3 期

張家山漢簡《秩律》"沂陽"考 *

但昌武

（安徽大學歷史學院）

　　張家山漢簡《二年律令·秩律》載録了吕后元年（前 187 年）漢廷直轄的 280 多個縣級政區，對於秦漢政區地理研究而言，具有十分重要的史料價值。[①] 該文獻面世後，有不少學者對其進行探討，並得出了一系列富有創見的學術成果。即使如此，與《秩律》相關的政區地理研究依然存在着不少尚未解決和需要反思的問題。

　　例如簡 448 記載的"沂陽"縣，其縣令秩級八百石，爲漢初第二等大縣，[②]但在秦漢傳世史書中僅被記載過一次，又不見於《漢書·地理志》，在後世文獻中也湮没無聞。此縣地望何在？隷屬於哪一個統縣政區？在秦漢時期有怎樣的沿革過程？過去已有學者對此做過初步的探討（見後文），但綜合出土文獻和傳世文獻的相關記載來看，這一研究還有進一步辨析和展開的空間。筆者不揣淺陋，試詳論之。

一、沂陽"介休説"之辨析

《二年律令·秩律》八百石縣邑名單中有沂陽縣：

　　……慎、銜、藍田、新野、宜成、蒲反、成固、圉陽、巫、沂陽、長子、江州、上

---

* 本文爲國家社會科學基金重大項目"出土先秦文獻地理資料整理與研究及地圖編繪"（18ZDA176）、國家社會科學基金"冷門"絶學項目"出土東周秦漢荆楚地理資料整理與地域空間整合研究"（20VJXG017）的階段性成果。

① 張家山二四七號漢墓竹簡整理小組編：《張家山漢墓竹簡〔二四七號墓〕：釋文修訂本》，文物出版社，2006 年，第69—80 頁。目前一般認爲，《二年律令·秩律》反映了吕后元年之時的政區形勢，最新研究參見馬孟龍：《張家山二四七號漢墓〈二年律令·秩律〉抄寫年代研究——以漢初侯國建置爲中心》，《江漢考古》2013 年第 2 期。

② 《二年律令·秩律》中縣令（長）秩級分五等，依次爲：一千石、八百石、六百石、五百石、三百石。沂陽縣令秩級八百，屬於第二等縣。

邦、陽翟、西成、江陵、高奴、平陽、絳……　　　　　　　　　　簡 448＋449

《漢書·夏侯嬰傳》載，漢王劉邦曾賜夏侯嬰食邑沂陽：“漢王既至滎陽，收散兵，復振，賜嬰食邑沂陽。擊項籍下邑，追至陳，卒定楚。至魯，益食兹氏。”①同一事件，《史記·夏侯嬰列傳》則作“賜嬰食邑祈陽”，《史記集解》引徐廣曰：“祈，一作‘沂’。”②

關於沂陽的地望，晏昌貴引《水經注》與《讀史方輿紀要》的記載，判定此縣當在今介休縣以西，屬《漢志》太原郡，漢初屬上黨郡。③《水經注·原公水》載：“［經］原公水出兹氏縣西羊頭山。東過其縣北。［注］縣故秦置也。漢高帝更封沂陽侯嬰爲侯國。”④晏先生認爲，這條史料反映出沂陽當距兹氏縣不遠。酈注的大意是，漢高帝將兹氏縣更封爲沂陽侯夏侯嬰的侯國，這其實就是夏侯嬰初食沂陽而益食兹氏的另一種表達（見前文所引《夏侯嬰傳》）。但酈道元顯然混淆了“益食”與“更封”的概念，全祖望即批評酈氏此注：“沂陽是夏侯嬰初封，而食邑兹氏，非封國也。更封是汝陰。”⑤循此邏輯，酈注之意爲，夏侯嬰初封於沂陽而更封至兹氏。但其實不論是“益食”還是“更封”，都無法由此看出沂陽與兹氏縣相近。例如，樊噲初食杜之樊鄉，後益食平陰，杜縣在故秦內史，平陰在河南郡。⑥曹參初食寧秦，後食平陽，前者在故秦內史，後者在河東郡。⑦ 這些都説明，“益食”並不以兩地相近爲前提。至於“更封”，原本就是變更封地的意思，二地的位置關係更不可知。

《讀史方輿紀要》則明確載有與“沂陽”相關的地名：“又有沂陽谷，在縣（本文注：介休縣）西四十里。有沂陽水，東流入於汾水。”⑧清代介休縣與兹氏縣鄰近，此處似可印證沂陽距離兹氏縣不遠的説法。但是沂陽谷的記載最早見於《大明一統志》：“沂陽谷，在介休縣西四十里。”⑨《（成化）山西通志》在此基礎上添有沂陽水的內容：“沂陽谷，在介休

---

① 《漢書》卷四一《樊酈滕灌傅靳周傳》，中華書局，1962 年，第 2078 頁。

② 《史記》卷九五《樊酈滕灌列傳》，中華書局，2013 年，第 3213 頁。

③ 晏昌貴：《張家山漢簡釋地六則》，《江漢考古》2005 年第 2 期。爲行文方便，這一觀點我們簡稱爲“介休説”。此説爲目前學界主流觀點，例如《中國行政區劃通史（秦漢卷）》即采此論。見周振鶴、李曉傑、張莉：《中國行政區劃通史（秦漢卷）》，復旦大學出版社，2017 年，第 71、547 頁。

④ 酈道元注，楊守敬、熊會貞疏：《水經注疏》卷六，江蘇古籍出版社，1989 年，第 599 頁。

⑤ 酈道元注，楊守敬、熊會貞疏：《水經注疏》卷六，江蘇古籍出版社，1989 年，第 599 頁。

⑥ 《史記》卷九五《樊酈滕灌列傳》，中華書局，2013 年，第 3201—3202 頁。《史記正義》注：“平陰故城在濟陽東北五里。”濟陽在《漢志》陳留郡，當時遠在劉邦堅守的滎陽以東而在西楚之疆土內，即使被漢軍控制，也是楚漢爭奪的前綫，劉邦如何以戰地封樊噲？而《漢志》明確載有平陰，在河南郡以西，以此封與樊噲更契合當時的形勢。

⑦ 《史記》卷五四《曹相國世家》，中華書局，2013 年，第 2445—2447 頁。

⑧ 顧祖禹撰，賀次君、施和金點校：《讀史方輿紀要》卷四二《山西四》，中華書局，2005 年，第 1948 頁。本文引文中的括弧內容皆爲筆者所注，後面不再一一説明。

⑨ 李賢等撰：《大明一統志》卷二一《大同府》，三秦出版社，1990 年，第 336 頁。

縣西四十里,有水出谷中,名沂陽水。"①後顧炎武《肇域志》引有此文,②《讀史方輿紀要》的相關内容恐怕也是出自《大明一統志》和《(成化)山西通志》。沂陽水的記載僅見於明清地理志書,也不過是一條短小(約四十里長)的縣域河流,以此判定秦漢時期沂陽縣的地望,恐怕難以令人信服。

同時,沂陽漢初屬上黨的説法似乎也與當時的政區形勢不合。今介休縣在漢太原郡界休縣以西,而漢上黨郡在界休縣東。若沂陽在今介休縣以西,則漢太原郡之界休縣夾在沂陽與上黨之間,這不符合政區設置的常理(見圖一)。但依地理而言,此沂陽如果不屬上黨,就只能屬代國内史(故太原郡),這又不符合《秩律》不載王國縣邑的原則。③ 因此,"介休説"恐怕還需斟酌。

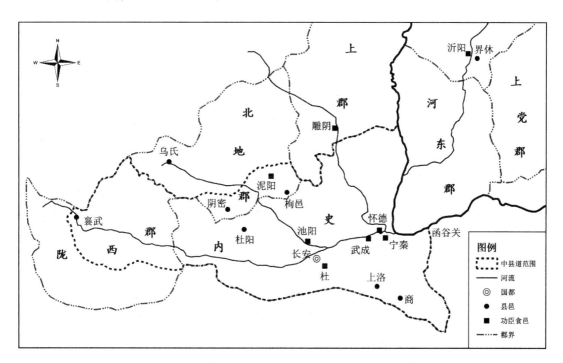

圖一　《秩律》所載關中政區形勢與秦中縣道示意圖④

① 李侃、胡謐撰修:《(成化)山西通志》卷二,收入四庫全書存目叢書(史部),齊魯書社,1996 年,第 174 册,第 48 頁。

② 顧炎武撰,譚其驤、王文楚等點校:《肇域志》第十三册《汾州府》,上海古籍出版社,2004 年,第 871 頁。

③ 吕后元年(前 187)的太原郡爲代國内史,《秩律》不載王國縣邑的説法參見晏昌貴:《〈二年律令・秩律〉與漢初政區地理》,《歷史地理》第 21 輯,上海人民出版社,2006 年,第 52—62 頁。

④ 本圖依據《中國歷史地圖集》第 2 册《秦・西漢・東漢》"關中諸郡"圖幅改繪。中縣道乃秦時概念,漢初存在與否還難以確定。圖中中縣道的範圍大體依周海鋒觀點而繪,補充了栒邑、泥陽、陰密三縣。其範圍並不精確,圖中只作示意。此外,圖中沂陽地望依據舊説而定,並非本文觀點。

復審漢高帝賜夏侯嬰食邑沂陽之事，"介休説"就更可疑了。《漢書·夏侯嬰傳》載：

> 還定三秦，從擊項籍。至彭城，項羽大破漢軍。漢王不利，馳去。見孝惠、魯元，載之。漢王急，馬罷，虜在後，常蹵兩兒棄之，嬰常收載行，面雍樹馳。漢王怒，欲斬嬰者十餘，卒得脱，而致孝惠、魯元於豐。漢王既至滎陽，收散兵，復振，賜嬰食邑沂陽。擊項籍下邑，追至陳，卒定楚。至魯，益食兹氏。

可見，劉邦封夏侯嬰乃是以其救孝惠、魯元之功，受封的時間在劉邦敗於項羽而逃至滎陽之時。《漢書·高帝紀》載：

> （漢二年）三月，漢王自臨晋渡河，魏王豹降，將兵從……（漢二年夏四月）漢王道逢孝惠、魯元，載行。楚騎追漢王，漢王急，推墮二子。滕公下收載，遂得脱……五月，漢王屯滎陽，蕭何發關中老弱未傅者悉詣軍。韓信亦收兵與漢王會，兵復大振。與楚戰滎陽南京、索間，破之。築甬道，屬河，以取敖倉粟。魏王豹謁歸視親疾。至則絶河津，反爲楚。

劉邦是在漢二年（前205年）五月逃至滎陽的，夏侯嬰受封當在此月。值得注意的是，當時上黨、太原二郡屬西魏國。[①] 由上述引文可知，此時跟隨劉邦伐楚的西魏王魏豹還未反漢，漢滅西魏國也在漢二年（前205年）秋八月。即所謂的今介休縣以西之沂陽在封夏侯嬰時，尚爲西魏國的領地，漢王劉邦如何以魏王的土地來封給自己的臣子呢？而且劉邦方經彭城大敗，同盟諸侯多叛，項羽又來勢洶洶，漢軍正是危急之秋，强奪同盟諸侯王的土地來賜封夏侯嬰於當時的形勢而言是難以想象的。

既然夏侯嬰食邑不在魏國，那麼應該在何處呢？這裏可以對滅魏前漢功臣初封食邑的地理分布做一番考察（表一）。從《史記·秦楚之際月表》可知，此時的漢疆有蜀漢、關中（除了雍王章邯尚在堅守的廢丘城）以及關外的河南、河內二郡，[②]而劉邦賜予功臣的食邑皆在關中，且鄰近或位於故秦内史。[③]

---

① 關於西魏國的疆域，《史記》卷八《高祖本紀》載："遂定魏地，置三郡，曰河東、太原、上黨。"但周振鶴、趙志强、郭叢認爲，當時的西魏國只有河東、上黨二郡，太原屬代（分别見周振鶴《西漢政區地理》，人民出版社，1987年，第248—249頁；趙志强《楚漢之際西魏國疆域考》，《中國歷史地理論叢》2014年第2輯；郭叢：《楚漢之際至漢初代國轄域及相關問題》，《中國歷史地理論叢》2019年第3輯）。葉永新辯駁此論，認爲西魏國當如史書所言，有河東、上黨、太原三郡（葉永新：《項羽所立西魏國封域再考辨》，《中國歷史地理論叢》2016年第1輯）。葉説頗有依據，可從。上黨、太原郡在西魏國，則意味着沂陽也在西魏國。假使太原郡屬代而沂陽又屬太原，代、漢二國關係頗爲疏遠，劉邦更不可能以代王之地封其臣子。

② 《史記》卷一六《秦楚之際月表》，中華書局，1962年，第943頁。

③ 楚漢之際，劉邦分故秦内史爲渭南、中地、河上三郡，爲行文方便，統稱爲故秦内史。

表一　滅西魏國前劉邦功臣之初封食邑表①

受封者	受封時間	食邑	史 料 記 載	備 注
曹參	漢元年（前206年）五月	寧秦	三秦使章平等攻參，參出擊，大破之。賜食邑於寧秦。（《史記》卷五四《曹相國世家》）	寧秦即《漢志》京兆尹華陰縣，屬故秦内史，位於今陝西華陰市東
周勃	漢元年五月	懷德	還定三秦，至秦，賜食邑懷德。攻槐里、好畤，最。（《史記》卷五七《絳侯周勃世家》）	懷德在《漢志》左馮翊，屬故秦内史，位於今陝西大荔縣東南
樊噲	漢元年五月	杜縣樊鄉	灌廢丘，最。至櫟陽，賜食邑杜之樊鄉。（《史記》卷九五《樊噲列傳》）	杜縣即《漢志》京兆尹杜陵縣，屬故秦内史，位於今陝西西安市東南
傅寬	漢元年五月	雕陰	還定三秦，賜食邑雕陰。（《史記》卷九八《傅寬列傳》）	雕陰在《漢志》上郡，鄰近故秦内史，位於今陝西富縣北
周緤	漢元年五月	池陽	還定三秦，賜食邑池陽。（《史記》卷九八《蒯成列傳》）	池陽在《漢志》左馮翊，屬故秦内史，位於今陝西涇陽縣西北
酈商	漢二年（前205年）春正月②	武成	別將定北地、上郡。破雍將軍焉氏，周類軍枸邑，蘇駔軍於泥陽。賜食邑武成六千户。（《史記》卷九五《酈商列傳》）	武成即《漢志》左馮翊之武城，屬故秦内史，位於今陝西渭南市華州區東
灌嬰	漢二年夏四月③	杜縣平鄉	擊項羽將龍且、魏相項他軍定陶南，疾戰，破之。賜嬰爵列侯，號昌文侯，食杜平鄉。（《史記》卷九五《灌嬰列傳》）	杜縣即《漢志》京兆尹杜陵縣，屬故秦内史

　　這些食邑的分布狀態是合乎當時的歷史形勢的。蜀漢雖然是漢王的發迹之地，但是交通極爲不便，開發程度也遠比不上關中，在當時有"遷地"之稱，④並不適合賜封功臣食邑。關西地區，隴西、北地、上郡整體開發條件也較差（特別是邊遠地區），亦非賜封食邑之地，而故秦内史及部分鄰近地帶富庶安定，是最理想的地區。關外的河南、河内二

---

① 夏侯嬰的食邑（沂陽）暫未納入此表。

② 從後引文可知，酈商食邑武成是由於他定北地、上郡，而《漢書》卷一《高帝紀》載："（漢元年）春正月……諸將拔北地，虜雍王弟章平。"因此酈商受封時間距離春正月不遠。

③ 從後引文中可知，灌嬰是在劉邦進攻彭城的過程中受封食邑的，而《漢書》卷一《高帝紀》載："（漢二年）夏四月……漢王遂入彭城，收美人貨賂，置酒高會。"可見灌嬰受封時間大致在漢二年（前205）夏四月。

④ 如項羽大封諸侯時，甚忌劉邦，將其封在蜀漢之地，因爲"巴、蜀道險，秦之遷人皆居蜀。"（《史記》卷七《項羽本紀》，中華書局，2013年，第398頁）又韓信勸說漢王北定三秦時亦稱："項羽背約而王君王於南鄭，是遷也。"（《漢書》卷一《高帝紀》，中華書局，1962年，第30頁）。

郡儘管經濟條件較好,但作爲楚漢相持的前綫,不能大量賜封食邑於此。從這一歷史背景來看,沂陽也很可能位於或者鄰近故秦内史之地,而非西魏國之太原郡。

總而言之,"介休説"不僅缺乏堅實的史料證據,也與《二年律令·秩律》中的縣邑分布不合,更與夏侯嬰受封時的政治形勢相悖。沂陽的地望恐怕更可能在關中地區。

二、《秩律》"沂陽"或爲"泥陽"之誤

通過對漢二年劉邦封賜功臣食邑之地域分布特徵的分析,可以推定"沂陽"應在關中。筆者此前留意到《漢書·地理志》京兆尹南陵縣自注"沂水出藍田谷,北至霸陵入霸水",[1]故將沂陽地望推定在今西安市東南。但是現在重新思考,這一想法並不可靠。[2] 筆者最近注意到學界關於出土文獻中"沂""泥"二字差異的討論。這些討論或許爲"沂陽"地望的解決提供新的可能。

《説文解字》中,"泥"作 ,從水,尼聲;"沂"作 ,從水,斤聲,泥字比沂字多右下一撇。過去學界即通過這一標準來判斷簡牘中出現的這兩個字。[3] 但王偉發現,傳世文獻與出土文獻中的"沂陽"可能都是"泥陽"之訛寫:

> 秦出土文獻"泥陽"數見,……將以上資料中的"泥"與嶽麓簡所謂"沂陽"之"沂"對比,其左邊的氵旁在秦陶文和里耶簡中仍寫作篆體的 形,而在兵器刻銘和嶽麓簡已經隸化爲氵形;其右邊的 確與"斤( )"字篆體形近,這應是整理者釋作"沂"的主要依據。但是考慮到其左旁的"水"已經隸化爲氵,其右旁似不可能保留篆體的寫法,故 極有可能就是"泥"字隸化後筆畫已有部分訛變的寫法,或可認爲 (沂)就是"泥"的誤字。其實秦文字"泥"右旁的"尼"字上部的人形在多數情況作 形,偶有作 ;而寫作 形可能是整理者所引張家山漢簡秩律"沂陽"之"沂"寫作 形的來源,故我們推斷張家山漢簡中地望不可考的"沂陽"亦應是"泥陽"之誤寫。……

---

① 《漢書》卷二八《地理志》,中華書局,1962年,第1544頁。

② 《水經·渭水注》引《漢書·地理志》作"滻水出藍田谷,北至霸陵入霸水"。清人齊召南據此指出今本《漢書·地理志》之"沂"爲"滻"之訛誤(齊召南:《前漢書考證》,上海古籍出版社、上海書店編:《二十五史》第1册《漢書》,上海古籍出版社,1986年,第518頁)。今按,傳世史料記載今灞水支流之滻河,皆作"滻水","沂水"之稱僅此一見。當以齊召南之説爲是。

③ 相關研究成果比較零散,可以集中參見蔣偉男:《〈里耶秦簡(壹)〉文字編》,安徽大學碩士學位論文,2015年,第167頁。

《漢書·地理志》北地郡又“泥陽”縣，……“泥陽”是秦漢縣名，見於傳世典籍和出土文獻，且地望可考；而“沂陽”僅見於《漢書·夏侯嬰傳》，是夏侯嬰的食邑，似不應被《漢書·地理志》所遺漏，二恰巧有因字形相近二將“泥陽”訛寫爲“沂陽”的可能。①

周波則認爲“尼”與“斤”字的區別並不在其右下部的筆畫，而在其外廓。他指出西周以來的“斤”字多拆解成兩折筆，秦簡“斤”字外廓亦作折筆，而“尼”字外廓一般作 ▉、▉，此方爲“沂”與“泥”之判斷標準。基於此，周先生提出，里耶秦簡牘與嶽麓簡中原釋爲“沂”字的，右半部其實皆从“尼”，當改釋爲“泥”（參表二）。唯有《二年律令·秩律》中的“沂”字右半部外廓作折筆，應釋爲“沂”，而非“泥”。②

表二　周波所列舉的“沂”“泥”字形表

泥字字形	原釋爲“泥”	▉ A1	▉ B1	▉ C1	▉ D1	▉ E1	
	原釋爲“沂”	▉ A2	▉ B2	▉ C2	▉ D2	▉ E2	▉ F2
沂字字形		▉ A3	▉ B3				

資料來源：A1《里耶壹》簡 8－1466；B1《里耶壹》簡 8－1459；C1、B2、C2、D2《里耶壹》簡 8－882；D1《放馬灘·日書乙》簡 1；E1《殷周金文集成》11460；A2《里耶壹》簡 8－741；E2《嶽麓肆》簡 084；F2《金文通鑒》17276；A3《秩律》簡 448；B3《金文通鑒》31010。

周波從字形流變的角度對二字展開深入分析，很有説服力，文獻中不少“沂”字確實應該改釋爲“泥”。但他判定《秩律》中的“沂陽”隸定無誤，進而重申了此縣在今山西介休的説法。依據前文的考證內容，“介休説”不能成立，周先生之説還需進一步討論。

只從文字字形角度判斷，《秩律》中“沂陽”的隸定確實有道理，但也需考慮到具體的書寫實踐和文本語境。因爲在秦漢簡牘的書寫過程中，文字誤寫和混用的現象並不少見。而且“斤”“尼”字形本就相近，在秦簡中，“斤”字外廓並非全寫作折筆，也有寫作 ▉ 或 ▉ 的情況，與尼字幾無差別。如里耶秦簡牘中部分“所”字的寫法：▉（簡 8－1433）、▉（簡 8－741 背），“薪”字寫法：▉（簡 8－805），“斷”字的寫法：▉（簡 8－1874）。

① 王偉：《〈嶽麓書院藏秦簡（肆）〉劄記（二則）》，《簡帛》第 14 輯，上海古籍出版社，2017 年，第 38—40 頁。

② 周波：《張家山漢簡〈二年律令〉與秦簡律令對讀劄記》，《出土文獻與法律史研究》第 6 輯，法律出版社，2017 年，第 206—216 頁。

又如《嶽麓書院藏秦簡(貳)》中的部分"斤"字寫作：▨、▨(簡 0896)、▨(簡 0893)，"新"字寫作：▨(簡 1500)。《嶽麓書院藏秦簡(三)》中的"折"字寫作：▨(簡 0046)、▨(簡 1204)。睡虎地秦簡中部分"新"字寫作：▨(簡 6)、▨(簡 7)、▨(簡 32)。里耶秦簡第 8-882 號簡載："泥沂鄉斤守沂陽守沂邑里士五(伍)。"①從内容來看，這似乎就是書手在練習"尼""斤"爲偏旁之字的寫法，反襯出此二字在當時容易訛混的事實。② 這些都説明，僅從字形來隸定此地名恐怕還不够，需要結合具體的文本内容來綜合討論。

　　《二年律令·秩律》所載的"沂陽"恰可能爲"泥陽"之誤抄。《秩律》中文字誤抄和訛混的現象並非没有，例如其中簡 451 的"漆""枸邑"二縣分别被誤寫作"沫""楬邑"，而由於秦漢時期"陶""陰"二字常混用，簡 459 的"館陶"縣也被寫作"館陰"。③

　　泥陽是秦漢北地郡中一個頗爲重要的縣邑，秦兵器銘文和陶文中即見有其名，④漢初泥陽也是北地郡中的軍事重地，《史記·酈商列傳》載，漢初酈商"别將定北地、上郡。破雍將軍焉氏，周類軍枸邑，蘇駔軍於泥陽。"⑤而《漢書·地理志》中對"泥陽"的記載，⑥證明此縣在西漢末仍然存在。作爲直接統治民衆的基層政區，中國古代的縣往往是比較穩定的，一般不輕易裁撤變更。⑦ 從以上不同歷史時期的史料記載來看，泥陽很可能是從秦一直延續到了西漢末。但在《秩律》中，泥陽縣竟未見載，這不能不令人生疑。⑧ 而《秩律》中的"沂陽"，其縣令秩級八百石，是漢初的第二等縣，却不爲《漢志》所

① 陳偉主編：《里耶秦簡牘校釋(第一卷)》，武漢大學出版社，2012 年，第 241 頁。按周波的觀點，此簡當改釋爲："泥泥鄉斤守泥陽守泥邑里士五(伍)"，則是書手在練習"泥"與"斤"的區别。

② 鄒水傑即認爲，泥與沂字形相近，在書寫不規範的情況下，二字有誤寫的可能性。見鄒水傑：《秦簡"中縣道"小考》，《第六屆出土文獻青年學者論壇論文集》，2017 年，第 352 頁。

③ 彭浩、陳偉、工藤元男主編：《二年律令與奏讞書——張家山二四七號漢墓出土法律文獻釋讀》，上海古籍出版社，2007 年，第 271、282 頁。

④ 中國社會科學院考古研究所編：《殷周金文集成(修訂增補本)》，中華書局，2007 年，第 6273 頁；袁仲一、劉鈺編著：《秦陶文新編》，文物出版社，2009 年，第 246 頁。

⑤ 《史記》卷九五《樊酈滕灌列傳》，中華書局，2013 年，第 3208 頁。

⑥ 《漢書》卷二八《地理志》，中華書局，1962 年，第 1616 頁。

⑦ 周振鶴：《中國歷史政治地理十六講》，中華書局，2013 年，第 142—145 頁。

⑧ 目前《秩律》的内容除了簡 453 有 4 到 5 個字(約爲 3 縣)殘缺外，基本已經被釋出。而且周波指出，依據晏昌貴所總結的《秩律》縣邑排列規律，這缺失的 3 縣應該屬上郡或隴西郡，無北地郡之縣邑。此説見周波：《張家山漢簡〈二年律令·秩律〉地名補釋及其相關問題研究》，第九屆出土文獻青年學者國際論壇會議論文，2021 年 3 月 20—21 日。《秩律》最新的縣邑名單可以集中參見馬孟龍：《張家山漢簡〈秩律〉與吕后元年漢朝政區復原》，《出土文獻》2021 年第 3 期。

録,説明此縣即使存在也被西漢政府裁撤了。但《秩律》中其他八百石秩級的縣邑基本都延續到了西漢末。① 如果"沂陽"爲"泥陽"之誤抄,則既不存在漢初無泥陽縣的疑問,也不存在漢初八百石秩級的大縣未能延續至西漢末的困惑。泥陽本就是北地郡中的重要縣邑,其縣令秩級爲八百石也是合乎常理的。

總之,周波對"沂""泥"字形的辨析可從,不少出土文獻中出現的"沂陽"確實應該改釋爲"泥陽"。《秩律》中的"沂陽"可能隸定無誤,但"沂""泥"二字本就形近易混,從此文本內容來看,也很可能是"泥陽"的誤寫。綜合而言,王偉提出《秩律》中的"沂陽"爲"泥陽"之誤的説法,更爲可信。

三、泥陽縣隸屬之變遷

《漢書·地理志》"北地郡"條載:"泥陽,莽曰泥陰。郁致,泥水出北蠻夷中,入河。"依據秦漢地名命名規律,泥陽當在泥水之陽,應劭即在"泥陽"縣下注曰:"泥水出郁致北蠻夷中。"②秦漢時期的泥水即今甘肅寧縣之馬蓮河,而泥陽在今寧縣平子鎮東的孟家村古城遺址,③其位置鄰近秦內史(漢三輔)地區。

由於《漢志》記載泥陽縣屬北地郡,學界一般認爲這種隸屬關係從秦以來便是如此。④ 然而《嶽麓書院藏秦簡(肆)》中有不一樣的內容:

> 虜學炊(吹)樛(枸)邑、壞(懷)德、杜陽、陰密、沂陽及在左樂、樂府者,及左
> 樂、樂府謳隸臣妾,免爲學子、炊(吹)人,已免而亡,得及自出,盈三月以爲隸臣
> 妾,不盈三月,笞五十,籍亡日,後復亡,軵盈三月,亦復以爲隸臣妾,皆復炊
> (吹)謳于(?)官。⑤　　　　　　　　　　簡 084/2149＋085/2016＋086/2008

---

① 《秩律》中縣令秩級八百石的縣邑有:胡、夏陽、彭陽、胸忍、郪、資中、閬中、臨邛、新都、武陽、梓潼、涪、南鄭、宛、穰、溫、修武、軹、楊、臨汾、九原、咸陽、原陽、北輿、旗(槙)陵、西安陽、下邽、釐、鄭、雲陽、重泉、華陰、慎、衙、藍田、新野、宜成、蒲反、成固、圜陽、巫、沂陽、長子、江州、上邽、陽翟、西成、江陵、高奴、平陽、絳、酇、贊、城父。這些縣邑除了"沂陽"外都見於《漢志》。

② 《漢書》卷28《地理志》,中華書局,1962年,第1616—1617頁。

③ 李宗慈:《漢北地郡泥陽縣考》,《河南理工大學學報(社會科學版)》2011年第4期;孟洋洋:《西漢北地郡屬縣治城考》,《西夏研究》2016年第2期。

④ 周振鶴、李曉傑、張莉:《中國行政區劃通史(秦漢卷)》,復旦大學出版社,第2017年,第65頁;后曉榮:《秦代政區地理》,社會科學文獻出版社,2009年,第172—173頁。

⑤ 陳松長主編:《嶽麓書院藏秦簡(肆)》,上海辭書出版社,2015年,第66—67頁。爲行文方便,以下簡稱此文獻爲《嶽麓肆》。

從前文王偉、周波二位學者的觀點可知,此簡中的"沂陽"當改釋爲"泥陽"。這條律文的大意是,在枸邑、懷德、杜陽、陰密、泥陽等五地以及左樂、樂府等機構學習樂器和謳歌的俘虜及左樂、樂府的隸臣妾,可以擺脱原來的身份,成爲學子與吹人。這類學子與吹人,如果他們逃亡在外,滿三月就會重新降爲隸臣妾,不滿三月,罰笞五十。

對於這條簡文,鄒水傑有討論:

> 如果是郡及關外人來入中縣道,就屬於闌亡、將陽,處罰會更重些。而中縣道之黔首逃亡,由於不需要闌關,就屬於一般的逃亡。簡文中此五縣與設於咸陽的左樂、樂府並列,對各縣道、機構逃亡的學子、吹人同等處罰,最大的可能就是五縣均屬"中縣道"。①

此論可信,泥陽應當與其他縣邑和機構一樣,位於秦之"中縣道"内。

至於簡文中的"中縣道",《嶽麓肆》載:

> 郡及襄武、╚上雒、╚商、╚函谷關外人及羼(遷)郡、襄武、上雒、商、函谷關外男女去,闌亡、將陽,來入之中縣道,無少長,舍人室,室主舍者,智(知)其請(情),以律羼(遷)之。　　　　　　　　簡 053/2106＋054/1990

整理者注:

> 中縣:當指秦關中所轄之縣道。從簡文看,所謂"中縣道"或即指"襄武、上雒、商、函谷關"所劃定的地域。其中襄武在隴西,故中縣道或包括隴西郡所轄的若干縣道。據此,這裏所説的"關中"可能是指《三輔舊事》中所記的"西以散關爲界,東以函谷爲界,二關之中謂之關中"的狹義關中。②

周海鋒進一步指出,簡文中的"郡",當指關西之郡,含北地、上郡、九原、雲中,中縣道的北界大致爲北地、上郡的南界。③ 這一判斷基本合理(儘管忽略了前文提到的枸邑、泥陽、陰密等縣),中縣道的範圍大致爲狹義的秦關中。

不過僅勾勒出中縣道的地域範圍,還不足以明了此概念的本義和性質。《嶽麓肆》又載:

> •　郡及關外黔首有欲入見親、市中縣【道】,【毋】禁錮者殹,許之。入之,十二月復,到其縣,毋後田。田時,縣毋☒　　　　　　　　　　簡 366/0325

①　鄒水傑:《秦簡"中縣道"小考》,《第六屆出土文獻青年學者論壇論文集》,2017年,第352頁。
②　陳松長主編:《嶽麓書院藏秦簡(肆)》,上海辭書出版社,2015年,第78頁。
③　周海鋒:《秦律令研究——以〈嶽麓書院藏秦簡〉(肆)爲重點》,湖南大學博士學位論文,2016年,第37—38頁。

者已刑,令備貲責(債)。▌亡不仁邑里、官,毋以智(知)何人殹(也),中縣
道官詣咸陽,郡【縣】道詣其郡都縣,皆毄(繫)城旦舂,槫作倉,苦,令舂勿出,將
司之如城旦舂。 簡 024/1978＋025/1996

第一條令文中,朝廷允許"郡及關外"的百姓進入"中縣道"探親或者經商,説明中縣道在
關中,且與郡相對。歐揚指出,這裏反映出秦中縣道就是内史。① 這一説法有道理,第二
條令文也印證了這一點。簡文中稱,對於"亡不仁邑里、官"之人,中縣道押送至咸陽,郡
縣道押送至郡都縣(即郡治),這種與郡縣道並列的關係,秦時只有内史可與之相
稱。② 歐揚進一步指出:"'中縣道'之'中'類似'中尉'之'中',功能是標識其不屬於郡,
而由中央直轄。'中縣道'之'中'並非'關中'的簡稱。"

如果這一觀點成立的話,秦時泜陽當屬内史,這與漢末屬北地郡的政區形勢完全不
同,説明泜陽有一個從内史改屬北地郡的變遷過程。《史記·酈商列傳》載:

項羽滅秦,立沛公爲漢王。漢王賜商爵信成君,以將軍爲隴西都尉。別將
定北地、上郡。破雍將軍焉氏,周類軍枸邑,蘇駔軍於泜陽。賜食邑武成六
千户。③

《漢書·酈商傳》載:

沛公爲漢王,賜商爵信成侯,以將軍爲隴西都尉。別定北地郡,破章邯別
將於烏氏、枸邑、泜陽,賜食邑武城六千户。④

漢元年(前 206 年),劉邦還定三秦,隴西都尉酈商在徇定北地郡時,大破雍軍於烏氏、枸
邑、泜陽三地。由此可知,泜陽此時已經改屬北地郡了。

《秩律》的記載也印證了這一點。依據晏昌貴的研究,《秩律》中縣邑的排列呈現出
規律性,尤其是六百石縣邑,同郡之縣多集中排列,且其整體排列順序"大致由内史—北
地、上郡、隴西—巴、蜀、廣漢、漢中—河東、上黨、河内、河南—南郡、南陽、潁川—雲中,
從西北始,又以西北終,形成拱衛内史的格局"。八百石縣邑數量較少,前面部分縣邑
(到西安陽縣爲止)基本符合這一規律,後面部分縣邑則較爲凌亂。⑤ 馬孟龍後來關於

① 歐揚:《嶽麓秦簡〈毋奪田時令〉探析》,《湖南大學學報(社會科學版)》2015 年第 3 期。
② 白宏剛對此有不少補充性論證,可參看之。白宏剛:《秦代國家治理專題研究》,西北大學博士學位論文,2021
年,第 13—24 頁。
③ 《史記》卷九五《樊酈滕灌列傳》,中華書局,2013 年,第 3208 頁。
④ 《漢書》卷四一《樊酈滕傅靳周傳》,中華書局,1962 年,第 2074 頁。
⑤ 晏昌貴:《〈二年律令·秩律〉與漢初政區地理》,《歷史地理》第 21 輯,上海人民出版社,2006 年,第 41—51 頁。

《秩律》的系列研究也進一步證實了這一排列規律的可信性,同時指出八百石後面部分縣邑雖然排列不規整,但先載内史而後列諸郡的順序基本未變。[1] 泥陽縣位於今甘肅寧縣一帶,從其地理位置來看,只能屬於漢初之内史或北地郡(見圖一)。而此縣在《秩律》八百石縣邑中的位置較爲靠後,列於南郡之巫縣和上黨郡之長子縣之間,依據排列規律,應該不是内史之縣邑,當屬北地郡。這與酈商徇北地之事相合。

與泥陽相似的是,陰密、枸邑在秦時也屬中縣道(前引《嶽麓肆》),但在《秩律》中皆廁身於北地縣邑(如郁郅、蕳、歸德、昫衍等等)之列,漢初顯然都屬北地郡。[2] 酈商定北地之時,破雍將周類於枸邑,説明枸邑同樣在漢元年(前206年)之前就已經從内史中分出去了,陰密恐怕也是如此。

實際上,不止北地郡的這三縣,後來的隴西郡不少縣邑也在《嶽麓肆》所載的秦中縣道(内史)的範圍内。據其簡文内容,襄武是中縣道的西部端點,但此縣在隴西郡的區域中心,説明以東的地域皆屬中縣道(見圖一)。儘管我們還不清楚嶽麓簡所載秦中縣道的年代斷限,但這顯然透露出秦内史之轄域有一個調整的過程。泥陽由内史改屬北地,應該也是此次政區調整的重要内容。這一調整當是在秦時完成的,但具體時間還有待更多的史料揭示。[3]

四、結　　論

張家山漢簡《二年律令·秩律》簡448載有"沂陽"縣,過去一般認爲此縣在今山西介休縣一帶,屬西漢上黨郡。但全面梳理與沂陽相關的記載會發現,此説並無堅實的史料依據,且與《秩律》所反映的政區面貌不合,更與夏侯嬰食邑沂陽之時的政治形勢相悖,因此難以成立。

有學者曾推測,《秩律》中"沂陽"可能需要改釋爲"泥陽",這一説法值得重視。從文

---

[1] 馬孟龍:《張家山漢簡〈秩律〉與吕后元年漢朝政區復原》,《出土文獻》2021年第3期。

[2] 張家山二四七號漢墓竹簡整理小組編:《張家山漢墓竹簡〔二四七號墓〕:釋文修訂本》,文物出版社,2006年,第73頁。

[3] 鄒水傑認爲,秦政治核心區有一個從中縣道演變爲内史的過程:"秦'中縣道'的地理範圍是有時間限定的,其上限最多只能上溯到魏西河郡入秦的惠文王八年,甚至要晚到上郡設立的惠文王后元五年之前不久。而隨著秦始皇統一六國,將天下劃定爲三十六郡,'中縣道'的核心部分最終變爲'内史'。北地和隴西最晚在此時被立爲郡。"(見鄒水傑:《秦簡"中縣道"小考》,《第六屆出土文獻青年學者論壇論文集》,2017年)此論成立的基礎和前提性工作是要考證出《嶽麓肆》所載中縣道的年代斷限,但目前的史料還不足以實現這一點。此問題只能暫時存疑。

字字形來看,《秩律》中的“沂陽”隸定無誤。但秦漢時期“泥”“沂”二字本就形近易混,《秩律》中也存在字詞誤抄和混寫的現象,僅從字形角度來分析此問題可能還不夠。深入考察《秩律》的文本內容以及秦漢泥陽縣的歷史沿革,會發現其中的“沂陽”確可能爲“泥陽”之誤寫。

秦代泥陽縣屬中縣道(即秦內史),但最晚至漢元年(前 206 年),此縣已經改屬北地郡,《秩律》的相關記載正反映了改屬後的政區面貌。而從《嶽麓肆》的相關記載來看,秦內史的地理範圍頗廣,至少還含有後來隴西郡東部和北地郡南部的不少縣邑,與漢初內史有較大不同。這說明秦內史曾出現過一個轄域調整的過程,而泥陽縣從內史改屬北地應該也是這一政區調整的重要內容。

附記:本文曾宣讀於 2019 年吉林大學“古文字與出土文獻”青年學者論壇,經大幅修改後,刊發於《出土文獻》2022 年第 2 期,收入本論文集的文稿即修改後的版本。論文在寫作和修改的過程中曾得鄭威、晏昌貴、吳良寶、馬孟龍先生指點,謹致謝忱!

漢牘本《蒼頡篇》讀後 *

白軍鵬

（東北師範大學文學院、"古文字與中華文明
傳承發展工程"協同攻關創新平臺）

2019 年 11 月初由劉桓先生整理的《新見漢牘〈蒼頡篇〉〈史篇〉校釋》面世，書中公布了書寫於木牘上的《蒼頡篇》和《史篇》，内容豐富，資料性極强。我們買到了一本，暫就《蒼頡篇》部分進行了研讀，下面擬分别從幾個角度談一談個人的粗淺觀點。

一、抄寫時代問題

對於這批漢牘的年代，整理者稱"這批漢牘上的文字正是西漢中期以後向八分書（隸楷）過渡的隸書字體"（前言）。又稱"漢牘《蒼頡篇》隸書寬扁有波勢，明顯屬於漢武帝晚期或以後的鈔本。從時代上説，可能稍晚於北京大學藏的有古篆成分的西漢竹書《蒼頡篇》"。[①]

不過通過對木牘上文字的考察，我們認爲，其書寫時代當不早於西漢末，甚至極有可能是抄寫於東漢初年的。從書寫風格上看，漢牘本《蒼頡篇》的文字已經完成了從古隸向八分的過渡，屬於成熟的八分。也幾乎看不出過渡時期的痕迹，説明距離過渡期已經有一段距離。裘錫圭先生在討論隸書的發展時提到"可以把昭帝時代也包括在過渡時期里"。[②] 那麽這批漢牘的書寫時代上距昭帝時已有相當長的時間，並非整理者所謂

---

* 本文是國家社科基金重大項目"東漢至唐朝出土文獻漢語用字研究"（21&ZD295）、"古文字與中華文明傳承發展工程"實施計畫（2021—2025）研究項目"《蒼頡篇》新研"（項目批准號：G2435）的階段性成果。

① 劉桓：《漢牘〈蒼頡篇〉的初步研究》，收入劉桓編著：《新見漢牘〈蒼頡篇〉〈史篇〉校釋》，中華書局，2019 年，第220 頁。
② 裘錫圭：《文字學概要》，商務印書館，1988 年，第 81 頁。

的稍晚於北大本《蒼頡篇》的書寫年代。

　　此外,一些文字的寫法也有較明顯的晚期傾向,如第六板"殖"作 ▓▓▓▓ ,第十三板的"兆"作 ▓▓ ,第十四板的"穎"作 ▓▓ ,第十九板的"崩"作 ▓ 等,亦可作爲參考。不過鑒於木牘上數字的寫法與新莽時期有别,如"廿"不作"二十","卅"不作"三十","七"不作"桼"等。應該是可以排除其抄寫於新莽時期的。

二、版本與分章問題

(一) 所謂的第十板、第十一甲板的章序問題

　　整理者稱:"按六十字一章來説,結果就出現漢牘本在有些板正好是一章,如第一板、第三板、第五板、第七板等;而有的板則不正好是一章,其中最明顯的是第十板最末兩句正是《爰歷》首章開始,則此板前五十二字已不够六十字一章;又如第三十三板從第二十五字開始的'博學深惟,蠢愚'實爲胡毋敬《博學》起始兩句,足見板與章不相值的情况……看來漢代閭里書師對李斯的《蒼頡》只由原來的七章增益至十章,遠不如對趙高《爰歷》由六章增益至二十三章,對胡毋敬《博學》由七章增益至二十二章爲多。"①

　　今按,此説不確。對於李斯等人原本《蒼頡篇》等的分章與"閭里書師"改編後的分章之不同,學者們早有定論。由七章到十章、由六章到二十三章以及由七章到二十二章,絶非簡單"增益",而主要是"斷章"所致。

　　而其所謂的第十板,從字迹上看並不清晰,板上第一句"漆鹵氏羌"與第十九板最末句"阿尉駛□"在北大簡 61 上洽好銜接。爲方便觀察,我們將北大本簡 61 的文字引録於下:

　　　　崒嶧岑崩。阮嵬陀阮。阿尉駛瑣。漆鹵氏羌。贅拾鋏鎔。

而漢牘本又正好無第廿板,因此,我們懷疑此"第十"應該是"第廿"。否則,北大本簡 61 中的文字被分割到兩個完全不相干的章中且前後倒置便不太容易解釋。而在整理者看來,漢牘本《蒼頡篇》有兩個第十一板。其中第十一乙板的上端字迹比較清晰,其數字可以確定爲"十一",相當於北大本簡 46—48,北大簡《蒼頡篇》每簡書二十字,三簡恰好六十字。此即《顓頊》章的前面部分,自"顓頊祝融"起,止於"艖展賁達";而北大本簡 49—

---

① 劉桓:《漢牘〈蒼頡篇〉的初步研究》,收入劉桓編著:《新見漢牘〈蒼頡篇〉〈史篇〉校釋》,中華書局,2019 年,第 219 頁。

51 則相當於漢牘本的第十二板,起於“游敖周章”,止於“論訊禍祥”。從北大簡《顓頊》章的分章來看,整理者的意見是《顓頊》章自簡 46 起,至簡 52“捕獄問諒   百卅六”止,恰好一章,簡 46—51 每簡寫滿二十字,簡 52 書十六字正文加上記録本章字數的“百卅六”,全章無殘缺。這無疑是正確的。簡 52“卜筮䚊占”起至簡 55 首句“屏圂廬廕”止,相當於漢牘本的第十三板。因此,所謂的“第十一乙”板確實是第十一板。而所謂的“第十一甲”板,其章序的數字剥落嚴重,不易辨識。此兩板上的内容分别見於阜陽漢簡本和北大簡本,因此屬於 “閭里書師”所增益的可能性是極小的。第廿板最末兩句是《爰歷》的開篇“爰歷次貤,繼續前圖”,而所謂的“第十一甲”板的章首爲“輔廛顊頕,較儋閼屠”。這恰可與阜陽本簡 C010 相合,其作“爰歷次貤。繼續前圖。輔廛顊㫖。較儋閼屠”。説明所謂的“第十一甲”板確可與我們改序後的“第廿”相接,因此,我們以爲整理者所説的“第十一甲”板也當改爲第廿一板,而漢牘本洽無第廿一板。如此,也解決了出現兩個第十一板的問題。我們再仔細觀察這一板上數字的字迹,隱約有兩竪筆存在,這也説明其當爲“廿”而非“十”。這樣,《蒼頡篇》與《爰歷篇》的界限就應該在第廿板,而第卅三板字迹較爲清晰,以之爲《爰歷篇》與《博學篇》的界限是没有問題的。

按照上面的推論,李斯的《蒼頡篇》所占篇幅就“五十五章”本的版本計,當有二十章左右,趙高的《爰歷篇》爲十二章半左右,而胡母敬的《博學篇》則爲二十二章半左右。但是這僅僅是一種理論上的考慮。北大簡《蒼頡篇》現存標明該章字數者共十章,其中最大章的字數爲“百五十二”,字數最少的爲“百四”,平均下來僅約一百三十字,而按照以上三篇章數的推算來計算,《蒼頡篇》章均字數大約爲一百七十字,《博學篇》更是達到了將近一百九十字。因此,“閭里書師”本的五十五章中應該有其在漢代逐漸增加的部分。

第五十三乙板前面十一句屬於一般所説的“羅列式”,[①]而後面四句則爲“陳述式”,陳述式的部分爲“盡得所求。延年益壽。上下敖游。兼吞天下”。從内容上看非常簡單,没有難字,而上面的十一句“羅列式”中則頗有筆畫繁複的文字。因此我們可以斷定此板中的前十一句應當屬於“二十章本”中的一章結尾,而後面四句,若按常理來看,則當爲其他章的開頭内容。但是其實也存在其爲“閭里書師”所加的可能。首先就是其内容比較簡單,與我們已知的《蒼頡篇》的形式大多不類;而其中的“上下敖游”“兼吞天下”分别與“二十章”本的“游敖周章”及“漢兼天下”多字重複,因此其屬於漢人所增加的可能性是很大的。“延年益壽”一句廣泛出現於漢代瓦當、磚文及鏡銘中,似乎也體現了漢人的思想。

---

① 第十一句爲“令次睢徧”,我們最初將其視爲“陳述式”,但是由於無法確定其作爲句子表述的内容,此處將其屬上。

(二) 對兩板一序問題的認識

按照整理者的意見,本書中有幾個章序是有兩板的,除上面已經談到的整理者所定之第十一板我們認爲當爲第廿一板外,尚有第十八、第卅五、第卌、第卌三、第五十三幾章,整理者認爲分别有甲、乙兩板。

不過就目前所見漢牘本的照片來看,除第五十三板兩板上均可依稀辨識章序外,其餘均不能確定。而且第五十三乙板中的内容不見於其他各本《蒼頡篇》,這也是很值得再深思的。所謂的"第十八甲"板和"第十八乙"板,從圖版上看均無法確認。第十八甲板中有個别字句見於阜陽漢簡本,不過由於阜陽本《蒼頡篇》殘斷過甚,無法用來考證其板序。第十八乙板上下均有殘缺,但是從内容上看則可與北大本相合,北大簡《蒼頡篇》簡 64、簡 56 及簡 57 前四句與此板内容同,爲例方便討論,我們將北大簡相關文字寫出:

萑葦菅蔽。莞蒲藺蔣。耑末根本。桊葉莠英。麋鹿熊羆。 64
犀犛豺狼。貙貍麈豻。麢麇麐麢。鳴鵠鳧鳫。鳩鴞鴽鶩。 56
陂池溝洫。淵泉隄防。江漢澮汾。河泲涊漳。 57

由"萑葦菅蔽"至"河泲涊漳"共十四句五十六字,與完整一章的六十字相比少了四字,而其所缺者從"閭里書師"本看當爲該章首句的四字。因爲北大本簡 57 第五句"伊雒涇渭"恰好爲第十九板的内容。因此將第十八乙板的章序定爲"第十八"是没有問題的。但是第十八甲板章序的確定從字迹與相關論證上看均毫無根據。

對於第卅五板中的兩板,其中的甲板,漢牘本本來是没有的,整理者對比北大本簡 71、72、68、69 等與漢牘本第卅四與卅六的内容,確定北大簡 71 自最後一句"截炊熱樠"起,至簡 69 第四句(即倒數第二句)"踝企瘧散"止,恰合整三簡六十字,當爲"第卅五"板的内容,這是正確的。至於其所謂的"第卅五乙",由於字迹漫漶不清,姑且存疑。

第卌板的情況近似。由於第卅九板最後一句"齎購件妖"爲北大本簡 42 首句,因此簡 42 後面四句應該就是第卌板的内容。簡 43 由於簡首有作爲章題的第二字"購",其與作爲該章首簡的簡 42 内容上没有問題可以前後相連,亦當接續簡 42 對應漢牘本第卌章的内容。不過按照整理者所認定的第卌板看來,其内容與北大本簡 42、簡 43 顯然不同。因此整理者稱"説明漢牘本三九、四〇必有一重號板。兹定四〇板有重號"。[1] 這種並無根據的"二選一"從方法上顯然存在問題,而且所謂的"第四〇"板上的序號亦實

① 劉桓編著:《新見漢牘〈蒼頡篇〉〈史篇〉校釋》,中華書局,2019 年,第 107 頁。其中的"四〇"按照木牘上的板序文字應作"卌"。

在難以辨識。因此不能排除其並非第卌的可能,即所謂的"第四〇乙"亦暫存疑。

第卌三兩板的情況與以上幾例亦同。且此兩板上部均有殘缺,根本無法確定其章序,整理者根據北大簡本的相關內容,確定第卌三甲板的序號是正確的,但是所謂的"第卌三乙"無法辨識,可存疑,章序待考。

由此看來,所謂的兩板同一章序的情況,最好還是謹慎對待,目前來看,有相當一部分是存在問題的。如果從實際應用的角度來看,"閭里書師"的"斷六十字爲一章",實在只是爲了整齊劃一、方便書寫以及學童記誦。整體上其一章的內容未必有什麼聯繫。因此沒有任何理由將一章的六十字擴充至一百二十字,更何況按照整理者所定的幾個兩板同序章中,同序的兩板在內容上也沒有任何關聯。《漢書・藝文志》:"至元始中,徵天下通小學者以百數,各令記字於庭中。揚雄取其有用者以作《訓纂篇》,順續《蒼頡》,又易《蒼頡》中重複之字,凡八十九章。臣復續揚雄作十三章,凡一百二章,無複字,六藝羣書所載略備矣。"[1]揚雄、班固的增字至八十九章與一百二章,其章序應該是接續五十五章的,也不太可能在某一章旁加一個同樣的序號。

不過對於這一問題,目前的研究困境是相關木牘上的序號文字漫漶不清,而對這些板序的認定我們實在也不知道其何所依據。而且不僅木牘上的序號,有些文字單憑書中所提供的照片亦難以辨識。希望今後能有更清晰的圖版公布。

(三) 相關的版本問題

漢牘本第廿九板內容殘缺,最右側一行(即首行)文字皆失,其餘兩行文字的上部缺兩字,下部缺四字,每行存十四字。整理者在"釋文"部分謂第二行下部"缺五字",不確。第二行所存最後一字"道"與第三行首字"諱"之間當缺六字,如此全章才能共有六十字。其第三行最後十二字與北大本簡 32 首三句相應,爲"頷勃醉酣。趑文窋窏。差費歈酺"。簡 32 後兩句爲"細小貧窶。气匃賃捈"。其中"細小貧窶"正好爲第廿九板之末,而"气匃賃捈"則爲第卌板之首句。整理者認爲第卌板首句與"匃"相應的字是一個左側殘缺,右側从"台"之字,並推測當爲"貽"字。從殘存字迹來看,其作▓,當爲"匃"字無疑。

此板第二行所存之字爲"□□□孤。拓媧軋罜。狋右婘□。猁拥眷道。□□□□"。其中第二字爲"孤"。我們認爲北大本簡 31 當爲此章內容,其爲整簡無殘缺,但是僅書兩句"頑祐械師。鰥寡特孤。百廿八",顯然爲"二十章"本的一章之末。而

---

① 顧實:《漢書藝文志講疏》,上海古籍出版社,2009 年,第 90 頁。

從北大簡《蒼頡篇》簡背劃痕來看，簡 31 與簡 32 確實是接續的。[①]

這樣，第廿九板前面所缺的二十二字中又有六字可知，即"頑祐械師。鰥寡"。也進一步可知北大本簡 31 上一簡中的後四句十六字屬第廿九板，[②]首句四字則當爲第廿八板的末句，不過由於漢牘本及北大本相關內容均已殘缺，目前尚不可得知其內容。

三、釋 字 問 題

前面已經提到，這批材料的圖版不甚清晰，整理者爬梳整理，篳路藍縷之功是應該承認的。但是有一部分文字的釋讀還可作進一步討論。下面我們按照整理者的板序將一些存在問題的釋字依次進行論說。

1. 第三板整理者所作釋文有"馮亦脊背"一句。該句又見於北大簡本、斯坦因所獲習字削衣簡本（以下簡稱習字本）等，其中北大簡本作"馮奕青北"。"青"字作 ，此木牘上的所謂"脊"字作 ，從字形上均應釋"青"，絕非"脊"字。將《蒼頡篇》中"青"改釋爲"脊"最早是由張存良先生提出，其受斯坦因所獲習字本《蒼頡篇》中"青北"作"青背"的啓發認爲"青"當爲"脊"之訛寫。[③] 然而我們仔細考察習字本中的該字，如簡 2973 作 ，簡 3696 作 ，簡 3561 作 ，沒有一例作"脊"者。如今此漢牘本中亦確切無疑作"青"，更能說明釋"脊"之說不確。整理者在此情況下仍從張氏之猜測，顯然也得不到正確的結論。

2. 第四板"矄荅蜎柔。婰娟款珥"兩句，北大本作"嬛荅蜎黑。婰姆款餌"。所謂的"柔"字作 ，整理者謂"荅荅可通，但黑柔義別，故北大本此句含義與後兩本（引者按即習字本，但是習字本此字無，未知整理者何據）有所不同"。[④] 然而仔細觀察此字圖版，雖然上面的部分不甚清晰，但是下面與"黑"字無別，釋"黑"無疑。[⑤] 所謂的"娟"作 ，我們認爲可徑釋"姆"，從字形上看沒有問題，且"冐"聲與"每"聲可相通。作者釋"娟"，又輾轉通"姆"，其迂曲。此外，"矄"字作 ，其左側似乎爲"女"形，絕不類"目"，因此亦當改作"嬛"，這樣與北大本也相合。

3. 第五板有"戲叢奢掩"一句。在習字本的削柿中相應的位置有一個字，其左側所

---

① 參北京大學出土文獻研究所編：《北京大學藏西漢竹書（壹）》，上海古籍出版社，2015 年，第 61 頁。

② 從簡背劃痕看應當非簡 30，北大簡《蒼頡篇》整理者亦未將其置於一章。

③ 張存良：《〈蒼頡篇〉研讀獻芹（四）》，武漢大學簡帛網，2015 年 12 月 18 日。

④ 劉桓編著：《新見漢牘〈蒼頡篇〉〈史篇〉校釋》，中華書局，2019 年，第 19 頁。

⑤ 劉桓編著：《新見漢牘〈蒼頡篇〉〈史篇〉校釋》，中華書局，2019 年，第 19 頁。

从與"戲"字左側相同。但是右側則似乎是"它"或"包"。整理者釋"豳",從字形上看是没有問題的。北大簡公布後,我們自然都知道這個字與"戲"字所處位置相同,字形也接近。我曾經也討論過此字與"戲"字有可能發生關係的途徑。① 可参看。

4. 第十一甲如前所述應爲第廿一板。其中"頓骸醜夫"一句中的"夫"作 ▨,從字形上看當爲"大"字。横畫下面的"一"絶非筆畫,且其所處的位置也非"夫"字下一横畫所應當的位置。不過秦漢時人常以"醜夫"爲名,"大"字存在是"夫"之誤寫的可能。

"顤盍重最"一句中的"盍"作 ▨,當釋爲"寧"。香港中文大學文物館藏簡牘《序寧》中"寧"字寫法常與此同,如簡 233"寧"作 ▨,又敦煌漢簡 58"寧"作 ▨,亦與之同。在此位置的"心"形"止"形如此作者在漢代文字中並不少見。

"購項猗積"一句中前兩字整理者解釋爲"對取得項羽人頭的懸賞"。如前所述由於第廿板(即整理者原定之第十板)上出現了"爰磨次貤"的字樣,説明其後的若干章當屬於《爰歷篇》,因此,趙高在秦王朝建立之初不久所作的内容應不會出現懸賞項羽的内容。

5. 第十三板"耑在社殤"一句種"殤"當爲"場"之誤寫。所謂的"耑"作 ▨,熟悉漢代文字的均可知漢隸中"士"與"出"常書寫混同,因此該字可徑釋爲"祟"。

6. 第十四板"骨體牙齒"一句中"體"字作 ▨,左側似从"身"。漢代"體"字常从"身"作,因此,該字準確寫法當作"軆"。

7. 第卅五乙板"奚避寠 ▨"一句最後一字乃整理者隸寫,認爲該字"不識"。但是由於字从"非",而推測其爲"翼"字。今按,字作 ▨,當爲"飛"字。其字小篆作 ▨,從形體上看顯然有繼承關係,明初章黼所編的《直音篇》"飛"字收有一異體作 ▨,與此字形全同。北齊《姜纂造像記》"飛出六塵"一句中的"飛"作 ▨,大概是此形的進一步簡化。不過隸變後一般"飛"字的寫法與此有異。值得注意的是本板中"飛"字出現了三次,分別爲"奚避寠飛""掌箴秉飛"和"郵寺幾飛",這種同一字在一章中三次出現的情況在《蒼頡篇》中還屬首次,不知是誤寫還是另有他意。

此外,整理者對一些字形的分析尚欠妥當。如第六板之"奪"字作 ▨,整理者謂"該字形可向上追溯到殷墟甲骨文 ▨ 字,字本象一手持隹,另有一手來奪形"。② 此説顯然不確。熟悉隸書字形的大概都知道,諸如"大""赤"等字的下部在隸書階段往往寫作"八",而"八"有時又會寫作"三點",此"奪"字上面被整理者誤以爲"手"形的部分其實

① 白軍鵬:《讀北大簡〈蒼頡篇〉札記》,《簡帛研究(二〇一六春夏卷)》,廣西師範大學出版社,2016 年,第 254 頁。

② 劉桓編著:《新見漢牘〈蒼頡篇〉〈史篇〉校釋》,中華書局,2019 年,第 237 頁。

就是"大"在漢代的一種變體,第十一板有"祒裶奮光"一句,其中的"奮"字作 ,正可爲其參照。

四、異 文 問 題

漢牘本中存在與其他版本間的異文,有些可以糾正學者們過去對詞義的誤釋:第卅板有"鏡鑷比疏"一句,北大本簡 35 此句作"鏡籣比疏"。《急就篇》有"鏡籢疏比各異工"。顏師古注"鏡籢,盛鏡之器,若今鏡匣也。"①整理者對"鑷"字無説,僅説"鏡鑷比疏都是梳妝用具"。北大簡整理者受《急就篇》的影響,大概是認同將"籣"讀爲"籢"的。其稱"'鏡籢疏比'與本句簡文'鏡籣比疏'近同,顯然有承繼關係。而簡文'籣'因其洽在'鏡'下而又可以讀作'籢'"。② 不過在此之前,其亦引《説文》對"籣"的解釋"箝也",而無任何解説。

今就此漢牘本觀之,"籣"字當以《説文》之説爲準。"籣,箝也。"段玉裁謂"夾取之器曰籣,今人以銅鐵作之,謂之鑷子"。③《説文》中無"鑷"而有"籣",徐鍇在"籣"下謂"今俗作鑷"。④ 事實上,"鑷"字雖然《説文》未收,却見於《釋名》,《釋名·釋首飾》:"鑷,攝也,攝取髮也。"由於其所記均爲聲訓材料,其字在書中最初便作"鑷"字無疑。而劉熙亦指出其與"髮"之關係。更加值得重視的是《太平御覽·服用部》所引《齊書》的相關內容:"高祖恒令左右拔白髮,隆王昌,高祖之孫,年五歲,戲於床前,帝曰:'兒言我是誰?'答曰:'太翁。'帝曰:'豈有爲人曾祖拔白髮乎?'即擲去鏡鑷。"⑤説明"鑷"是當時人常用的拔取雜出鬚髮或白髮等的工具,而且常與鏡同用。⑥

附記:本文完成於 2019 年 12 月,最初發表於復旦大學出土文獻與古文字研究中心網站(2019 年 12 月 26 日)。文章主要對漢牘本整理者所定板序(即章序)中存在的問題提出了新的意見,這些意見後來也爲福田哲之先生等相關研究者所采納。因此,雖然距離成文已經超過三年,對漢牘本的整理情況我們也有一些新的認識,但是此文似仍有一定的參考價值。

---

① 曾仲珊點校:《急就篇》,嶽麓書社,1989 年,第 186 頁。
② 北京大學出土文獻研究所編:《北京大學藏西漢竹書(壹)》,上海古籍出版社,2015 年,第 104 頁。
③ 段玉裁:《説文解字注》,上海古籍出版社,1981 年,第 195 頁。
④ 徐鍇:《説文解字繫傳》,中華書局,1987 年,第 88 頁。
⑤ 李昉等:《太平御覽》,(臺北)藝文印書館,1997 年,第 3305 頁。
⑥ 文章發表後了解到單育辰先生在抱小:《北大漢簡〈蒼頡篇〉校箋(一)》(復旦大學出土文獻與古文字研究中心網站,2015 年 11 月 17 日)第 8、9 樓(2015 年 11 月 21 日)的跟貼也説過此問題。特此補充説明。

連雲港海州漢墓衣物疏
所見"襦"字試析 *

任　攀

（復旦大學出土文獻與古文字研究中心、"古文字與
中華文明傳承發展工程"協同攻關創新平臺）

一、襦　與　襦

本文討論江蘇連雲港海州西漢墓出土衣物疏中舊釋"襦"的字，並以此爲例探討可能導致俗字異體分化的若干條件。

《文物》2012 年第 3 期刊布的《江蘇連雲港海州西漢墓發掘簡報》（以下簡稱爲"《簡報》"）介紹了 2002 年連雲港市博物館對海州區雙龍村花園路兩座西漢墓（M1、M2）的發掘情況及隨葬器物。① 在 M1 三號棺中有一塊墨寫隸書的衣物疏木牘（標本號爲 M1：60，因同出有一方"淩氏惠平"銅印，故被稱爲"淩惠平衣物疏"）。《簡報》發表後，竇磊隨即發文對衣物疏的釋文提出修訂意見，②趙寧也對釋文作了校正。③ 下面根據他們的意見對《簡報》的釋文校改如下：④

---

* 本文寫作得到 2019 年度國家社科基金冷門"絕學"和國別史等研究專項"漢晋簡牘名物詞整理與研究"（批准號：19VJX091）的支持。

① 見連雲港市博物館：《江蘇連雲港海州西漢墓發掘簡報》，《文物》2012 年第 3 期，第 4—17 頁。

② 竇磊：《淩惠平衣物疏補說》，武漢大學簡帛網，2012 年 4 月 20 日；又見竇磊：《漢晋衣物疏集校及相關問題考察》，武漢大學博士學位論文，2016 年，第 35—39 頁。

③ 趙寧：《散見漢晋簡牘的搜集與整理》，吉林大學碩士學位論文，2014 年，第 217—221 頁。

④ 釋文中用花括弧"{ }"括注通用字，用括弧"（ ）"括注異體字。

正面：

霜{緗}丸{紈}衣、縹丸{紈}衣、縹丸{紈}薄衣、青衣、緑複衣、賜(?)絳襜褕、繡(聞)中單；(第一欄)

母{毋}尊單衣、縑丸{紈}襜褕、母{毋}尊單衣、縑丸{紈}襜褕、縹綺複襦、縹冰(冰)直領、縹綺甲襦、縹丸{紈}袷直領；(第二欄)

蔄青複襦、霜{緗}袷甲襦、縹丸{紈}襜褕、縹複□、青複襦、練單襦、練單襦、緑素小綺、練緣綺、緑薄綺；(第三欄)

練緯單衣、繡被一、縹冰(冰)薄被、縑單被、畫鉤衣一、縹綺襦。(第四欄)

反面：

衣檢一、節笥一、鏡一、節一具、交刀鼞{鑷}各一、橐一、尺刀各一、青糸(絲)履一兩。

上揭釋文中除了"襦"外，可作如下改釋：

(1) 第三欄"練單襦"出現兩例，後面一例中第二字極爲模糊(　)，結合殘筆和文例來看，當釋爲"複"字。

(2) 第三欄"緑素小綺"中所謂"小"字作　，《簡報》闕釋，趙寧釋"小"，竇磊從之。從殘筆的走向看，此字也應釋"複"。

(3) 反面"橐一"中所謂"橐"作　，當釋"虡"，讀爲"籚"。《説文解字·竹部》："籚，食牛匡也。从竹、虡聲。方曰匡，圓曰籚。"段玉裁注："籚，匡之圓者，飯牛用之，今字通作'莒'。"[1]《廣雅·釋器》："豆、籚，杯落也。"據《簡報》，三號棺出有竹笥殘片，當是籚之遺迹。

衣物疏中舊釋"襦"的字寫作：

正面第二欄：　(第五行)、　(第七行)

正面第三欄：　(第一行)、　(第二行)、　(第六行)、　(第十行)

正面第四欄：　(第六行)

左邊除最後一例似從"彳"外均從"衣"。漢墓遺策複衣之"複"或作"復"，與此類似。以下以"襦*"指代這類形體。

"襦*"右邊所從與"高"類同，可比較漢簡"高"字如下寫法：[2]

① ［漢］許慎撰，［清］段玉裁注，許惟賢整理：《説文解字注》，鳳凰出版社，2007年，第347頁。

② 李洪財：《漢簡草字整理與研究》(下編)，吉林大學博士學位論文，2014年，第228—229頁。

[圖] 尹 YM6D7A、[圖] 尹 YM6D8B、[圖] 尹 130、[圖] 尹 YM6D8B

[圖] 敦 503A、[圖] 敦 620、[圖] 敦 2002、[圖] 敦 1057B

[圖] 居 32·14A、[圖] 居補·L1、[圖] 肩 73EJT8：65、[圖] 肩 73EJT6：60

漢代"需"或从"需"的字一般寫作：①

需：[圖] 居 536·2

儒：[圖] 武威《儀禮·服傳》37 簡(用爲"繻")、[圖][圖] 衡方碑、[圖] 堯
廟碑

繻：[圖] 侍其 1·1、[圖] 侍其 1·1、[圖] 尹 YM6D12B、[圖] 居 326·22A、
[圖] 居新 EPT56：86、[圖] 居新 EPT52：187、[圖] 居新 EPT51：8、
[圖] 肩 73EJT5：26

孺：[圖][圖] 天長 M19：40－10A、[圖] 肩 73EJT9：13

"需"字本从雨从天,經過訛變分化出"需"和"叜"兩個字。② "叜"下面的"大"形也或
訛作"而"。居新 EPT52：187 中"繻"字除了上引"[圖]"這種寫法,還有一例寫作
"[圖]"(以下用"繻△"指代這類形體),右上的橫筆上加了一點或由"雨/而"頭中間豎筆
向上突破橫筆,與海州西漢墓的"繻＊"可以比較。

《玉篇·衣部》收有"繻"字俗體"襦",敦煌遺書 S.5584《開蒙要訓》"衫繻"之"繻"寫
作"[圖]"。③ 這類俗體大概都是由"繻△"直接演變而來的。

"繻＊"右旁各部位的寫法幾乎都可以在上揭"需"或"需"旁中找到類似的,甚至可
以説是在"繻△"右旁的基礎上吸收別的寫法進一步演變而成的。所以最穩妥的辦法當
然是將"繻＊"看作"繻"字俗體,但是它的右旁確實又與共時文字系統中的"高"字寫法
極爲相近,逕隸作"禞"也未嘗不可。

過去逕將海州西漢墓衣物疏中的"繻＊"釋爲"繻",主要是從文例和語境上考慮的。
不可否認,漢晉衣物疏中處在相同文例和語境下而字形有關係的只有"繻"字,但是
"繻＊"跟"繻"字一般寫法的區別以及它可能反映出的文字、語言現象就被忽略了,這就
是俗字的異體分化以及俗字與語言的相互影響。

---

① 李洪財：《漢簡草字整理與研究》(下編),吉林大學博士學位論文,2014 年,第 490、384、623 頁;佐野光一編：
《木簡字典》,雄山閣出版株式會社,1985 年,第 68 頁。

② 劉釗：《古文字構形學(修訂本)》,福建人民出版社,2011 年,第 131 頁。

③ 黃征：《敦煌俗字典》,上海教育出版社,2005 年,第 341 頁。

　　俗字作爲異體會不會在長期使用中對正字所表示的音義產生影響？這個問題古今學者都有討論。譬如，後魏酈道元在《水經注》中一再提到"字從聲變""字隨讀改""字隨讀轉""字隨讀變""字從讀變"以及"音從字變""讀隨字改"等現象，張永言對這些現象作過分析，指出"字從聲變"之類是語言影響文字，語音變化後文字寫法跟着變；"音從字變"之類是文字影響語言，文字寫法變化後語音跟着變。① 後一種現象，酈道元所舉諸例是原字因形近而被當作別的音義無關的字，如丹山被叫作凡山，延鄉縣故城被叫作從城。此外，學者還注意到有字形訛變後讀音隨之變化而詞義跟原字一樣的現象。周祖謨稱之爲"形訛而音訛"。② 張涌泉稱之爲"音隨形變"並作過專門的總結和討論，舉例如"舅—䑽"（前者爲正體，後者爲俗體，下同）、"切—刧""剝—剗""麶—麷""薩—蓬"。③ 曾良也對這種現象作過討論，舉出"行使—行李""酸餡—餕餡""輻—轁""暴、暴—暴""犍稚—犍椎/推/槌""互—牙""坋—圻"等例，分析漢字對漢語音、義造成的影響。④

　　如何看待秦漢文字中的俗字，它們對漢語詞彙的音、義有無產生類似的影響？對這個問題目前有兩種認識角度。譬如，漢簡中有當起土農具講的甶的專用字"桘/鍤"，其右旁或與"齒"形混同，近年有學者主張將其中右旁與"齒"形混同的釋讀爲"檣/鎃"，邢義田更作過詳細論證，主張"檣/鎃"表示的是見於魏晋畫像磚的一種耙土用丁字形多齒農具。⑤ 我們曾對這些説法作過辨析，提出邢先生所釋"檣/鎃"字中絶大部分可以根據漢簡中提供的農具形制信息釋讀爲"桘/鍤"，剩餘少部分仍可參照同類形體演變跟"桘/鍤"聯繫起來，而且將"檣/鎃"看作耙土用丁字形多齒農具的名稱從得名理據上也無法落實。⑥

　　我們不同意邢先生從"桘/鍤"字的諸多俗寫中獨立出來"檣/鎃"另做解釋的結果，是因爲這樣做在文字構形、詞義上得不到較好的解釋。不過，就"襦＊"來説，將它看作"襦"的俗字"褐"，因形體訛變而出現新的讀音，從一字異體逐漸分化表示由襦發展而來

---

① 張永言：《酈道元語言論拾零》，氏著：《語文學論集》，復旦大學出版社，2015 年，第 137—139 頁。

② 周祖謨：《廣韻跋尾二種》，氏著：《問學集》，中華書局，1966 年，第 926—927 頁。

③ 張涌泉：《論"音隨形變"》，氏著：《漢語俗字研究》，商務印書館，2010 年，第 373—382 頁。

④ 曾良：《略論漢字對詞音、詞義的影響》，氏著：《敦煌文獻叢札》，浙江古籍出版社，2010 年，第 199—208 頁。

⑤ 甘肅簡牘保護研究中心等：《肩水金關漢簡（貳）》，中西書局，2012 年，中冊第 311 頁、下冊第 155 頁；李洪財：《漢簡草字整理與研究》（下編），吉林大學博士學位論文，2014 年，第 258 頁；何茂活：《肩水金關漢簡〈所寄張千人舍器物記〉名物詞語考釋——兼補胡永鵬〈讀《肩水金關漢簡（貳）》劄記〉文意》，《魯東大學學報（哲學社會科學版）》2014 年第 6 期，第 71—75 頁；邢義田：《一種漢晋河西和邊塞使用的農具——"鎃（檣）"》，《簡帛》第 11 輯，上海古籍出版社，2015 年，第 191—205 頁。

⑥ 任攀：《漢簡中"桘/鍤"釋讀補説》，待刊。

的一種衣物形式的名稱,這個解釋在文字構形、詞義以及物質文化演進上都能得到支持。

二、"裓"字可能的讀法

要討論"裓"字的讀法,需要先看如下幾組字。

1. 裔—襄

北魏墓誌中"裔"字或寫作 (北魏元文墓誌,"黄軒之裔")、(北魏寇猛墓誌,"流稱萬裔")、(北魏寇演墓誌,"錦裔遐彰")等形,這類寫法其實是將"裔"下部的"冏"移至"衣"中間而成的(結構類似"衰")。這麽做大概也是爲了讓"冏"這類不常用的偏旁向形近的常用字(偏旁)靠攏,前二者上部就近於"商",最後一例上部可看作从"高"省。北魏叔孫協墓誌有"其先軒轅皇帝之 胄"之語,""上部已完全跟"高"相同,一般將其看作"裔"的俗字。敦煌遺書《佛經難字及韻字抄·賢愚經難字》(伯 3823)中有""字,張涌泉主編《敦煌經部文獻合集》校記云:

> "襄"字下部的"衣"底卷無上部的一點,當是俗寫之略;"襄"當爲"裔"的俗字,《集韻·祭韻》載"裔"字或作"襄",可以比勘。此下三字出於《大正藏》本經文卷六快目王眼施緣品第二十七(《麗藏》本無此品),經文有"爾時邊裔,有一小國"句,即此字所出。①

"襄"下部的"衣"無上部一點不一定是俗寫之略,反倒是加點的可能是爲了將本來是"衣"的下半部分類化成字的結果。②

《玉篇·衣部》中有一個"襄"字,音金倒切,義闕;又見於《字彙補·衣部》,音槁。這個字極可能就是"裔"的俗字,因其上變作"高"而被當作从"高"得聲的形聲字。此外,《龍龕手鏡·高部》收有"襄""""",音奴當反,大概其時又是"囊"的俗字。

古書中常見"裔胄"一詞,又有"高胄"。《藝文類聚》載西晋傅玄所作江夏太守任君墓誌銘中有"承洪苗之高胄,稟岐嶷之上姿"之語,《宋書·蔡興宗傳》中有"名門高胄"之語,《南史·郁林王何妃》又有"唯須高胄,不須强門"之語,高與上、名、强等形容詞對舉,可見魏晋南北朝時期"高胄"自可成詞。

---

① 張涌泉主編:《敦煌經部文獻合集·小學類佛經音義之屬(二)·佛經難字及韻字抄》,中華書局,2008 年,第 5752 頁校記 67。

② 字形可參臧克和主編:《漢魏六朝隋唐五代字形表》,南方日報出版社,2011 年,第 1238 頁。

　　古書中"裔胄"的使用頻率比"高胄"高很多,"高胄"之"高"極可能是時人誤讀"裔"之俗字"裒"而産生的詞,《玉篇》中音"金倒切"的"裒"或許就是"裔胄"逐漸分化出"高胄"這一過程中的産物。當然也不排除另外一種可能,"裔"字寫作"裒"是受到"高胄"之"高"的類化。

　　2. 薨—薧

　　《説文・死部》有"薨""薧"二字,解釋説公侯卒曰"薨",死人里曰"薧"。後者或省掉"死"旁作"蒿",與青蒿之"蒿"同形。馬王堆漢墓帛書《春秋事語・十六 魯桓公與文姜會齊侯于樂章》"公薨于車"之"薨"寫作　(薨)。漢代文字中又有從死從高或從高省的"薧""亮""亮"等字,或讀爲"薨",或讀爲枯槁之"槁":前者如東漢幽州書佐秦君石闕"二親亮没"、東漢司徒袁安碑"三月癸丑　";後者如馬王堆漢墓帛書《老子甲本》84"其死也枯　"。如果按照《説文》將"薨""薧"二字獨立,這種現象可以有三種解釋:一是同義换讀,《説文》"薧"下段玉裁注云"凡死而枯槁謂之'薧'",[①]是"薨""薧"二字均有死義;二是同義或近義字在形體上産生類化;三是有可能跟"裔"與"裒"類似,"薧"是"薨"的俗字被看作新的形聲字而被重新解讀。

　　3. 其他

　　塗—荼—搽:"塗"在魏晋之際由於語音演變分化爲同都、宅加二音,爲免混淆,唐前後俗書中借"荼"表示宅加切的"塗",後又加注手旁作"搽"。[②] 這是語音分化先於字形分化産生俗字。

　　涕—洟:"涕"字上古表示眼淚義,後來表示鼻液,王力認爲是語義引申,慧琳、方以智、焦循、段玉裁、曾良等認爲是由於"涕""洟"形近相訛造成"涕"有鼻液義。[③] 這可看作形體訛變的俗字作爲異體分化(語音亦有所變化)表示引申義的例子。

　　從上面幾組字看,"褏"作爲"褏"的俗字完全可能被看作从"高"聲的字,至於它有無可能分化出來表示專門的語義則需結合襦這種衣物的演變來看。

三、襦的演變及"褏"字的異體分化

　　襦至晚在春秋時即已出現,《左傳・昭公二十五年》載師己曰:"吾聞文、成之世,童

---

① ［漢］許慎撰,［清］段玉裁注,許惟賢整理:《説文解字注》,鳳凰出版社,2007年,第292頁。

② 張涌泉:《漢語俗字研究(增訂本)》,商務印書館,2010年,第97—99頁。

③ 曾良:《文字對漢語音義的影響》,氏著:《俗字及古籍文字通例研究》,百花洲文藝出版社,2006年,第234—239頁。

謡有之,曰:'……鸜鵒跦跦,公在乾侯,徵褰與襦。'"①《説文·衣部》"襦"字下云:"短衣也。从衣需聲。一曰曅衣。"段玉裁注:

> 《方言》:"襦,西南蜀漢之間謂之曲領,或謂之襦。"《釋名》有"反閉襦",有"單襦",有"要襦"。顔注《急就篇》曰:"短衣曰襦,自膝以上。"按,襦若今襖之短者,袍若今襖之長者。……一曰與一名同,非別一義也。《日部》曰:"安曅,溫也。"然則曅衣猶溫衣也。《内則》:"衣不帛襦袴。"注曰:"不用帛爲襦袴,爲大溫傷陰氣也。"《釋名》曰:"襦,奭也,言溫奭也。"②

所謂"短衣"是跟戰國至西漢時廣泛流行的深衣相對而言的。《禮記》專有一篇《深衣》詳細記述深衣的制度與用途,不過對於文字記載古人多有誤解,結合考古發現已經可以弄清其形制。③《禮記·深衣》記深衣的長度云:"短毋見膚,長毋被土。"男子的深衣下及足背。《急就篇》"袍襦表裏曲領裙",顔師古注:"長衣曰袍,下至足跗;短衣曰襦,自膝以上。一曰短而施要者襦衣。"説襦是自膝以上的短衣。居延新簡EPT51.79 云:

> 大守府書:塞吏、武官吏皆爲短衣,去足一尺。告尉謂第四守候長忠等:
> 如府書,方察不變更者。·一事二封。七月辛亥,功曹佐嚴封。④

同探方簡牘中有建始、陽朔、永光、綏和等年號,可知這些應是西漢晚期的簡。太守規定塞吏、武官吏這些武職人員更服短衣當是爲了行動便捷。漢尺約合 23 釐米,"去足一尺"要比"下至足跗"的袍短,比"自膝以上"的襦長。

古代字書中"袍""襦""襖"常常互訓。梁顧野王《玉篇·衣部》"袍"字下注:"長襦也。"同書"襖"下注:"袍,襖也。"隋陸法言《切韻》"襦"字下注"襖","襖"字下注"短袍"。可見袍、襦、襖三者的形制應當相近,區別在長短。高春明《中國服飾名物考》説:"襖是在襦的基礎上衍變而來的一種服式,起初常與短襦混稱,或合二爲一,叫做'襦襖'。……隨着穿着者的增多,襖的含意日益明確:凡長及腰際的短衣,仍稱爲'襦';比襦爲長、比袍爲短的衣服,則稱爲'襖'。"⑤就是專從長短上區分三者。

---

① 楊伯峻編著:《春秋左傳注(3 版修訂本)》,中華書局,2009 年,第 1459—1460 頁。

② [漢]許慎撰,[清]段玉裁注,許惟賢整理:《説文解字注》,鳳凰出版社,2007 年,第 690 頁。

③ 孫機:《漢代物質文化資料圖説(增訂本)》,上海古籍出版社,2008 年,第 277—278 頁。

④ 張德芳主編,李迎春著:《居延新簡集釋》(三),中西書局,2016 年,第 213 頁。"功曹"二字原釋"□曾",此從鄔文玲釋,見鄔文玲:《居延新簡釋文補遺(六則)》,《首屆中日韓出土簡牘研究國際論壇暨第四屆簡帛學的理論與實踐學術研討會論文集》,首都師範大學歷史學院等,2019 年,第 520—521 頁。

⑤ 高春明:《中國服飾名物考》,上海文化出版社,2001 年,第 554 頁。

頗疑"襖"就可能是表示襖這種從襦發展而來的一種服式的古字。《説文新附·衣部》:"襖,裘屬,从衣奧聲,烏皓切。"《玉篇·衣部》:"襖,烏老切,袍襖也。""高"聲字與"告""丂"聲字可通用。① 上古音"高"屬見母宵部字,"奧"屬影母覺部字。見母、影母相通的例子如:圭爲見母字,从圭得聲的哇、窐、漥、蛙、黿等字均爲影母字。古音幽、宵兩部關係極爲密切,覺爲幽部入聲。宵、覺兩部字相通不乏其例。劉熙《釋名·釋親屬》:"叔,少也","叔"爲書母覺部字,"少"爲書母宵部字。《史記·周本紀》記載蘇代對東周君曰:"臣能使韓毋徵甲與粟於周,又能爲君得高都。"《史記正義》引《括地志》云:"高都故城一名郜都城。"高是見母宵部字,郜是見母覺部字。中古音"高"在見母豪韻,"奧"在影母號韻,同爲開口一等字。漢代"咎"及从"咎"聲的字可與"高""奧"通用。如銀雀山漢簡"陰陽時令、占候之類"《曹氏陰陽》簡 1646 云:"春宜少年,夏宜耆年,秋宜咎年,冬宜□。""咎"從鄔可晶改釋並讀爲"高"。② 馬王堆帛書《房内記》(舊稱《雜療方》)有藥名"陵檮",原整理者謂即"陵槁",係甘遂別名,《長沙馬王堆漢墓簡帛集成》從之。③ 北大漢簡《妄稽》云:"與汝媚於窖,寧媚於竈。"整理者將"窖"讀爲"奧",引《論語·八佾》:"王孫賈問曰:'與其媚于奧,甯媚於竈,何謂也?'"④可知,"高""奧"聲亦相近。

鈕樹玉《説文新附考》考證云:

　　襖,疑燠褥之俗字。《玉篇》:"襖,烏老切,袍襖也。"《廣韻》訓同。按高氏《事物紀原》"襖子"引《舊唐書·輿服志》曰:"燕服,古褻服也。今⑤亦謂之常服,江南以巾褐裙襦,北朝雜以戎夷之制。至北齊,有長帽短靴,合袴襖子,朱紫玄⑥黄,各任所好。若非元正大會,一切通用。蓋取於便事。**則今代襖子之始,自北齊起也**。"樹玉據《説文》"燠"訓"熱在中"、《詩·唐風·無衣》"不如子之衣,安且燠兮"傳云"**燠,暖也**,**疑襖義本此**,故《新附》訓"襖"爲"裘屬"。又疑"褥"者,《衣部》"褥"訓"短衣,一曰曡衣",《肉部》"臑,讀若褥",是音、義並近"襖"。⑦

鈕氏認爲"襖"之得名源自"燠",可以保暖。元人戴侗《六書故·工事七》"襖"下云:"今

① 張儒、劉毓慶著:《漢字通用聲素研究》,山西古籍出版社,2002 年,第 157、162 頁。

② 鄔可晶:《銀雀山漢簡"陰陽時令、占候之類"叢札》,《出土文獻》第 7 輯,中西書局,2015 年,第 219—221 頁。

③ 裘錫圭主編:《長沙馬王堆漢墓簡帛集成》第 6 册,中華書局,2014 年,第 77—78 頁。

④ 北京大學出土文獻研究所編:《北京大學藏西漢竹書(肆)》,上海古籍出版社,2015 年,第 71—72 頁。

⑤ "今"字原無,今據金圓、許沛藻點校本《事物紀原》補,見[宋]高承撰,[明]李果訂,金圓、許沛藻點校:《事物紀原》,中華書局,1989 年,第 149 頁。

⑥ 原避清聖祖名諱將"玄"改作"元",今復改作"玄"。

⑦ 續修四庫全書第 213 册,上海古籍出版社,2002 年,第 125 頁。

以夾衣爲襖。"①則至遲在元代就專門用"襖"指稱可以保暖的夾衣。

古書中"襖"字較早的用例見於北齊魏收撰《魏書·拓跋澄傳》：

> 高祖曰："朕昨入城,見車上婦人冠帽而着小襦襖者,若爲如此,尚書何爲不察?"澄曰："着猶少於不着者。"高祖曰："深可怪也! 任城意欲令全着乎? 一言可以喪邦者,斯之謂歟? 可令史官書之。"②

是北魏高祖時或當有"襖"字。婦人穿着"小襦襖"之所以被視爲不合禮教、有傷風化的事情,大概因爲它們是比一般的"襦""襖"更短的短衣。

唐人記載魏文帝時有"披襖子",見明陶宗儀《説郛》卷十引唐劉存《事始》"披襖子"條：

> 《實錄》曰：蓋上古褌衣遺狀也。尚墨色而無花彩。秦漢以五色。魏文帝詔令："春正月婦獻上舅姑披襖子、氈履。"③

五代人馬縞《中華古今注》將"披襖子"之名追溯到漢初：

> 官人披襖子,蓋袍之遺象也。漢文帝以立冬日賜宮侍承恩者及百官披襖子,多以五色繡羅爲之,或以錦爲之,始有其名。煬帝宫中有雲鶴金銀泥披襖子。則天以赭黃羅上銀泥襖子以燕居。④

唐段成式《酉陽雜俎·寺塔記》更將襖追溯到戰國晚期：

> 楚國寺,寺内有楚哀王等金身銅像,哀王繡襖半袖猶在。⑤

戰國至漢魏時是否有"襖"這個字當然不能據後人追述確認,但是其時很可能已有與襦有別、相當於後世稱作"襖"的服式。雖然目前發現的戰國至漢魏出土文字資料中尚未見"襖"字,但當時的語言中或許已經有了表示這種從襦發展而來的服式的詞。根據我們對漢語俗字的認識,這個詞逐漸地采用本爲"襦"字俗體的"襖"來記録是完全可以理解的。

另,明末字書《正字通·申集下·衣部》收有"襖"字俗體作"袄"。從衣從夭的字在先秦古文字中是有的,不過多用作人名,⑥與"襖"字俗體"袄"不一定有沿革關係,當然也不排除後人借用已有字作俗體的可能。

---

① [宋] 戴侗：《六書故》,上海社會科學院,2006 年,第 744 頁。

② [北齊]魏收撰：《魏書》卷十九《景穆十二王·任城王雲·拓跋澄》,中華書局,2017 年,第 540 頁。

③ [明]陶宗儀：《説郛》,上海古籍出版社,1988 年,第 216 頁。

④ [五代] 馬縞：《中華古今注》,商務印書館,1939 年,第 20 頁。

⑤ [唐] 段成式撰,許逸民校箋：《酉陽雜俎校箋·續集卷六·寺塔記下》,中華書局,2015 年,第 1931 頁。

⑥ 湯志彪：《三晋文字編》,作家出版社,2013 年,第 1267 頁。

四、甲襦(襖)的形制與得名

漢晋衣物疏中襦分單、複,連雲港海州漢墓衣物疏中的襦(襖)也分單、複,有"單襦""複襦",還有"甲襦"。前兩名容易理解,唯最後一種需要解釋。古書中有"甲襦",可以跟"甲襦"合觀。揚雄《方言》載:

> 汗襦,江淮南楚之間謂之禧;自關而西或謂之祇裯;自關而東謂之**甲襦**;陳魏宋楚之間謂之襜襦,或謂之禪襦。①

華學誠注釋"甲襦"説:

> "甲"字未詳。丁惟汾《方言音釋》:"'甲'爲'遮'之同聲假借,所以掩遮汗濡,故謂之甲襦。"②

竇磊將海州衣物疏中所謂"甲襦"之"甲"讀爲"神",認爲神襦即短襦。③《集韻・狎韻》引《廣雅》解釋神爲襦,"神"或仍當取義於"甲",就是襦中形制類甲者。

由於"襖"在秦漢以前的文獻中極少見到,而其形制和襦接近,下面就對甲襦的形制及其得名之由稍作分析來增加對"甲襖"的認識。

甲襦是西漢時關東人對汗襦的稱呼。汗襦就是一種貼身穿着的短衣,漢人又稱之爲"汗衣"。劉熙《釋名・釋衣服》:

> 汗衣,近身受汗垢之衣也。《詩》謂之"澤",受汗澤也。或曰鄙袒,或曰羞袒,作之,用六尺裁,足覆胸背,言羞鄙於袒,而衣此耳。④

孫機指出"這種上衣(裯、祇裯、汗襦、汗衣)'裁足覆胸背',它的袖子一定相當短"。⑤

短袖的衣服,漢代叫"半袖",在古代另有"半臂""蔽甲""披襖""背子""罩甲"諸名,⑥雖然方俗以爲同物異名,但考慮時代地域等因素,它們的形制也不可能完全相同。清王應奎撰《柳南續筆》卷三"罩甲"條云:

---

① 華學誠:《揚雄方言校釋匯證》,中華書局,2006 年,第 272 頁。該書校勘采取底本式,原文中的訛誤予以保留,不便閱讀理解,今皆據校記訂正。
② 華學誠:《揚雄方言校釋匯證》,中華書局,2006 年,第 275 頁。
③ 竇磊:《漢晋衣物疏集校及相關問題考察》,武漢大學博士學位論文,2016 年,第 38 頁。
④ [漢]劉熙撰,[清]畢沅疏證,[清]王先謙補,祝敏徹、孫玉文點校:《釋名疏證補》卷第五《釋衣服》,中華書局,2008 年,第 175 頁。
⑤ 孫機:《中國古輿服論叢(增訂本)》,文物出版社,2011 年,第 145 頁。孫氏在句讀上與點校本的處理略有不同。
⑥ [宋]高承撰,[明]李果訂,金圓、許沛藻點校:《事物紀原》,中華書局,1989 年,第 148 頁。[清]郝懿行著,李念孔等點校,管謹韧通校:《證俗文》,齊魯書社,2010 年,第 2202 頁。

今人稱外套亦曰"罩甲"。按,罩甲之制,比甲則長,比披襖則短,創自明武宗,前朝士大夫亦有服之者。①

就認爲罩甲的長度比甲長,比披襖短。雖然長度不同,但"罩甲"顯然以其形制類甲而得名。元代又有"比甲",《元史·后妃傳》載:

> (世祖后)又制一衣,前有裳無衽,後長倍於前,亦無領袖,綴以兩襻,名曰"比甲",以便弓馬,時皆倣之。②

"比甲"顯然也是因其形制類甲而得名。"罩甲""比甲"之名雖晚,但古人命名的思想應該是一貫的,這可爲探討"甲襦""甲禍"的形制及得名提供佐證。

有學者指出:"甲是特殊的衣服,其成形直接受衣服發展的影響,只有當人們懂得將衣服製成套頭式或開襟式以後,才能够將甲也製成相應的形狀。"③這是就甲之起源或一種新樣式創設階段而言的,由於材質和作用不同,甲的形制發展必然形成自己獨立的體系,反過來也可能影響到衣服的形制或命名。

考古出土的漢代鎧甲實物中,有一種是前胸對開襟、短袖的,如滿城中山王劉勝墓出土的鐵甲:

(正面)　　　　　　　　(背面)

滿城漢墓出土鐵鎧甲復原模型④

---

① ［清］王應奎撰,以柔校點:《柳南隨筆 續筆》,上海古籍出版社,2012年,第124頁。

② ［明］宋濂等撰:《元史》卷一百一十四《世祖后察必列傳》,中華書局,1976年,第2872頁。

③ 白榮金、鍾少異著:《中國傳統工藝全集·甲冑復原》,大象出版社,2008年,第4—5頁。

④ 中國社會科學院考古研究所、河北省文物管理處:《滿城漢墓發掘報告》,文物出版社,1980年,圖版247。

　　1982 年湖北江陵馬山一號楚墓(時代屬於戰國中晚期)出土的"緅衣"和滿城漢墓出土鐵鎧甲的形制極爲接近：

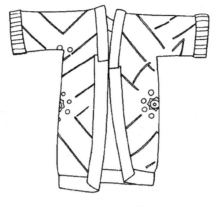

正面綫描圖①

這件"緅衣"短袖、對襟,是尺寸縮小的用於助喪的衣服模型(通長 45.5 釐米、袖長 13 釐米、袖寬 10.7 釐米),非實用衣物,但至少可能反映了當時日常所着便服的一種樣式。② 孫機認爲緅衣就是見於《説文》的"裯",也就是"袛裯"。③ 根據《方言》,"袛裯""甲襦"又都是"汗襦"在不同地區的叫法,這些不同的稱呼可能確是一物異名,也可能指代格式類似而有細微差别的不同服式。

　　甲襦的形制即如上述,甲襖應比它稍長。沈從文曾指出相傳洛陽八里臺出土的西漢畫像磚上彩繪婦女之外衣與"緅衣"格式類似：④

---

① 孫機：《中國古輿服論叢(增訂本)》,文物出版社,2011 年,第 145 頁圖 10-7。

② 湖北省荆州地區博物館：《江陵馬山一號楚墓》,文物出版社,1985 年,第 24—25 頁;孫機：《中國古輿服論叢(增訂本)》,文物出版社,2011 年,第 145 頁。

③ 孫機：《中國古輿服論叢》(增訂本),文物出版社,2011 年,第 145 頁。

④ 沈從文：《中國古代服飾研究》,上海書店出版社,2002 年,第 110 頁、第 150 頁圖六八部分。

這是穿在外面的罩衣,和汗襦雖然功用不同,但形制上可以比照。如果從長度上看,二女子所穿一短一長,如按照清王應奎對"罩甲"的解釋,或許就是罩甲和披襖之別;在漢代,就可能是甲襦和甲襖之別。

五、結　　語

海州西漢墓衣物疏中舊釋"襦"的字右旁與"高"混同,此字或可看作"襦"的俗字("褕"),或可據古人對形近或形義皆近之字的習慣讀法,將其看作從"高"得聲的字,表示襖這種從襦發展而來的一種服式的古字。戰國或漢魏時應已有與襦有別、相當於後世稱作"襖"的服式,漢人或利用"襦"字俗體"褕"來記録這種服式的名稱,後來通過改換偏旁産生"襖"字。

海州西漢墓衣物疏中的"甲褕(襖)"或指比古書所見甲襦(袛裯、汗襦)長度稍長的衣物,它們取名帶"甲"當因其形制類甲。學者認爲湖北江陵馬山一號楚墓出土自名爲"緅衣"的衣物就是甲襦,相傳洛陽八里臺出土西漢畫像磚上彩繪婦女之外衣也與"緅衣"類似。畫像磚彩繪婦女所着外衣一人短一人長,可能就分别是漢人所謂甲襦和甲褕(襖)。

戰國秦漢諸子論"俗"與
"俗"的語義轉化 *

李玥凝

（吉林大學考古學院古籍研究所、"古文字與
中華文明傳承發展工程"協同攻關創新平臺）

俗，《説文》云"俗，習也"，本義爲長期形成的禮節、習慣，引申爲社會普遍的看法、流行的觀念等；後來又有了形容詞詞性，指普遍的、流行的。"俗"從古至今一直是一個常用字，名詞詞義基本没有變化，但作爲形容詞使用時，感情傾向從中性轉向貶義。"俗"字感情傾向的變化受到了戰國秦漢時期政治思想的影響，尤其與"俗"在政治中的關鍵作用密不可分。

一、"俗"之本義及其政治作用

1. 本義：風俗、習慣

"俗"字從人，谷聲，人的行爲即爲習俗。《漢書·地理志》："凡民函五常之性，而其剛柔緩急，音聲不同，繫水土之風氣，故謂之風；好惡取舍，動静亡常，隨君上之情欲，故謂之俗。"①風俗指某一地區的風氣、習慣，而俗更偏向於人們的行爲習慣。② 先秦文獻

---

* 本文是國家社科基金青年項目"秦漢官方宗教與地方治理研究"（19CZS034）的階段性研究成果。

① 《漢書》卷 28 下，中華書局點校本，1962 年，第 1640 頁。下文所引《漢書》皆同此版本。

② 《風俗通義》序："風者、天氣有寒暖，地形有險易，水泉有美惡，草木有剛柔也。俗者、含血之類，像之而生。故言語歌謳異聲，鼓舞動作殊形，或直或邪，或善或淫也。"與《漢書·地理志》關於"風俗"的定義類似，"風"更偏向於某地的自然環境，"俗"更偏向於社會人文環境。

中的"俗"大多是原本語義,如《尚書·君陳》有"狃於奸宄,敗常亂俗,三細不宥"①之語,老子闡述"小國寡民"的理想爲"甘其食,美其服,安其居,樂其俗"②等等。秦漢時期亦然,《史記·范雎蔡澤列傳》稱蔡澤"其人辯士,明於三王之事,五伯之業,世俗之變,足以寄秦國之政",③所謂"世俗"是時代和風氣的客觀指代。人們論述某一地區的風俗時多稱"其俗"如何,如《淮南子·覽冥訓》云"晚世之時,七國異族,諸侯制法,各殊習俗",④《史記·大宛列傳》云"自大宛以西至安息,國雖頗異言,然大同俗,相知言。……俗貴女子,女子所言而丈夫乃決正";⑤《漢書·西域傳》對西域諸國風土人情的描述亦稱"其俗"如何。"殊俗"一詞由此產生,指風俗與中國相異之處,即域外之地。⑥

在這一意涵下,"俗"字並無價值判斷,只是客觀性的名詞,這種用法大量見於戰國秦漢文獻。然而,"俗"字本身不帶感情色彩,各處不同的"俗"卻有好壞之分。《尚書·胤征》云"舊染污俗,咸與惟新",⑦《周易》"漸"卦之《象傳》云"君子以居賢德善俗",⑧是污俗、善俗之分;《荀子·王霸》云"無國而不有美俗,無國而不有惡俗",⑨是美俗、惡俗之分。正因爲俗有善惡,觀風俗、改換惡俗成爲了政府與社會精英的關注點。

2. 社會精英對風俗的關注與評價

"俗"字本義是風俗、習慣,代表着社會整體的文化傳統及精神面貌,所以它反映了社會的發展程度,也受一定時期內社會治理方針的影響。《鹽鐵論·大論》文學曰"文王興而民好善,幽、厲興而民好暴,非性之殊,風俗使然也",⑩強調統治者對風俗的影響。因此,戰國到兩漢的學者和政治家都十分關注"俗",通過風俗評價各個地區的政治得失。荀子到秦國,"入境,觀其風俗,其百姓樸,其聲樂不流污,其服不挑,甚畏有司而順,古之民也",對秦國的民風、政治、社會予以贊揚,稱其"四世有勝,非幸也,數也"。⑪《管

---

① 《尚書正義》卷18,阮元校勘《十三經注疏》本,上海古籍出版社,1997年,第237頁。下文所引《十三經注疏》皆同此版本。

② 《老子》第80章,朱謙之:《老子校釋》,中華書局,1984年,第309頁。

③ 《史記》卷79,中華書局點校本,1959年,第2424頁。下文所引《史記》皆同此版本。

④ 《淮南子》卷6,何寧:《淮南子校釋》,中華書局,1998年,第492頁。

⑤ 《史記》卷123,第3174頁。

⑥ 例如賈誼《過秦論》"始皇既没,餘威震於殊俗",《史記·三王世家》稱漢武帝時"百蠻之君,靡不鄉風,承流稱意。遠方殊俗,重譯而朝,澤及方外",蔡琰《胡笳十八拍》"殊俗心異兮身難處,嗜欲不同兮誰可與語",等等。

⑦ 《尚書正義》卷7,《十三經注疏》,第158頁。

⑧ 《周易正義》卷5,《十三經注疏》,第63頁。

⑨ 《荀子》卷7,王先謙:《荀子集解》,中華書局,1988年,第219頁。下文所引《荀子集解》皆同此版本。

⑩ 《鹽鐵論》卷10,王利器:《鹽鐵論校注》,中華書局,1992年,第604頁。

⑪ 《荀子》卷11,《荀子集解》,第303頁。

子·正世》稱"古之欲正世調天下者必先觀國政、料事務、察民俗,本治亂之所生,知得失之所在,然後從事故法可立而治可行",①考察民俗是確定施政方針的前提。

在這種傳統的影響下,到了兩漢時期,"觀風俗"成爲考察社會政治的重要途徑。最晚從漢武帝時期開始,政府就有"行風俗"之舉,漢宣帝繼承了這一傳統;②漢成帝時,谷永上書建議"立春,遣使者循行風俗,宣布聖德,存恤孤寡,問民所苦",③派遣風俗使者成爲漢代的一項常規政策,史籍中多見中央派遣風俗使者巡行郡國,④漢印材料可見"方俗司馬"印。⑤ 派遣風俗使者,是中央和地方權力溝通的一種形式,能夠確保中央的權威並推行教化。⑥ 同時,二千石等地方長官也有察看地方風俗的職責,西漢韓延壽爲左馮翊太守,"丞掾數白:'宜循行郡中,覽觀民俗,考長吏治迹'",⑦察看地方風俗並移風易俗,是地方官員的重要使命。

正由於對風俗的關注,西漢末王莽執政期間,派使者循行風俗成爲一種政治策略。王莽篡位前多次派遣風俗使者,如元始四年"遣大司徒司直陳崇等八人分行天下,覽觀風俗",⑧次年"風俗使者八人還,言天下風俗齊同,詐爲郡國造歌謠,頌功德,凡三萬言",⑨使者回報的"風俗齊同"成爲王莽治國的重要功績,也是他自稱得天命的依據之一;篡位後,又"遣五威將帥行天下風俗"。⑩ 到新朝末年,天下大亂,王莽專門派"風俗大夫"巡行天下,宣告弛山澤之禁、改換政令,期待能够憑風俗使者扭轉乾坤。⑪

風俗有好壞之分,在"觀風俗"的過程中,學者和官員往往樂於對各地風俗給予評

---

① 《管子》卷15,黎翔鳳:《管子校注》,中華書局,2009年,第919頁。下文所引《管子校注》皆同此版本。

② 《漢書·徐偃傳》:"(漢武帝)元鼎中,博士徐偃使行風俗。"《漢書·宣帝紀》:"(漢宣帝)遣大中大夫强等十二人循行天下,存問鰥寡,覽觀風俗,察吏治得失,舉茂材異倫之士;遣使者持節詔郡國二千石謹牧養民而風德化。"

③ 《漢書》卷85,第3471頁。

④ 例如《漢書·匡衡傳》:"(漢成帝)數使(匡)衡録冤獄,行風俗,振贍流民,奉使稱旨,由是知名。"《漢書·王尊傳》:"博士鄭寬中使行風俗,舉奏尊狀,遷爲東平相。"《後漢書·周舉傳》:"漢安元年,選遣八使徇行風俗。"《後漢書·雷義傳》:"義遂爲守灌謁者。使持節督郡國行風俗,太守令長坐者凡七十人。"

⑤ 見羅福頤等:《秦漢南北朝官印徵存》,文物出版社,1987年,第455頁第2511號。

⑥ 學界有不少兩漢風俗使者的專門研究,近期的總結性研究可參考賀科偉:《移風易俗與秦漢社會》,中國社會科學出版社,2014年,第97—124頁。

⑦ 《漢書》卷76,第3213頁。

⑧ 《漢書》卷99上,第4066頁。

⑨ 《漢書》卷99上,第4076頁。另見《漢書·平帝紀》:"遣太僕王惲等八人置副,假節,分行天下,覽觀風俗;太僕王惲等八人使行風俗,宣明德化,萬國齊同。"

⑩ 《漢書》卷72,第3084頁。

⑪ 《漢書·王莽傳》:"除井田奴婢山澤六管之禁,即位以來詔令不便於民者皆收還之。"

價。好的風俗多以"淳厚"稱,①也有稱"盛美"者;②與之相對,壞的風俗多稱"蔽"③"薄"④"淫僻"⑤"暴猛"⑥"狂慢"⑦等等。考察戰國秦漢史書的記載,人們對當時社會風氣的評價大多是負面的,正面評價或者用於對上古社會的追述,或者用於贊揚移風易俗的結果。這種評價反映了社會精英對當時風俗的基本態度:他們常常批判世風,而執政者及政府的重要工作之一,就是要使風俗從薄、僻轉向厚、正。同時,域外、邊境地區的風俗改化是政治一統的重要標誌,《東觀漢記·莋都夷傳》言"去俗歸德",⑧蔡邕《短人賦》云"出自外域,戎狄別種,去俗歸義,慕化企踵",⑨這裏的"俗"都指當地本來的風俗,而邊疆地區官員的重要政績之一,就是改變原有的風俗,向中國風俗歸化。

3. 對"俗"的態度:順從與改革

俗是社會的習慣與傳統,與社會控制的兩個尺度"禮"和"法"有着密切的聯繫,與禮、法的不同關係影響了人們對"俗"的態度。先秦諸子和秦漢時期的法家、儒家治國理論對此有不同的論述。在治理社會的實踐中,人們討論俗之善惡,對社會風俗的態度有順從和改革兩種取向。

一種觀點以爲禮、法都是由俗而來。《尚書·畢命》云"道有升降,政由俗革,不臧厥臧,民罔攸勸",⑩《慎子》稱"禮從俗,政從上,使從君",⑪闡明禮、政都取自俗;《商君書·算地》云"故聖人之爲國也,觀俗立法則治,察國事本則宜。不觀時俗,不察國本,故其法立而民亂,事劇而功寡",⑫提出立法要以俗爲本。先秦道家明確提倡順從風俗、無爲而治,如《管子·正世》云"其設賞有薄有厚,其立禁有輕有重,迹行不必同,非故相反也,皆

---

① 例如《漢書·景帝紀贊》:"五六十載之間,至於移風易俗,黎民醇厚。周云成康,漢言文景,美矣。"《後漢書·張堪傳》:"(蜀郡)其俗尚文辯,好相持短長,范每屬以淳厚,不受偷薄之説。"《後漢書·李固傳》:"淳厚之風不宣,雕薄之俗未革。"

② 如《史記·循吏列傳》載孫叔敖爲楚相,"施教導民,上下和合,世俗盛美,政緩禁止,吏無奸邪,盜賊不起"。

③ 如《禮記·禮運》:"刑肅而俗敝,則民弗歸也,是謂疵國。"

④ 如《毛詩·小雅·谷風》序:"《谷風》,刺幽王也。天下俗薄,朋友道絶焉。"《漢書·禮樂志》:"自古以來,未嘗以亂濟亂,大敗天下如秦者也。習俗薄惡,民人抵冒。"《鹽鐵論·本義》:"夫導民以德,則民歸厚;示民以利,則民俗薄。俗薄則背義而趨利,趨利則百姓交於道而接於市。"

⑤ 《大戴禮記·盛德》:"地宜不殖,財物不蕃,萬民飢寒,教訓失道,風俗淫僻,百姓流亡,人民散敗,曰危也。"

⑥ 《漢書·元帝紀》所載日食以後元帝罪己之詔:"暴猛之俗彌長,和睦之道日衰,百姓愁苦,靡所錯躬。"

⑦ 《漢書·五行志》:"風俗狂慢,變節易度,則爲剽輕奇怪之服,故有服妖。"

⑧ 《東觀漢記》卷19,吳樹平:《東觀漢記校注》,中華書局,2008年,第889頁。下文所引皆同此版本。

⑨ 嚴可均輯:《全後漢文》卷69,商務印書館,1999年,第712頁。

⑩ 《尚書正義》卷19,《十三經注疏》,第245頁。

⑪ 《慎子·佚文》,張覺點校:《商君書·韓非子(附申子·慎子)》,嶽麓書社,2006年,第290頁。

⑫ 《商君書·算地第六》,《商君書·韓非子(附申子·慎子)》,嶽麓書社,2006年,第20頁。

隨時而變,因俗而動";①《史記·管晏列傳》載管仲相齊,"俗之所欲,因而予之;俗之所否,因而去之"。② 漢初黃老之學也持這種態度,馬王堆帛書《老子》云"一年從其俗,二年用其德,三年而民有得,四年而發號令,五年而以刑正,六年而民畏敬,七年而可以正(征)",③指出"從其俗"是統治者的首要任務。④

但秦漢時代法家和儒家的治國實踐中,人們强調的更多是改革風俗。《荀子·議兵》云"政令以定,風俗以一,有離俗不順其上,則百姓莫不敦惡,莫不毒孽,若祓不祥;然後刑於是起矣",⑤指出法是治俗的關鍵。秦崇尚嚴刑峻法,"孝公用商鞅之法,移風易俗,民以殷盛,國以富强,百姓樂用,諸侯親服",⑥秦統一前後以法律改革風俗是秦統一制度的重要環節。秦始皇統一後巡行刻石,琅邪刻石、會稽刻石無不强調對習俗的整肅;⑦出土睡虎地秦簡《語書》載南郡守騰告下轄長吏,"古者,民各有鄉俗,其所利及好惡不同,或不便於民,害於邦。是以聖王作爲法度,以矯端民心,去其邪避(僻),除其惡俗",⑧去除"私好、鄉俗之心",專門制定律令以改革風俗,是秦以法治俗的實證。

儒家學者則主張通過德治、禮制來改革風俗。⑨ 春秋"大一統"理想的關鍵就在於風俗齊同,《漢書·王吉傳》載"《春秋》所以大一統者,六合同風,九州共貫也",⑩是對春秋大一統理想的直接闡釋。漢代諸子非常重視統一風俗、移風易俗,諸子之作多有提及,《申鑒·政體》云"禮俗不一,位職不重,小臣讒疾,庶人作議,此衰國之風也",⑪以禮化俗、禮俗合一是儒家官吏的政治理想。至於如何改易風俗,經學强調樂教的作用,"移風

① 《管子》卷 15,《管子校注》,第 920 頁。
② 《史記》卷 62,第 2132 頁。
③ 參考國家文物局古文獻研究室編:《馬王堆漢墓帛書(壹)》,文物出版社,1980 年。
④ 黃老之學的"從其俗"和後文討論的儒家所謂"一風俗""移風易俗"並不是完全對立的,先秦道家"美其俗"是順從當地風俗的無爲而治,黃老之學則是與儒、法結合之後的一種治術。漢代儒家和漢初黃老之學的思想相承是一項專門的研究,二者有關"俗"的論説也可作爲討論相關問題的一個切入點。
⑤ 《荀子》卷 10,《荀子集解》,第 286 頁。
⑥ 《史記》卷 87,第 2542 頁。
⑦ 《史記·秦始皇本紀》:(琅邪刻石)"匡飭異俗,陵水經地。憂恤黔首,朝夕不懈";(會稽刻石)"遂登會稽,宣省習俗,黔首齋莊"。
⑧ 參考睡虎地秦簡整理小組編:《睡虎地秦墓竹簡》,文物出版社,1990 年。
⑨ "以禮爲治"和"以德化民"是儒家內部兩種不同的政治學説,其內在理路、實踐要求各成體系,這裏不作深入討論。可參考陳蘇鎮:《〈春秋〉與"漢道":兩漢政治與政治文化研究》,中華書局,2011 年。
⑩ 《漢書》卷 72,第 3063 頁。
⑪ 《申鑒·政體第一》,孫啓治:《申鑒注校補》,中華書局,2012 年,第 27 頁。

易俗,莫善於樂",①漢代郊祀歌詩《玄冥》有"易亂除邪,革正異俗"②之語;《新語·明誡》云"聖人承天之明,正日月之行,録星辰之度,因天地之利,等高下之宜,設山川之便,平四海,分九州島,同好惡,一風俗",③《風俗通義》序稱"聖人作而均齊之,咸歸於正;聖人廢,則還其本俗",④都強調聖人整齊風俗的作用。而在實際行政中,地方官員的能動作用是關鍵,"儒者在本朝則美政,在下位則美俗,儒之爲人下如是矣"。⑤ 因此能否移風易俗也成爲了考察官員政績的一個重要標準。《漢書·武帝紀》載"今詔書昭先帝聖緒,令二千石舉孝廉,所以化元元,移風易俗也",⑥漢代官吏本傳多載官員移風易俗之功,僅舉幾例:

> 桂陽太守許荆:郡濱南州,風俗脆薄,不識學義。荆爲設喪紀婚姻制度,使知禮禁。⑦
>
> 豫章太守顧邵:下車祀先賢徐孺子之墓,優待其後;禁其淫祀非禮之祭者。小吏資質佳者,輒令就學,擇其先進,擢置右職,舉善以教,風化大行。⑧
>
> 涼州刺史徐邈:然後率以仁義,立學明訓,禁厚葬,斷淫祀,進善黜惡,風化大行,百姓歸心焉。⑨

改易風俗常作爲地方官員的重要政績刊於碑石,如衡方"遷潁川太守,修清滌俗",⑩夏承"除淳于長,到官正席,流恩褒善,糾奸示惡,(旬)月化行,風俗改易",⑪常山相馮巡"奸【宄】越竟,民移俗改",⑫等等。

先秦諸子指出禮、法都取自於俗,並倡導"從其俗",但是在戰國末年至漢代治國行

---

① 見於《孝經》。又如《禮記·樂記》"故樂行而倫清,耳目聰明,血氣和平,移風易俗,天下皆寧";《毛詩·關雎》序"先王以是經夫婦,成孝敬,厚人倫,美教化,移風俗";《史記·樂書》"凡作樂者,所以節樂。君子以謙退爲禮,以損減爲樂,樂其如此也。以爲州異國殊,情習不同,故博采風俗,協比聲律,以補短移化,助流政教",等等。

② 《漢書》卷22,第1056頁。

③ 《新語》卷下,王利器:《新語校注》,中華書局,1986年,第157頁。下文所引皆同此版本。

④ 《風俗通義》序,王利器:《風俗通義校注》,中華書局,2010年,第8頁。下文所引皆同此版本。

⑤ 《荀子》卷4,《荀子集解》,第120頁。

⑥ 《漢書》卷6,第167頁。

⑦ 《後漢書》卷76《循吏列傳·許荆》,中華書局點校本,1965年,第2472頁。

⑧ 《三國志》卷52《吳書·顧邵傳》,中華書局點校本,1982年,第1228頁。

⑨ 《三國志》卷27《魏書·徐邈傳》,中華書局點校本,1982年,第740頁。

⑩ [日]永田英正等:《漢代石刻集成》,(京都)同朋舍,1994年,第93頁。下文所引皆同此版本。

⑪ 《漢代石刻集成》,第100頁。

⑫ 《漢代石刻集成》,第120頁。"宄"爲筆者所補。

政的實踐中,地方官員更多强調改革風俗,禮、法反過來成爲規範俗的手段。① 知識階層對"俗"的態度呈現出順從與改革兩種傾向,而實踐中以改革爲主,這是與諸子對"俗"的評判一脈相承的。"俗"是社會政治的反映,而當世的俗需要改革,移風易俗因此成爲了一個重要的政治課題。② 儘管諸子對"俗"的關注、態度與"俗"字本義無關,却影響了其引申義的價值判斷。

二、引申義與對"俗"的批判和超越

1. 引申義:社會的一般認知

"俗"字的本義是社會的風尚習慣,引申爲社會一般的價值標準、流行的輿論導向和普通的知識水平。在這一意涵下,"俗"不僅指某地的風俗習慣,也泛指整個社會的一般認知。《墨子·耕柱》云"世俗之君子,貧而謂之富則怒,無義而謂之有義則喜,豈不悖哉",③"世俗"指普通的、平常的。西漢後期宗廟改革時漢元帝稱"朕迫於俗,不得專心,乃者天著大異,朕甚懼焉",④"俗"指社會輿論;《論衡·異虛》云"今獻公不死,太子伏劍,御者之占,俗之虛言也。或時蛇爲太子將死之妖,御者信俗之占,故失吉凶之實"⑤,"俗"指社會的一般認識;池陽令張君殘碑"計拜郎中,除夷陵侯,高唱寡和,爲俗所仇"⑥,"俗"指普通的社會民衆。典籍中常見"俗曰""俗稱"等等,都是社會一般認知之意。⑦

流俗、時俗等詞,也泛指社會的普遍看法和普通民衆的認知。《離騷》云"矯菌桂以紉蕙兮,索胡繩之纚纚。謇吾法夫前修兮,非時俗之所服",⑧司馬遷《報任安書》稱"文史星曆,近乎卜祝之間,固主上所戲弄,倡優所畜,流俗之所輕也",⑨《説苑·君道》謂人君之道"不固溺於流俗,不拘繫於左右,廓然遠見,踔然獨立",⑩這些"流俗""時俗"與論説

---

① 有關俗、禮、法三者的相互關係是中國社會研究的一個重要課題,此處不再展開。

② 關於秦漢時期移風易俗活動有着大量的專門研究,比較全面的研究可參看賀科偉:《移風易俗與秦漢社會》,中國社會科學出版社,2014 年。

③ 《墨子》卷 11,吳毓江:《墨子校注》,中華書局,1993 年,第 644 頁。

④ 《漢書》卷 36,第 1948 頁。

⑤ 《論衡》卷 5,黃暉:《論衡校釋》,中華書局,1990 年,第 224 頁。下文所引皆同此版本。

⑥ 《漢代石刻集成》,第 143 頁。

⑦ 另如《漢書·貢禹傳》:"故俗皆曰:'何以孝弟爲? 財多而光榮。何以禮義爲? 史書而仕宦。何以謹慎爲? 勇猛而臨官。'"

⑧ 洪興祖:《楚辭補注》,中華書局,1983 年,第 13 頁。下文所引皆同此版本。

⑨ 《漢書》卷 62,第 2732 頁。

⑩ 《説苑》卷 1,向宗魯:《説苑校證》,中華書局,1987 年,第 1 頁。下文所引皆同此版本。

主體相比,存在一定的輕視之義。

這一意義下的"俗"進一步引申成爲形容詞,指普通的、平庸的。諸子論説中常出現"俗儒""俗人",指見識平庸的人,如《老子》"沌沌兮,俗人昭昭,我獨若昏。俗人察察,我獨悶悶",①《晏子春秋》"俗人之有功則德,德則驕",②《報任安書》"事未易一二爲俗人言也",③《東觀漢記·尹敏傳》載班彪曰"相與久語,爲俗人所怪,然鍾子期死,伯牙破琴,曷爲陶陶哉",④《潛夫論·論榮》"今觀俗士之論也,以族舉德,以位命賢",⑤等等。這種形容詞用法開始有了輕微的感情色彩。諸子對社會普遍認知的輕視與對社會風氣的批判和超越結合,"俗"開始有了更明顯的貶義傾向。

2. 對社會風俗和一般認知的批判

前文已述"俗"作爲社會風氣,是諸子和地方官員關注並積極改革的對象。"俗"指代社會的一般認識和普遍行爲時,更是受到諸子的反對和批評,這種對社會普遍認知的批判影響了"俗"的價值取向。

《論衡》的主旨是抨擊時弊,書中列舉了大量事例批判當時的社會認識,多以"世俗"稱之,比如《辨祟》"世俗信禍祟",⑥《譏日》"世俗既信歲時,而又信日",⑦《調時》"世俗起土興功,歲、月有所食,所食之地,必有死者";⑧又列舉多種"俗言""俗議"等,對許多流行思想、社會輿論進行了辨正。《風俗通義》也有類似的寫作目的,明言其寫作主旨在於"辯風正俗",⑨行文中多以"俗説……"開頭,再一一反駁。漢代其他論説中也常見對"俗"的批評,如賈誼指出"漢承秦之敗俗,廢禮義,捐廉恥,今其甚者殺父兄,盜者取廟器,而大臣特以簿書不報期會爲故,至於風俗流溢,恬而不怪,以爲是適然耳",⑩《潛夫論·潛嘆》稱"今夫列士之行,其不及堯、舜乎遠矣,而俗之荒唐,世法滋彰",⑪都是對當世社會風氣的批判。

俗代表着社會傳統,在改革中往往成爲阻力,因此也是代表先進思想的改革者批判

① 《老子》第 20 章,朱謙之:《老子校釋》,中華書局,1984 年,第 83 頁。

② 《晏子春秋·内篇雜上》,王心湛:《晏子春秋集解》,廣益書局,1936 年,第 64 頁。

③ 《漢書》卷 62,第 2732 頁。

④ 《東觀漢記》卷 18,《東觀漢記校注》,第 831 頁。

⑤ 《潛夫論》卷 1,彭鐸:《潛夫論箋校正》,中華書局,1985 年,第 34 頁。下文所引皆同此版本。

⑥ 《論衡》卷 24,《論衡校釋》,第 1008 頁。

⑦ 《論衡》卷 24,《論衡校釋》,第 989 頁。

⑧ 《論衡》卷 23,《論衡校釋》,第 981 頁。

⑨ 《風俗通義》序:"爲政之要,辯風正俗,最其上也。"

⑩ 見於《漢書·禮樂志》,《漢書》卷 22,第 1030 頁。

⑪ 《潛夫論》卷 2,《潛夫論箋校正》,第 104 頁。

的對象。趙武靈王胡服騎射,云"夫有高世之功者,負遺俗之累;有獨智之慮者,任驚民之怨";①商鞅變法,"衛鞅曰'龍之所言,世俗之言也'。常人安於故俗,學者溺於所聞";②西漢後期郊祀改革,匡衡奏議"違俗復古,循聖制,定天位,如禮便"。③ 漢武帝元封六年詔曰:

> 蓋有非常之功,必待非常之人。故馬或奔踶而致千里,士或有負俗之累而立功名。夫泛駕之馬,跅弛之士,亦在御之而已。其令州縣察吏民有茂才異等,可爲將相及使絕國者。④

對"負俗之累"之士的渴望,顯示出銳意進取的漢武帝的人才需求。這裏的"俗",指代傳統、平庸的價值觀,有了一定的批判色彩。正是由於諸子對世風的批判,"俗"開始有了負面的意涵。

3. 對"俗"的超越和貶義的發生

"俗"指代一般的社會風氣和價值觀念,社會精英在批判"流俗"的同時,強調的是自身或者相同價值取向的人對"俗"的超越。隨着這種批判與超越的意識成爲社會精英階層的一種主流觀念,"俗"在部分語境下開始有了明顯的負面指向。

屈原是鮮明個人意識的典型代表,他對自身與"俗"之關係的辨析貫穿多篇文賦,例如《涉江》"吾不能變心而從俗兮,固將愁苦而終窮",⑤《九辯》"何時俗之工巧兮,背繩墨而改錯",⑥《漁父》"安能以皓皓之白,而蒙世俗之塵埃乎",⑦都是對社會普遍意識"俗"的超越。《呂氏春秋·審己》云"先王名士達師之所以過俗者,以其知也",⑧《高義》云"然則君子之窮通,有異乎俗者也",⑨司馬遷《報任安書》言其志向,稱"此可爲智者道,難爲俗人言也",⑩這是所謂"知者"、君子對代表一般社會觀念的俗、俗人的超越。而《新語·

---

① 《史記》卷 43,第 1806 頁。
② 《史記》卷 68,第 2229 頁。
③ 《漢書》卷 25,第 1254 頁。
④ 《漢書》卷 6,第 197 頁。
⑤ 《楚辭補注》,第 131 頁。
⑥ 《楚辭補注》,第 188 頁。
⑦ 《楚辭補注》,第 180 頁。
⑧ 《呂氏春秋》卷 9《審己》,許維遹:《呂氏春秋集釋》,北京:中華書局,2009 年,第 208 頁。下文所引皆同此版本。
⑨ 《呂氏春秋》卷 19,《呂氏春秋集釋》,第 513 頁。
⑩ 《漢書》卷 62,第 2735 頁。

辨惑》云"故殊於世俗,則身孤於士衆。夫邪曲之相衒,枉橈之相錯,正直故不得容其間",①《説苑·敬慎》"從上依世則廢道,違上離俗則危身,世不與善,己獨由之,則曰非妖則孽也,是以桀殺關龍逢,紂殺王子比干",②都是對脱俗之智者的警告。東漢以後,這種描述更加多見,如耿嵩"履清高之節,齔童介然特立,不隨於俗,鄉党大人莫不敬異之",③周澤"少修高節,耿介特立,好學問,治《嚴氏春秋》,門徒數百人,隱居山野,不汲汲於時俗"④等等。當超越於"俗"的個人出現時,"俗"成爲了平庸、粗鄙的代稱。

在時俗、流俗等詞語中,"俗"字本身不帶有價值傾向,而東漢後期以後,"俗"字單獨使用也有了貶義傾向。《潛夫論·實貢》云"夫志道者少友,逐俗者多儔",⑤《申鑒·雜言》云"大人之志,不可見也,浩然而同於道;衆人之志,不可掩也,察然而流於俗。同於道,故不與俗浮沈",⑥"俗"與"道"對應,意爲普通的思想意識與真理之差別。

前文所論的俗人、俗儒,雖然原意指普通人,但往往與超越於普通的論説主體對應出現,"俗"作爲形容詞也有了貶義傾向。《荀子·儒效》提出俗人、俗儒、雅儒、大儒的定義:

> 有不學問,無正義,以富利爲隆,是俗人者也。逢衣淺帶,解果其冠,略法先王而足亂世術,繆學雜舉,不知法後王而一制度,不知隆禮義而殺《詩》、《書》;其衣冠行僞已同於世俗矣,然而不知惡(者)……是俗儒者也。法後王,一制度,隆禮義而殺《詩》、《書》,其言行已有大法矣,然而明不能齊法教之所不及……是雅儒者也。法先王,統禮義,一制度,以淺持博,以古持今,以一持萬,苟仁義之類也……是大儒者也。⑦

"俗"在這裏與"雅""大"相對,是這對反義形容詞出現的濫觴。⑧ 桓譚"少好學,遍治五經,能文,有絶才,而喜非毀俗儒,由是多見排詆",⑨即是桓譚對"俗儒"的超越。"俗"與"雅"相對應更普遍地見於魏晉以後,如任彦升《爲范尚書讓吏部封侯第一表》"漢魏已

① 《新語》卷上,《新語校注》,第74頁。

② 《説苑》卷10,《説苑校證》,第261頁。

③ 《東觀漢記》卷10,《東觀漢記校注》,第386頁。

④ 《東觀漢記》卷18,《東觀漢記校注》,第836頁。

⑤ 《潛夫論》卷3,《潛夫論箋校正》,第152頁。

⑥ 《申鑒·雜言下第六》,孫啟治:《申鑒注校補》,中華書局,2012年,第67頁。

⑦ 《荀子》卷4,《荀子集解》,第137—141頁。

⑧ 傳統詩論、樂論中即存在"雅樂",但與之對應的是"鄭聲""鄭衛之音","俗"與"雅"的明確對應出現較晚。

⑨ 《東觀漢記》卷14,《東觀漢記校注》,第547頁。

降,達識繼軌,雅俗所歸,惟稱許郭",①等等,《文心雕龍》的文學批評更是明確對舉文學的"雅"與"俗"。成書於東漢末期的《釋名》釋俗爲"欲也,俗人所欲也",可見在東漢末年,"俗"字本身已經是帶有貶義的語彙了。

三、餘　論

在宗教的語境下,"俗"有特殊指稱,特指塵世。部分早期道家著作以"俗"指稱社會生活,《莊子・山木》云"吾願君去國捐俗,與道相輔而行",②"去國捐俗"是入道的途徑,遠離世俗才能入道;《莊子・刻意》云"刻意尚行,離世異俗,高論怨誹,爲亢而已矣;此山谷之士,非世之人",③已經有了出世的意味。馬王堆帛書"十問"云"去惡好俗,神乃溜刑",④絕俗、離俗等詞多用於道家和神仙方士的表達:

> 《吕氏春秋・必己》:單豹好術,離俗棄塵,不食穀實,不衣芮溫,身處山林巖堀,以全其生。⑤

> 司馬相如《子虚賦》:若夫青琴宓妃之徒,絕殊離俗,姣冶嫻都,靚莊刻飭。⑥

> 《漢書・王褒傳》:遵游自然之勢,恬淡無爲之場……何必偃仰詘信若彭祖,呴噓呼吸如僑、松,眇然絕俗離世哉。⑦

道教成立以後,"離俗"仍是神仙的特性,蔡邕《王子喬碑》"弃世俗,飛神形,翔雲霄,浮太清",⑧曹植《七啓》"玄微子隱居大荒之庭,飛遁離俗,澄神定靈",⑨等等,與早期道家著作一脉相承。在宗教的語境之下,作爲形容詞的"俗"並没有貶義的感情傾向,只是與修道之人相對。在民間宗教中也是如此,《異苑》載張春去妖異之事,"時人有嫁女,未及升車,女忽然失怪,出外歐擊人,乃自云己不樂嫁俗人",⑩該女欲嫁與大白黿,這裏的"俗

① 《六臣注文選》卷38,浙江古籍出版社,1999年,第697頁。
② 《莊子・外篇・山木第二十》,郭慶藩:《莊子集釋》,中華書局,1961年,第672頁。
③ 《莊子・外篇・刻意第十五》,郭慶藩:《莊子集釋》,中華書局,1961年,第535頁。
④ 國家文物局古文獻研究室編:《馬王堆漢墓帛書(肆)》,文物出版社,1985年,第147頁。
⑤ 《吕氏春秋》卷14,《吕氏春秋集釋》,第351頁。
⑥ 《史記》卷117,第3039頁。
⑦ 《漢書》卷64,第2828頁。
⑧ 嚴可均輯:《全後漢文》卷75,商務印書館,1999年,第758頁。
⑨ 林久貴、周玉容編著:《曹植全集》,崇文書局,2019年,第409頁。
⑩ 見《異苑》卷8,《漢魏六朝筆記小説大觀》,上海古籍出版社,1999年,第668頁。

人"是與神相對的普通人,並非貶義。佛教系統中,"俗"也與釋家、僧相對。

魏晉以後,"俗"作爲形容詞已經有了明確的貶義傾向,常與"雅"對應,一直沿用至今。《文心雕龍》論文學之雅俗,"俗聽飛馳,職競新異,雅咏溫恭,必欠伸魚睨",①雅、俗明確對立,崇雅鄙俗的傾向十分明顯。與此同時,作爲名詞的"俗"一方面在指代社會流行文化時有貶義色彩,一方面仍保留了其原始語義,在表示風俗時是中性詞。"俗"從中性到貶義的轉化,與戰國秦漢以來社會精英對風俗的關注和批判、對流行風氣的超越密不可分。

"俗"的語義轉化受到多重因素的影響,本文着重討論了戰國末到秦漢時代社會精英對世風的認識與"俗"字出現貶義傾向的聯繫。除此以外,這一時期的社會流動促成的多種價值觀的交融碰撞、個人意識的覺醒和儒者對政治的介入都是他們能够超越於"俗"的歷史因素。本文意在思考字義轉化與社會歷史環境的關係,還有很多相關問題,諸如風俗的多種作用、學術的發展以及個人意識的深刻影響等等,都可再做深入研究。

---

① 《文心雕龍·樂府第七》,周振甫:《文心雕龍今譯》,中華書局,1986年,第70頁。

漢封郒殘碑"章句兼詩耽禮論語"考

—— 兼説孟孝琚碑，郭擇、趙汜碑"孝經二卷"的意義 *

張莎麗

（吉林大學古籍研究所）

　　2015 年，河北省邢臺市邢臺博物館建築施工地，挖出了一塊殘碑。碑高 85 釐米、寬 124 釐米、厚 24 釐米。從殘存文字看，應爲 16 行，但可見字的爲 15 行，每行七至八個字。另外，有碎石兩塊，可補四字。碑文前半部分大概是對碑主祖先及生平的介紹，後幾行大致爲稱頌類的文字，按漢碑的慣例，多爲韻文。徐立君、胡湛《邢州新出土〈漢封郒殘碑〉考》對碑文進行了釋讀，並有詳細的考釋。① 這爲我們了解該碑打下了很好的基礎，但其中有兩點考釋我們意見稍有不同，現不揣淺陋，談下個人的看法。

　　爲方便説明，我們先將徐、胡兩位學者的釋文和考釋引述如下（文中數字表示每行行數，爲本文所加）：

　　　　☑封郒，遠歷弌代曁周 1 ☑章句，兼《詩》耽《禮》《論語》2 ☑據部，職鷙擊之翼，三 3 ☑年，州嘉政治，剌史陶 4 ☑司空宗公旃命招 5 ☑舉孝廉，除郎中，兼河 6 ☑之後，兼領弓高、武垣 7 ☑令視事三載。鮮卑犯 8 ☑[來]退，歸來之日，遂離 9 ☑[平]三年，歲在攝提四 10 ☑[建己]巳冬十一月甲 11 ☑（此行下部無字）12 ☑怛。俯惟奚斯頌先之 13 ☑日 14 ☑慰邊民，冀階九 15 ☑府幕、義 16

＊　本文受到國家社科基金重大項目"出土兩漢器物銘文整理與研究（16ZDA201）"的資助。

①　徐立君、胡湛：《邢州新出土〈漢封郒殘碑〉考》，《中國書法》2020 年第 6 期，第 182—187 頁。

　　第1行"邰",徐文認爲最早爲堯封后稷之國名,後以國名爲姓。此句的大意是堯封邰國,遠歷兩代到周朝。第2行"章句",是離章辨句的省稱,是分析古書章節句讀的意思。"兼《詩》耽《禮》《論語》",當指對經文的句讀包括《詩經》《周禮》《論語》等。(我們不太讚同此説法,詳細説明見下文。)第3行"據部",指依據自己所掌控的部分。"職",指履行職責。鷙擊,擊搏。這段話意爲依據自己所掌控,發揮擊搏羽翼的作用。第4行"州嘉政治",指一派祥和的社會氣象。第5行"司空宗公"爲靈帝時的司空宗俱。"旌命招",意爲發布命令徵招賢士人才。第6行"兼河",指兼任帶"河"字地方的其他官職。按下句"兼領弓高、武垣"語,可推斷爲河間國。第7行"弓高、武垣"均爲地名,爲古河間國所轄縣。

　　徐、胡兩位學者對此殘碑的理解十分到位,但個別地方我們理解不同,下面談談我們的看法。第8行"令,視事三載",徐立君先生解釋爲"或爲觀察情況三年"。我們認爲"視事"一詞,應爲"就職治事"之義。典籍中常見,如:

(1) 視事四年,蠻夷猾夏不能遏絕,寇賊姦宄不能殄滅,不畏天威,不用詔命,兇很自臧,持必不移,懷執異心,非沮軍議。(《漢書·王莽傳》下)[1]

(2) 敞於是條奏賀居處,著其廢亡之效,曰:"臣敞地節三年五月視事,故昌邑王居故宮……"(《漢書·武五子傳》)[2]

　　此行中"令"可能指其擔任某某縣令,"視事三載"則表明其就職治事有三年的時間了。

　　第9行"來退",指擊退鮮卑。"歸來之日,遂離",意爲擊退鮮卑歸來後,然後如何如何。第10行"攝提"是"攝提格"的簡稱,爲歲星紀年法中的年名,相當於後來的寅年。第13行"怛"表憂傷義。"俯惟"相當於"伏惟",下對上之敬語,意爲念及、想到。"奚斯頌先"意同"奚斯讚魯",出自《詩經·大雅·魯頌》,即春秋時魯公子奚斯作魯頌以歌頌魯僖公的功德。第15行意爲安慰邊民,冀升九階。第16行"府幕議",指爲府署幕僚。

　　接下來,我們主要談下第2行的"章句兼詩耽禮論語"。徐立君先生認爲章句即"離章辨句",是分析古書的章節句讀的意思。"兼《詩》耽《禮》《論語》"指對經文的句讀包括《詩經》《周禮》《論語》等。

　　章句,首先是一種注疏形式,是對經典文本的分章析句,標明句讀,然後再進行逐章逐句的闡釋。後指代運用這種方法所寫成的著作。"章句"之體在兩漢爲今文學家所推

---

[1] 《漢書》,中華書局,1962年,第4156頁。

[2] 《漢書》,中華書局,1962年,第2767頁。

崇,形成一種學術派系,即"章句之學"。按徐立君先生的解釋,碑文中的"章句"爲第一種含義,且僅包括對經文的"句讀",其"句讀"的範圍包括了後面的《詩》《禮》《論語》。我們認爲這種解釋不够準確。首先,"章句"不僅包括對經文的"句讀",還應包括對經文内容的闡釋,即義理的闡發。其次,此處的"章句"應理解爲第二種含義,即運用這種方法所寫成的著作的名稱。《漢書・藝文志》有《穀梁章句》《大小夏侯章句》等。漢代有將針對某部典籍的解説體系(如"××章句""××説")跟某部典籍(如《詩經》)並舉的現象,如:

(1) 君諱榮,字含和。治《魯詩經韋君章句》,闕幘傳講《孝經》《論語》□□□□《左氏》《國語》。(《武榮碑》)①

(2) 弱冠太學,舉經明《左氏傳》,射策高第,榮冠士林。兼通《公》《穀》,尤精《詩》《禮》。(《唐故朝請大夫廣平郡武安縣令張公(貽玘)墓誌銘並序》)②

這兩個例子都是對碑主所治之學的介紹。"治"後面一般爲某種具體的學問,有的還增加其所傳習的派別(當時每種學問都有不同的人傳講,逐漸形成不同的派別),"兼"後面則是其兼習的典籍。如例(2)張公所習的學問中以"經"和《左氏傳》爲主,兼習的是《公羊傳》和《穀梁傳》,而在各種"經"中又以《詩》和《禮》最爲擅長。例(1)中"《魯詩經韋君章句》",高文引《漢書・藝文志》:

漢興,魯申公爲《詩訓故》,而齊轅固,燕韓生,皆爲之傳。……三家皆列於學官,又有毛公之學,自謂子夏所傳,而河間獻王好之,未得立。

並引《儒林傳》:

《詩》,於魯則申培公事浮丘伯,爲《訓故》以教。弟子瑕丘江公盡能傳之,韋賢治《詩》,事博士大江公(即瑕丘江公),傳子玄成,玄成及兄子賞以《詩》授哀帝,由是《魯詩》有韋氏學。碑所謂《韋君章句》,即指此也。③

漢代墓碑或德政碑的内容書寫遵循一定的慣例,比如對碑主的世系、生平的介紹,生平介紹中有一項就是治學背景。所以,封邸殘碑中的"章句"更有可能是指對某一部書的章句解説。"……章句兼詩"表達的大意應該是"治《某某章句》兼治《詩》",而後面的"耽",表示喜好。所以該句斷句爲"……章句兼《詩》,耽《禮》《論語》"。

章句之所以能和典籍並舉,與章句學在兩漢的興盛及其重要性有關。章句學的興

---

① 《山東石刻分類全集》編輯委員會編著:《山東石刻分類全集》第1卷,青島出版社,2013年,第196頁。

② 吴剛主編:《全唐文補遺(千唐誌齋新藏專輯)》,三秦出版社,2006年,第251頁。

③ 高文:《漢碑集釋(修訂本)》,河南大學出版社,1997年,第296頁。

盛,首先表現爲章句數量的增多。武帝時初置五經博士,到宣帝時發展爲十二家,增立博士,一經分數家,東漢時確定爲十四家。各家有不同的章句,如《漢書·藝文志》之《尚書》有歐陽章句、大、小夏侯章句。《春秋》有公羊、穀梁章句等。其次,表現爲篇幅較以往大爲增加,諸生競相説字解經。

關於章句學興盛的原因,樊波成認爲:兩漢章句學的興起與漢王朝加强中央集權有關,章句的政治功用一是爲皇帝集權提供理論支持,二是爲全國教育、選舉制度充當法度。[①] 而儒學傳播的關鍵在於設置"師法":

> 太學、郡校、縣學之"師"以"師法"教學,又以"師法"爲策試之準則。朝廷確立"師法"才能使儒學經典爲其"尊王""德教"等政治理念服務;學官堅持以"師法"教學和評價,才不至於使經典教育偏離漢王朝的政治理念。這也決定了"師法"的特點有二:一是滿足漢武帝或中央王朝的政治理念,二是解釋的完整性、封閉性和普及性。[②]

"章句"剛好符合以上兩項要求。章句逐章逐句的説解方式,容易導致思維的固化,各家在教授章句的過程中逐漸開始看重師法或家法,要求嚴守各家師説,漸漸地便形成章句之學,兩漢章句之學的興盛,還與經學各派自身利益有關。一家之學,若被列於學官,就能獲取功名利禄:

> 於是發展章句之學,便成爲增强本門勢力、擴大經師影響(包括政治影響與學術影響)、防止他人染指或瓜分既得利益的重要手段。[③]

所以,章句與師法、家法具有密切的關係。理解了這一點,也就不難理解爲什麼章句之學在漢代有這麼高的地位。因此,碑文中"……章句兼詩"應斷句爲"……章句兼《詩》,耽《禮》《論語》"。"章句"爲對某一部經典的解説,和《詩》並列。

這裏我們附帶談下郭擇、趙汜碑中相似的句子。郭擇、趙汜碑於 2005 年出土於都江堰渠首。該碑圓首,有穿,上寬 0.95 米、下寬 1.03 米、厚 0.25 米、通高 2.12 米。碑底部居中有一榫頭。碑文隸書,15 行,約 400 餘字,可辨認者大概 340 餘字。此碑刻於東漢建安四年(公元 196 年),是在郭擇、趙汜監護維修北江�堋完工後,由其屬吏爲二人所立,以表彰二人之功,"刊示後賢"。因此,文中大段記述的是兩人的德行及爲修堰作的

---

① 樊波成:《章句學興衰史——兼論漢代儒術的統一與今古學的升降》,《文史哲》2020 年第 1 期,第 147 頁。

② 樊波成:《章句學興衰史——兼論漢代儒術的統一與今古學的升降》,《文史哲》2020 年第 1 期,第 148 頁。

③ 楊權:《論章句與章句之學》,《中山大學學報(社會科學版)》2002 年第 4 期,第 85 頁。

貢獻。該碑第 2—3 行有一句"擇襲父固業,治《春秋穀梁》,兼通《孝經》二[卷]"。① 其與《封邰殘碑》中"……章句兼《詩》,耽《禮》《論語》"類似,講的都是碑主的治學背景,我們在此一併說明。

郭擇、趙汜碑拓本可見於宋治民、②羅開玉、③林向④的文章,以及《四川文物》2018 年第 6 期的拓片。⑤ 其中,《四川文物》2018 年的拓片是放大版,也最爲清楚。該拓片中"二"後一字圖版爲 ,何崝釋爲"卷",⑥宋治民、羅開玉釋爲"奉",⑦但未對"奉"字作解釋。羅開玉斷句爲"治《春秋穀梁》,兼通《孝經》。二奉東詔京師"。馮廣宏釋 爲"業"。⑧ 將"二業"翻譯爲兩門學業。首先,釋爲"奉"文義上很難理解。釋爲"業",雖然能説的通,但字形差的有點遠。從拓本來看,此字下半部分已殘泐,但上半部分的"尖"形,也就是"关"形還是比較明顯的。類似的"卷"字還可見於孟孝琚碑 、⑨居巢劉君墓石羊題字 。⑩ 其次,孟孝琚碑中有"受《韓詩》,兼通《孝經》二卷",與此句的"兼通《孝經》二卷"有很高的一致性,兩者講的都是碑主所治之學,句式也相同。因此,釋爲"卷"比釋"奉"或"業"合適。那麼孟孝琚碑,郭擇、趙汜碑這兩處的"《孝經》二卷"指的是什麼呢? 總結下前人意見,主要有以下幾種觀點:

(一)認爲"二卷"指前面《韓詩》和《孝經》二書。代表者有謝允鑑,其具體觀點如下:

> 余按《集古録跋尾》所載後漢《樊常侍碑》云:"君諱安,字子佑,……治《韓詩》《論語》《孝經》……"宋治平元年,六月二十九日,其《跋尾》中又載後漢延熹二年費縣令《田君碑》,尚有"君總角,修《韓詩》、京氏《易》"之文。趙明誠《金石録》所收桓帝元嘉元年,漢《從事武梁碑》稱:"梁字綏宗,體德忠孝,岐嶷有異,治《韓詩》,闕幘傳講,兼通《河》、《洛》、諸子《傳記》"……揆以兩《田君碑》,及《樊安碑》所述治《韓詩》《孝經》,而未稱卷,可證《孟碑》序文所述"二卷",當作

① 宋治民:《都江堰渠首新出土漢碑及相關問題》,《四川文物》2007 年第 4 期。

② 宋治民:《都江堰渠首新出土漢碑及相關問題》,《四川文物》2007 年第 4 期。

③ 羅開玉:《關於〈建安四年北江塴碑〉的幾點認識》,《四川文物》2011 第 3 期。

④ 林向:《都江堰渠首外江新出土漢碑的初步考察》,《中華文化論壇》2007 年第 3 期。

⑤ 《四川都江堰渠首出土東漢建安四年〈郭擇、趙汜碑〉拓片》,《四川文物》2018 年第 6 期。

⑥ 何崝:《蜀中漢碑三題》,《西華大學學報(哲學社會科學版)》2009 年第 6 期。

⑦ 宋治民:《都江堰渠首新出土漢碑及相關問題》,《四川文物》2007 年第 4 期。羅開玉:《關於〈建安四年北江塴碑〉的幾點認識》,《四川文物》2011 第 3 期。

⑧ 馮廣宏:《〈監北江塴守史碑〉的發現及其重要意義》,《西華大學學報(哲學社會科學版)》2011 年第 5 期。

⑨ 謝飲澗:《〈漢孟琭碑〉考證續舉》,《中國書法》2019 年第 4 期。

⑩ 徐玉立:《漢碑全集》(六),河南美術出版社,2006 年,第 2034 頁。

“受《韓詩》,兼通《孝經》兩種書”解,因此句明有“兼”字也。①

(二)認爲“二卷”指“孔注本”。持此觀點者爲袁嘉穀,其考釋道：

　　碑云“受《韓詩》,兼通《孝經》二卷”,《韓詩》惟西漢爲盛,不待言矣,班《志》“《孝經古孔氏》一篇,二十二章。《孝經》一篇,十八章。”自班《志》逮今,未聞《孝經》有二卷之本。王伯厚《漢藝文考證》引《家語後序》曰：安國爲《孝經傳》二篇。孝琚所通二卷,即孔注本也,佚在東漢前,故班未之見,使孝琚非西漢人,何從而兼通耶？②

(三)認爲“二卷”,即二篇,《經》《説》各一卷。持此觀點者有方國瑜。其考釋道：

　　經、傳別行,古書通例,《漢志》《長孫氏説》二篇,江氏、翼氏、后氏、安昌侯並《説》各一篇,其《經》未具,若以《經》與《説》合之,當長孫氏三篇,江氏以下各二篇。國瑜疑碑稱“二卷”,即二篇,《經》《説》各自爲卷,猶各自爲篇也。漢世簡、帛並用,著之簡以篇計,繕帛以卷計。《漢志》：“《春秋古經》十二篇,經十一卷。”公羊、穀梁二家是古文,用簡,而今文用帛,左氏以十二公分篇,而公、穀則何休以爲係閔公於莊公下,故少一卷之數。……《孝經》之爲篇、爲卷,亦以竹、帛之異,漢秘府所藏者竹編,鄭玄所謂《孝經》策長一尺二存者是也。孝琚所習者帛軸,應劭所謂先皆書竹,改易刊定,可繕寫者以上素者是也。其云二卷,當《經》一、《説》一,未必經文而分卷。③

(四)認爲“二卷”指“長孫氏説二篇”。持此觀點者爲施蟄存,其論證如下：

　　“孝經二卷”之説,諸家考證,亦不一是。按《漢書·藝文志》著録孝經有“長孫氏説二篇”,此外孔氏古文孝經,江氏説,翼氏説,后氏説,安昌侯説,皆僅一篇。可知孝琚所通者,長孫氏孝經也。二篇即二卷,前漢猶用簡策,故曰篇。篇者,簡編也。後漢已用楮帛,故稱卷,可以卷藏。班志稱古文孝經一篇,《隋書·經籍志》稱一卷,初非二書,吳綱齋乃云已非漢時之舊,蓋未達此理也。班志著録諸書,皆稱幾篇,惟《書》、《詩》、《春秋》、《禮》、《論語》則或稱卷,是必班氏時,此諸書寫本先已稱卷也。④

---

① 謝飲澗：《〈漢孟琁碑〉考證續舉》,《中國書法》2019年第4期。

② 劉景毛等點校：《新纂雲南通志》(五),雲南人民出版社,2007年,第7—8頁。

③ 劉景毛等點校：《新纂雲南通志》(五),雲南人民出版社,2007年,第19—21頁。

④ 施蟄存：《北山集古録》,巴蜀書社,1989年,第17—18頁。

（五）認爲《孝經》在漢代有分爲二卷本的。持此觀點者有吳士鑑、何崝,吳士鑑提到:

> 《漢·藝文志》:"《孝經古孔氏》一篇,二十二章。"又"《孝經》一篇,十八章"。長孫氏、江氏、后氏、翼氏四家無以卷稱者,惟《書》《詩》《春秋》《禮》《論語》則有卷數,此碑稱"《孝經》二卷",知漢時所分之卷,賴以考見,其後《隋·經籍志》作"《古文孝經》一卷",蓋非漢時之舊。①

何崝説道:

> 按《漢書·藝文志》著録《孝經古孔氏》一篇,二十二章,一般認爲這就是古文本;又著録《孝經》一篇,十八章,一般認爲這就是今文本;今之通行本《孝經》共十八章。此碑言《孝經》二卷,或是當時分《孝經》爲二卷之故。②

以上的觀點可以分爲兩大類,一種是認爲"二卷"指二書(前面《韓詩》和《孝經》),一種是認爲"二卷"是"二篇"或"二卷"。持前一種觀點的人數較少,持後一種觀點的在"二卷"具體内容上有諸多分歧。對於"二書説"的觀點我們不太讚同。

首先,"治"的賓語是《韓詩》,"通"的賓語是"孝經二卷",怎麽劃分句子成分,"二卷"也包括不了前面的"《韓詩》"。其次,謝允鑑的依據是《田君碑》和《樊安碑》碑中的《孝經》没有稱卷。但《田君碑》爲殘碑,其原文是"治《韓詩》《孝經》,……"其後文字殘缺,有没有"二卷"是不知道的,且其格式與原文有差距。而上文説過《郭擇、趙汜碑》中有"治《春秋穀梁》,兼通《孝經》二卷",可見《孝經》後是有稱卷的,因此,該論點不成立。最後,"治某某,兼通某某"的句式中,"治"後應是其主要學習的内容,而"兼通"後是次要學習的東西,如同現在的主修與輔修的關係,不然就會像其他碑一樣説"治某某、某某"。弄清該句式的涵義,我們才能更好地理解"二卷"的意思。

説完"二書説",我們再來看下"二篇説"或"二卷説"。關於篇和卷的區别,早期學者認爲篇是指竹簡而言,卷是指帛書而言(因爲帛書是卷起來存放的,所以稱卷),兩者主要是載體不同。如章學誠論述道:"大約篇從竹簡,卷從縑素,因物定名,無他義也。"但隨着出土文獻的增加,人們發現帛書不一定必然成卷,如1942年長沙子彈庫出土的楚帛書是折疊放置的。竹簡也可能成卷,如東海尹灣漢墓竹簡《東海郡郡吏巡行起居記》

① 劉景毛等點校:《新纂雲南通志》(五),雲南人民出版社,2007年,第8—9頁。

② 何崝:《蜀中漢碑三題》,《西華大學學報(哲學社會科學版)》2009年第6期。

等出土時,是卷成卷的。① 謝科峰認爲篇、卷的最初義雖然難考,但其後來涵義已逐漸確定:

> "篇"是指首尾完整的文章,而"卷"是指由簡帛等書籍書寫材料的存放方式而形成的書籍計量單位。篇既可以是文本單位也可以是流傳單位,而卷一般只作爲流傳單位出現。

他後面還解釋道:

> "篇"是古書流傳的基本單位。但是古書的流傳必然是要建立在具體的實物基礎上的,正如前文所述,"卷"是簡帛等書籍書寫材料的存放方式而形成的書籍計量單位,這說明,古書在流傳中很多情況下是以"卷"的形式存在並流傳的。②

在實際流傳過程中,古書的情況會更複雜。不同時期,不同類型的古書又有不同的特點。那《漢書·藝文志》對《孝經》的記載是怎樣的呢?《漢志》載:

> 《孝經古孔氏》一篇。二十二章。
>
> 《孝經》一篇。十八章。長孫氏、江氏、后氏、翼氏四家。
>
> 《長孫氏説》二篇。
>
> 《江氏説》一篇。
>
> 《翼氏説》一篇。
>
> 《后氏説》一篇。
>
> 《雜傳》四篇。
>
> 《安昌侯説》一篇。③

"《孝經古孔氏》一篇,二十二章"指孔壁所出的古文《孝經》,"《孝經》一篇,十八章"爲今文《孝經》,據《隋志》記載爲顏芝所藏,後劉向以顏本爲底本,參照古文《孝經》,進行了整理,定爲十八章。也就是說今文《孝經》爲劉向整理過的本子。《長孫氏説》二篇、《江氏説》一篇、《翼氏説》一篇、《后氏説》一篇、《雜傳四篇》、《安昌侯説》一篇都是西漢對

---

① 謝科峰:《早期古書流傳問題研究——以相關出土文獻與傳世文獻的比較爲例》,上海大學博士學位論文,2015年,第25—27頁。

② 謝科峰:《早期古書流傳問題研究——以相關出土文獻與傳世文獻的比較爲例》,上海大學博士學位論文,2015年,第33頁。

③ 《漢書》卷三十《藝文志》,中華書局,1962年,第1718—1719頁。

今文《孝經》的説解。① 觀點(二)認爲"二卷"指"孔注本",但《漢志》《隋志》明確記載的是"《孝經古孔氏》一篇"。觀點(五)認爲"二卷"指《孝經》在漢代的分卷情況,但説得也很含糊,没有具體的證據。

明確提到"《孝經》二卷"的爲《隋書·經籍志》,其在"《孝經》一篇"下有雙行小字記道:

> 梁有馬融、鄭衆注《孝經》二卷,亡。②

另《後漢書》卷六十上《馬融列傳》也提到其注《孝經》《論語》等。③

我們在這裏提出一種新的看法,"《孝經》二卷"是不是與此有關? 因爲漢碑在記録其治學背景時,一般會具體到是哪家學派,此處未説其派别,却提到"二卷"應該是默認當時人都知道,而馬融與鄭衆都爲當時的大儒,所以有可能"《孝經》二卷"就是馬融、鄭衆注本的另一説法。另外,《郭擇、趙汜碑》的年代爲建安四年(公元 196 年),而馬融生卒年代爲公元 79 至 166 年,鄭衆卒於公元 83 年,兩人都在《郭擇、趙汜碑》之前,如果其有注本,碑主應該可以看到。《孟孝琚碑》的年代雖然有爭論,但根據干支、字體、地理、官制等判斷,應該在東漢偏晚期,④可見"《孝經》二卷"也是有可能爲碑主所見到的。

---

① 朱鳳瀚:《海昏簡牘初論》,北京大學出版社,2020 年,第 186—190 頁。

② 《隋書·經籍志》,商務印書館,1955 年,第 26 頁。

③ 《後漢書》卷六十上《馬融列傳》,中華書局,1965 年,第 1972 頁。

④ 謝飲澗認爲該碑年代在桓帝永壽 3 年(公元 157 年),見謝飲澗:《〈漢孟琁碑〉考證續舉》,《中國書法》2019 年第 4 期,161—174 頁。

古陶封泥釋解二則

魯超傑

（吉林大學考古學院）

一

《中國封泥大系》收録如下三方秦封泥：

釋文作"冀闟""沙羨闟印""武闟"。①

《説文》："闟，妄入宫亦（掖）也。从門祭聲。讀若闌。"《漢書·成帝紀》"闟入尚方掖門"，用闌爲闟。不過，如以本意解此三方封泥，似不可通。《〈中國封泥大系〉所收新見秦官印封泥輯證》一文讀"闟"爲"關"。② 可從。安大簡《詩經》"關雎"之"關"就寫作

① 任紅雨編著：《中國封泥大系》第 01473、02438、03373 號，西泠印社出版社，2018 年，分見第 124、204、282 頁。下文簡稱此書爲"大系"。
② 此文蒙吴良寶先生告知，謹致謝忱。

“關”。① 所以，上引三方封泥應分別釋作“冀關”“沙羡關印”“武關”，當是秦代冀關、沙羡關、武關三關所用之官印。

《大系》共收録五方冀關封泥，其中有四方封泥上同時鈐有一印，我們來看其中的兩方：

原釋文分別作“冀關＋寺從”、“冀關＋志從”，②對比這兩方封泥來看，第一方封泥中鈐蓋的應該也是“志從”印，首字不是“寺”字。“志從”當爲一方吉語印，在古璽中多見。③ 吴振武先生提示我，古人常佩戴吉語印，其使用方式和作用與私印相似，④因此封泥“冀關”右側所鈐蓋的當是一方私人印信。這個現象是頗值得注意的。

一般情況下，民衆攜帶貨物出入關卡，通過檢查和交納過關稅後，關吏會在貨物上鈐蓋該關的官印，作爲通行和納稅的憑證。⑤ “冀關”封泥右側加蓋了私印，大概彼時冀關的負責人不在，遂由其他官吏代爲處理關務，“志從”可能就是代爲處理關務者。在關印旁加蓋其私印，表示此事是由他負責的。里耶秦簡中常見由某官代爲處理公務的情況，通常都會在文書末尾注明“以某某印行事”，⑥即在文書上鈐蓋代爲處理公務者之印，表示此事由他負責處理。“冀關”封泥旁加蓋私印的現象，與此類似。

里耶秦簡中還有如下一段記述，與我們討論的情況十分相似，或許能爲我們的説法

---

① 安徽大學漢字發展與應用研究中心編，黄德寬、徐在國主編：《安徽大學藏戰國竹簡（一）》，中西書局，2019 年，第 69 頁。

② 《大系》第 01474、01476 號，第 124 頁。

③ 羅福頤主編：《古璽匯編》第 4340 號，文物出版社，1981 年，第 397 頁；許雄志：《鑒印山房藏古璽印菁華》第 46 號，河南美術出版社，2006 年，第 24 頁；吴硯君主編：《盛世璽印録（續三）》第 215 號，書法出版社，2020 年，第 235 頁。

④ 此蒙吴振武先生在吉林大學古籍研究所博士研究生課上向我指出，謹致謝忱。

⑤ 參看陸德富：《戰國時代官私手工業的經營形態》，上海古籍出版社，2018 年，第 212—221 頁。

⑥ 如 9‐1“以洞庭司馬印行事”，9‐479“以臨沅丞印副行事”，9‐1861“以洞庭發弩印行事”，參看陳偉主編：《里耶秦簡牘校釋（第二卷）》，武漢大學出版社，2018 年，第 1、140、374 頁。

提供一些佐證：①

　　　廿六年十一月甲申朔壬辰，遷陵邦候守建敢告遷陵主：令史下御史請書
　　曰：自今以來，毋(無)傳叚(假)馬以使若有吏(事)縣中，及逆傳車馬而以載人、
　　避見人若有所之，自一里以上，皆坐所乘車馬臧(贓)，與盜同灋。書到相報。
　　今書已到。敢告主。毋(無)公印以私印，印章曰李志。

大概當時遷陵邦候守建不在，遂由李志代辦公務，因爲没有建所持的公印，故而在文書
上特加説明，鈐以代辦者李志的私印。封泥所見與秦簡所記正好兩相印證，很有可能是
相似的情況。

　　附帶一提，《大系》04875號還收録如下一方封泥：②

原釋文作"□闇"，細審印文，第二字應是"闗"字，在印文中也可能讀爲"關"，這可能也是
一方關印。

　　秦陶文中有一方製陶者的私印，文曰"咸闗里林"，③今案，此印或應讀作"咸關里
林"，咸是咸陽亭的省稱，表明該陶工受兼管市務的咸陽亭嗇夫的管轄，也體現了該陶工
的市籍，④關是里名，楚簡和齊陶文中亦見"關里"，⑤林是陶工的私名。

二

　　《遼寧省博物館藏金石文字集萃》(以下簡稱《集萃》)收録了如下一方1955年出土

①　陳偉主編：《里耶秦簡牘校釋(第二卷)》，武漢大學出版社，2018年，第381頁。
②　《大系》第04875號，第408頁。
③　岳起：《咸陽塔爾坡秦墓新出陶文》圖三：30，《文博》1998年第1期，第45頁。
④　裘錫圭：《嗇夫初探》，收入氏著：《古代文史研究新探》，江蘇古籍出版社，1992年，第491頁。
⑤　湖北省荆沙鐵路考古隊：《包山楚簡》第121號簡，文物出版社，1991年，第25頁。"關"字之釋，參看黄錫全
　　《〈包山楚簡〉部分釋文校釋》，收入氏著：《湖北出土商周文字輯證》，武漢大學出版社，1992年，第188頁。高
　　明編著：《古陶文彙編》3·377，中華書局，1990年，第137頁。

於遼陽市三道壕村西漢村落遺址的漢代陶片：

其上鈐有幾方製陶者的私印，《集萃》釋作"王巨"。①

結合"巨"的寫法來看，拓本中的 1、2、4 皆是倒鈐，只有 3 是正印，所以這幾方陶文其實應該釋作"巨王"。

在漢代題銘中，"巨＋姓氏"的現象頗爲常見，如陶文中有"巨梁""巨丘"，②武威雷臺漢墓所出的銅壺上有"巨李"。③ 與此相似的是"大＋姓氏"的刻銘亦十分常見，如陶文中有"大趙""大尹"，畫像磚上有"大吴""大文""大方"，④漆器中有"大桓"⑤"大吕"⑥"大張"⑦等等，兩者可以合觀。漢代私印中，在姓名之前加"大"或"巨"的現象也很普遍，比如"大李萬全""大焦中叔""巨尹常富""巨張萬倍"⑧等等，其中比較著名的當數"大劉記印"。

2015 年，江西南昌海昏侯墓的主槨室中出土了一枚龜鈕玉印，上有印文"大劉記印"，⑨學者們圍繞這枚玉印以及墓主劉賀的身世展開了熱烈的討論。與此印同出的隨葬品中，還有一枚刻有"大劉一斤"銘文的銅權。⑩ 熊長云先生指出，漢印中自名爲"記印"者，多屬私印，所以"大劉記印"當是劉賀所用之私印。⑪

---

① 劉寧主編：《遼寧省博物館藏金石文字集萃》，文物出版社，2021 年，第 230 頁。

② 佟艷澤，《漢代陶文字編》，吉林大學碩士學位論文，2012 年，第 91 頁。

③ 甘肅博物館：《武威雷臺漢墓》，《考古學報》1974 年第 2 期，第 97 頁。

④ 佟艷澤：《漢代陶文字編》，吉林大學碩士學位論文，2012 年，分見第 212—213 頁。

⑤ 安徽省文物考古研究所編著：《天長三角圩墓地》，科學出版社，2013 年，第 54 頁。

⑥ 安徽省文物考古研究所、巢湖市文物管理所編著：《巢湖漢墓》，文物出版社，2007 年，第 53 頁。

⑦ 揚州博物館、邗江縣文化館：《揚州邗江縣胡場漢墓》，《文物》1980 年第 3 期，第 6 頁。

⑧ 施謝捷：《虛無有齋摹輯漢印》編號 1094、3957、3960、3963，藝文書院，2014 年，分見第 186、671、672 頁。

⑨ 江西省文物考古研究所、南昌市博物館、南昌市新建區博物館：《南昌市西漢海昏侯墓》，《考古》2016 年第 7 期，第 59 頁。

⑩ 張燁亮、李文歡：《海昏侯出土部分金器初步研究》，《南方文物》2020 年第 6 期，第 193 頁。

⑪ 熊長云：《海昏侯墓"大劉記印"小考》，《中國文物報》2015 年 12 月 18 日第 6 版。

那麼,“大劉”如何解釋呢? 熊先生認爲,劉賀自稱“大劉”,是爲了彰顯其皇族身份。對此,辛德勇先生有不同的意見,他指出,漢人私印中常有“大＋姓氏”者,“均無彰顯其家族具有某種特殊地位的效用,獨此‘大劉’是在彰顯自己的皇族身份,在情理上是很不通暢的。”[1]1982 年,洛陽市郊淺井頭村發現了一座西漢墓,墓中出土了一件刻有“大劉”二字的陶罐,[2]從該墓的規格和隨葬品數量來看,顯然不是級別很高的皇族墓葬。可見辛說當是。辛先生認爲,印文中的“大”是一個聊以自誇之詞,或許並無深意。[3] 羅曉華先生也有類似看法,他指出“大＋姓氏”中的“大”可能僅僅是一種“敬詞”。[4] 安徽天長三角圩西漢墓所出的一件漆案上書有“大桓”漆書,有的學者就認爲此中的“大”是一種吉語。[5]

從漢代璽印中諸多“大(巨)＋姓氏”的現象考慮,將“大”和“巨”理解爲一種用以宣揚、誇耀的詞,是一種很好的意見,這也與漢人追求卓越不凡的取名習慣相似。[6] 不過,考慮到陶器、銅器等手工業産品中的刻銘多追求“物勒工銘”的原則,在一些強調製作者身份的題刻上加以自誇之詞,似乎略有不妥,漢代題銘中雖多有吉語,但“大(巨)＋姓氏”的格式畢竟與一般吉語不同,有些題銘中的“大”或許不能視爲一種吉語。

鄭志剛先生曾從宗法角度對“大劉記印”加以討論,認爲“大劉”是指“大宗劉氏”。[7] 這倒是有可能的,不過,昌邑王劉髆不是嫡長子,相對以皇室爲代表的“大宗”而言,劉髆一族只能算是支系,因此所謂的“大宗”恐怕還是針對劉髆家族内部而言比較合適,而不是針對整個漢王室宗族講的。

《後漢書·耿弇傳》中有如下一則材料,爲我們思考“大(巨)＋姓氏”這類問題提供了一種新的思路:

> (耿)弇乃令軍中無得妄掠劇下,須張步至乃取之,以激怒布。布聞大笑曰:“以尤來、大肜十餘萬衆,吾皆即其營而破之。今大耿兵少於彼,又皆疲勞,何足懼乎!”

《後漢書》本注曰:“弇,況之長子,故呼爲大耿”。耿弇被稱爲“大耿”,是因爲他是耿況的

---

① 辛德勇:《海昏侯新論》,生活·讀書·新知三聯書店,2019 年,第 32 頁。

② 洛陽市第二文物工作隊:《洛陽淺井頭西漢壁畫墓發掘簡報》,《文物》1993 年第 5 期,第 5 頁。

③ 辛德勇:《海昏侯新論》,生活·讀書·新知三聯書店,2019 年,第 31—36 頁。

④ 羅曉華:《“大劉記印”雜識》,《中國文物報》2020 年 1 月 3 日第 6 版。

⑤ 安徽省文物考古研究所編著:《天長三角圩墓地》,科學出版社,2013 年,第 398 頁。

⑥ 有關古人的取名習慣,參看劉釗:《古文字中的人名資料》,收入氏著:《古文字考釋叢稿》,嶽麓書社,2005 年,第 360—383 頁。

⑦ 鄭志剛:《海昏侯墓出土漢印四題》,《中國美術》2016 年第 4 期,第 41—44 頁。

長子。可見,在漢代,可以以"大+姓氏"的形式來稱呼家中的長子。

在出土和傳世的先秦文獻中,常見有被稱爲"大叔"者,徐淵先生指出,"大叔"在文獻中特指國君的嫡長弟,"大"意味着他在國中占有極爲重要的宗法地位,"大叔"常扮演大宗宗子的角色。① 細細體會"大叔"一詞,"叔"代表着排行,或許由此可引申出"弟"的内涵,而此中的"大"則暗含了"嫡長"的意蘊。結合來看,漢代以"大某"來稱呼家中的長子,或許是宗法制度下的一種特殊習慣,相沿已久。

因此,劉賀自稱"大劉",或許跟他是劉髆的長子有關,在家族内部有着較高的地位,在銅權等器物上題刻"大劉",正是爲了强調其在宗族内部的特殊身份。漢代其他題銘中的"大(巨)+姓氏",除了有宣揚誇耀姓氏的目的之外,題刻者或是家中長子,在姓氏前特意加刻"大"字以顯示身份,這一可能性似乎也是存在的。

① 徐淵:《論"大叔"在先秦文獻中的特殊内涵——兼談先秦諸侯公室公子的宗法制度》,《同濟大學學報(社會科學版)》2020 年第 4 期,第 87—94 頁。

璽印姓名釋叢(五則)*

張傳官

(復旦大學出土文獻與古文字研究中心、"古文字與中華
文明傳承發展工程"協同攻關創新平臺)

一、辟 閭

《漢晉南北朝印風》①下册第 68 頁、《續齊魯古印攈》②第 74 頁著録有漢印"辟閭日利":

《柿葉齋兩漢印萃》③第 97 頁著録有"辟閭茂印":

按"辟閭"爲古代複姓,羅振玉《璽印姓氏徵》卷上曾舉"辟閭昌""辟閭順"二例,並引《廣

* 本文爲國家社科基金一般項目"基於新出土文獻的《蒼頡篇》文本復原與綜合研究"(20BYY148)、國家社科基金冷門絶學研究專項學術團隊項目"中國出土典籍的分類整理與綜合研究"(20VJXT018)、國家社科基金重大項目"阜陽漢簡整理與研究"(21&ZD305)的成果。

① 莊新興編:《漢晉南北朝印風》,重慶出版社,1999 年。本文羅列多項著録信息時,所引璽印圖片均據第一項著録引用,不再一一説明。

② 郭裕之輯:《續齊魯古印攈》,上海書店,1989 年。

③ 上海圖書館編:《柿葉齋兩漢印萃》,山東美術出版社,2011 年。

韻》"晋有寧州刺史辟閭彬"爲證。① 按典籍中辟閭氏多見於中古時期,如《晋書》卷九《孝武帝紀》有"辟閭濬""辟閭渾",卷六十二《劉琨傳》有"辟閭嵩",《宋書》卷四十七《劉敬宣傳》有"辟閭道秀",《舊唐書》卷二十二《禮儀志二》有"辟閭仁諝",《資治通鑑》卷一百《晋紀二十二·孝宗穆皇帝十二年》有"辟閭蔚"。雖然學界所説的"漢印"是包括部分魏晋印章在内的,但是羅氏所列及上引漢印存在屬於兩漢印章的可能;而且中古多次出現的"辟閭"氏恐亦非無源之水,因此這些漢印或可爲此複姓提供更早的例證。

《湖南古代璽印》②第 62 頁、《湖南省博物館藏古璽印集》③第 248 號、《二十世紀出土璽印集成》④第 184 頁著録有如下"薛間如"印:

按施謝捷先生已指出漢印中的諸多舊釋爲"薜"之字實爲"薛"字;⑤馬王堆一號漢墓出土印章中舊釋爲"妾辛追"的印文,我們亦已改釋爲"妾避";⑥與上揭二文所引字形對比,可知此印之"薛"實亦爲"薛"之誤釋。"薛間"應即"辟閭"之異寫,亦爲複姓。

《元和姓纂》卷十《二十二昔》謂:"辟閭。衛文公支孫,以居楚邱,營辟閭里,因爲辟閭氏。《漢書·儒林傳》:太子少傅辟閭曾;孫失名,爲昌邑王太傅。"⑦據其説,則"辟閭"蓋以地爲氏。按辟閭爲古劍名,《荀子·性惡》:"闔閭之干將、莫邪、鉅闕、辟閭,此皆古之良劍也。"楊倞注:"或曰辟閭即湛盧也。"《新序·雜事二》:"辟閭、巨闕,天下之利器也,擊石不闕,刺石不銼。"《廣雅·釋器》:"辟閭,劍也。"追根溯源,辟閭氏或地名辟閭里疑與之有密切的關係,或即取意於古劍名。

《洛泉軒集古璽印選萃》⑧593 號著録有如下"辟慮"印:

① 羅振玉:《璽印姓氏徵》,《漢兩京以來鏡銘集録(外十四種)》,上海古籍出版社,2013 年,第 107 頁。

② 陳松長:《湖南古代璽印》,上海辭書出版社,2004 年。

③ 湖南省博物館編:《湖南省博物館藏古璽印集》,上海書店,1991 年。

④ 周曉陸主編:《二十世紀出土璽印集成》,中華書局,2010 年。

⑤ 施謝捷:《〈漢印文字徵〉及其〈補遺〉校讀記(一)》,《出土文獻與古文字研究》第 2 輯,復旦大學出版社,2008 年,第 298—299 頁。

⑥ 參看魏宜輝、張傳官、蕭毅:《馬王堆一號漢墓所謂"妾辛追"印辨正》,《文史》2019 年第 4 輯。

⑦ 林寶撰,岑仲勉校記:《元和姓纂》,中華書局,1994 年,第 1601—1602 頁。

⑧ 施謝捷、王凱、王俊亞編著:《洛泉軒集古璽印選萃》,藝文書院,2017 年。

魏宜輝先生已指出“辟慮”當讀爲“辟閭”，並據前揭《荀子》《新序》的記載，認爲此處之“辟慮（閭）”“屬於以名劍爲名”。[①] 按“辟慮（閭）”確實可能是不著姓氏的雙字名；作爲人名，其取意類似於人名“干將”“莫邪”。[②] 不過，從前文所述複姓“辟閭”來看，此處之“辟慮（閭）”也不排除是複姓的可能性，秦印有“公孫”（《珍秦齋藏印·秦印篇》[③]第 281 號）、“公孫”（《中國古印·程訓義古璽印集存》[④]第 3‑029 號），應該也是只列複姓後無名字或成語的例子；至於秦漢印中只列單字姓的例子更是不勝枚舉。“辟慮（閭）”究竟是雙字名還是複姓，還有待進一步的考察。

二、何 僤

《虛無有齋摹輯漢印》[⑤]第 1459 號著録有如下一方金質兩面印“劉何僤—妾何僤”：

按“僤”古多訓疾、速，如此則人名“何僤”似於義無取，疑“僤”當讀爲“憚”。《詩·大雅·桑柔》：“逢天僤怒。”清人多已指出“僤”當讀爲憚怒之“憚”。[⑥] 可見“僤”用爲“憚”其來有自。此處人名之“僤（憚）”當訓爲畏懼、畏難，“何僤（憚）”即“何所畏懼”，亦即無所畏懼。璽印中又有“陳毋單”（《十鐘山房印舉》[⑦]卷六第 7 頁、卷十七第 16 頁；《古玉印精萃》[⑧]第 71 頁；《古玉印集存》[⑨]第 325 號；《雙虞壺齋印存》[⑩]第 41 頁），“單”亦讀爲“憚”，“毋單”亦即“無憚”。[⑪] “何僤（憚）”與“毋（無）單（憚）”取意相近，正如“何傷”（或作“河傷”）、“奚

① 魏宜輝：《秦漢璽印姓名考析（續）》，《漢語史與漢藏語研究》第 3 輯，中國社會科學出版社，2018 年，第167 頁。

② 張傳官：《試論〈急就篇〉的新證研究》，《復旦學報》2012 年第 3 期，第 124 頁。

③ 蕭春源輯：《珍秦齋藏印·秦印篇》，臨時澳門市政局文化暨康樂部，2000 年。

④ 程訓義輯：《中國古印·程訓義古璽印集存》，河北美術出版社，2007 年。

⑤ 施謝捷編：《虛無有齋摹輯漢印》，藝文書院，2014 年。

⑥ 馬瑞辰：《毛詩傳箋通釋》，中華書局，1989 年，第 965 頁；錢繹：《方言箋疏》，中華書局，1991 年，第 245 頁。

⑦ 陳介祺輯：《十鐘山房印舉》，中國書店，1985 年。

⑧ 韓天衡、孫慰祖輯：《古玉印精萃》，上海書店，1989 年。

⑨ 韓天衡、孫慰祖輯：《古玉印集存》，上海書店出版社，2002 年。

⑩ 吳式芬輯：《雙虞壺齋印存》，上海書店，1987 年。

⑪ 此承魏宜輝先生賜告，謹致謝忱。

傷”“胡傷”與“無傷”（亦作“毋傷”）取意相近。①

　　漢印中又有人名“毋畏”，如：

　　　　殷毋畏印（《中國歷史博物館藏法書大觀》第四卷②第 158 號、《中國璽印篆刻全集 · 璽印》③下册第 638 號、《古鈢印精品集成》④第 320 頁、《漢晋南北朝印風》⑤中册第 168 頁）

　　　　李毋畏（《珍秦齋古印展》⑥第 174 號）

　　　　魏（魏）毋畏（《古鈢印精品集成》⑦第 304 頁、《古玉印精萃》⑧第 104 頁；《古玉印集存》⑨第 484 號）

　　　　尹毋畏（《金石千秋——故宫博物院藏二十二家捐獻印章》⑩第 142 號）

“毋畏”即“無畏”，與“何僤（憚）”“毋（無）單（憚）”取意亦可類比。

三、莫　稽

　　《盛世璽印録（續壹）》⑪第 265 號著録有如下“酈莫稽”印：

①　參看劉釗：《古文字中的人名資料》，氏著：《古文字考釋叢稿》，嶽麓書社 2005 年，第 373—374 頁；施謝捷：《釋“十九年邦司寇鈹”銘的“奚易”合文》，《文教資料》1996 年第 2 期，第 99—100 頁；施謝捷：《〈漢印文字徵〉卷八校讀記》，《中國文字博物館》2011 年第 1 期，第 38—39 頁；施謝捷：《〈古璽彙編〉釋文校訂》，廣東炎黄文化研究會編：《容庚先生百年誕辰紀念文集》，廣東人民出版社，1998 年，第 648—649 頁；施謝捷：《古璽彙考》，第 252 頁；田煒：《古璽探研》，華東師範大學出版社，2010 年，第 130—133 頁。張傳官：《〈急就篇〉人名新證》，香港中文大學中國語言及文學系、中國文化研究所劉殿爵中國古籍研究中心編：《古籍新詮——先秦兩漢文獻論集》，香港中文大學 2020 年。

②　劉家琳主編：《中國歷史博物館藏法書大觀 · 第四卷 · 璽印篆刻》，東京都柳原書店，日本平成十一年（1999）。

③　莊新興、茅子良編：《中國璽印篆刻全集 · 璽印》，上海書畫出版社，2000 年。

④　莊新興編：《古璽印精品集成》，上海古籍出版社，1998 年。

⑤　莊新興編：《漢晋南北朝印風》，重慶出版社，1999 年。

⑥　蕭春源輯：《珍秦齋古印展》，澳門市政廳畫廊，1993 年。

⑦　莊新興編：《古璽印精品集成》，上海古籍出版社，1998 年。

⑧　韓天衡、孫慰祖輯：《古玉印精萃》，上海書店，1989 年。

⑨　韓天衡、孫慰祖輯：《古玉印集存》，上海書店出版社，2002 年。

⑩　方斌、郭玉海主編：《金石千秋：故宫博物院藏二十二家捐獻印章》，紫禁城出版社，2007 年。

⑪　吳硯君主編：《盛世璽印録（續壹）》，文化藝術出版社，2017 年。

按"莫"古多訓"無"，人名"莫稽"取意應即無稽，即無可稽考之意。北大漢簡《妄稽》載有女名"妦（妄）稽"，學者多已指出"妦（妄）稽"其實就是"亡稽"，其實也就是"無稽"，其名與漢賦中的"烏有先生""無是公""子虛"等類似。① 人名"莫稽"正可與之對照，亦可爲之提供不可多得的實例。

漢印中又有"楊不耆"（《虛無有齋摹輯漢印》②第 2827 號）、"王不耆"（《印道人印印》③卷二第 4 號）：

按"耆"古訓"長"、訓"老"多含褒義（如"耆"常與"耄""耋""耇"等並提），因此若照字面理解，將"不耆"解釋爲"不老"則於義無取。"耆"亦从"旨"聲，"不耆"似可讀爲"不稽"。"不"古亦可訓"無"，則"不稽"與"無稽"取意亦相近。

《古璽彙編》④第 2735 號著録有如下古璽：

施謝捷先生已將璽文正確釋爲"宵=（胡窑—姑陶）不肎=（不脂）"，並謂：

> 作爲人名的"不脂"，舊無説。今謂"不脂"當爲先秦古語，《淮南子·説山訓》："人有多言者，猶百舌之聲；人有少言者，猶不脂之户也。"高誘注："言其不鳴，故不脂之諭無聲也。一説：不脂之户難開閉，亦諭人少言語也。"即其例。人名"不脂"當與此有關。⑤

按"脂"似亦可讀爲"稽"，二字皆从"旨"聲，自可相通。

---

① 陳偉武先生發言記録，見《"北京大學藏西漢竹書情況通報暨座談會"紀要》，北京大學出土文獻研究所《北京大學出土文獻研究所工作簡報》第 2 期，2009 年 12 月，第 10 頁。何晋：《文學史上的奇葩——北京大學藏西漢竹書〈妄稽〉簡介》，《文匯報》2015 年 12 月 18 日。王寧：《讀北大簡四〈妄稽〉零識》，武漢大學簡帛網，2016 年 7 月 14 日。

② 施謝捷編：《虛無有齋摹輯漢印》，藝文書院，2014 年。

③ 傅嘉儀輯：《印道人印印》，鈐印本。

④ 羅福頤主編：《古璽彙編》，文物出版社，1981 年。

⑤ 施謝捷：《古璽彙考》，安徽大學博士學位論文，2006 年，第 313 頁。

四、闢　方

先秦秦漢時期多有名“辟方”者，如：

> 孝王辟方（《史記》卷四《周本紀》）
> 安侯辟方（《史記》卷十八《高祖功臣侯者年表》）
> 樊侯辟方（《史記》卷十九《惠景間侯者年表》）
> 公非子辟方（《漢書》卷二十《古今人表》）

秦印中有“救闢方”（《莫氏集古印譜》[①]），漢印中有“高辟方”（《善齋璽印録》[②]），“辟方”與“闢方”當爲一詞異寫，其取意值得探討。

一種可能是訓“辟（闢）”爲抵禦、消除、擯棄等義，“方”則讀爲“妨”，“闢妨”即辟除外來的妨害之意，與秦漢印中常見的人名“辟兵”“辟非”“辟死”“彼（辟）死”等相類。[③]

另一種可能是訓“辟（闢）”爲開闢，訓“方”爲地域、邊境，“辟（闢）方”即開闢疆土之義。按章太炎《春秋左傳讀·僖公二十五年》“衛侯燬滅邢”條云：

> 衛侯本名辟彊，彊即疆。《管子》：“衛公子開方。”蓋與辟彊爲兄弟。辟、開同義，疆土、方域亦同。[④]

其手稿對此又有補論，曰：

> 《管子·大匡》言：“公子開方可游於衛。”《小匡》言：“開封處衛。”開封即開方，封爲封疆，義與辟彊尤近。[⑤]

以類似的人名論證“辟彊”的取意，其説可信。[⑥] 而“開”“闢”則是古書常見的近義詞，“辟（闢）方”正可與“開方”類比。上述兩種説法，當以後一種爲優。

---

① 莫繩孫輯，《集古印譜》，鈐印黏貼本，民國二十九年（1940年）。

② 劉體智輯，《善齋璽印録》，朱拓石印本，民國十九年（1930年）。

③ 張傳官：《〈急就篇〉人名新證》，香港中文大學中國語言及文學系、中國文化研究所劉殿爵中國古籍研究中心編：《古籍新詮——先秦兩漢文獻論集》，香港中文大學2020年。施謝捷：《簡牘人名（雙名）釋讀札記》，《中國出土資料研究》第18號，2014年，第105—106頁；又載復旦大學出土文獻與古文字研究中心編選：《探尋中華文化的基因》（一、出土文獻與古文字研究卷），商務印書館，2018年，第324—326頁。

④ 章太炎：《章太炎全集·春秋左傳讀、春秋左傳讀叙録、駁箴膏肓評》，上海人民出版社，2014年，第262頁。

⑤ 章太炎：《章太炎全集·春秋左傳讀、春秋左傳讀叙録、駁箴膏肓評》，上海人民出版社，2014年，第262頁。

⑥ 參看張傳官：《説“辟彊”》，待刊稿。該文主要觀點曾在徐州博物館（徐州市文物考古研究所）、江蘇師範大學歷史文化與旅遊學院主辦“漢代璽印封泥國際學術研討會”（徐州，2019年7月29—30日）上宣讀。（看校追記：此文已發表於《中國語文》2023年第2期。）

　　先秦秦漢璽印中還有不少取意與"開闢疆土"相近的人名,如"啓封"(《古璽彙編》①第0861號、《古鉩印精品集成》②第53頁"長戌(啓)壯(封)")、"闢封"(《古璽彙編》③第4091、《故宫博物院藏古璽印選》④第209號、《古鉩印精品集成》⑤第83頁"后閚(闢)壯(封)·后閚(闢)圭(封)")、"廣地"(《珍秦齋藏印·漢魏晋唐宋元篇》⑥第155頁"官朔之印—官廣地—官長子")、"斥地"(《漢印文字徵補遺》⑦卷九第5頁"庠"欄"韓斥地印"、《鑒印山房藏古璽印菁華》⑧第255號"侯斥地"、《中國篆刻全集》⑨第二册第290頁"趙斥地"),皆可類比;又如"廣國""廣漢",⑩亦與之頗爲相似。非人名或難以確定爲人名(部分可能是成語)者如"開邊"(《十鐘山房印舉》⑪卷二第13頁"開邊將軍之印")、"啓邦"(《盛世璽印録·續壹》⑫第169號"啓邦")、"廣邦"(《盛世璽印録》⑬第249號"克地廣邦")等。

五、彊

　　《澂秋館印存》⑭第28頁著録有如下一方古璽:

《古鉩印精品集成》⑮第60頁、《中國璽印類編》⑯第453頁亦皆著録此璽:

①　羅福頤主編:《古璽彙編》,文物出版社,1981年。
②　莊新興編:《古璽印精品集成》,上海古籍出版社,1998年。
③　羅福頤主編:《古璽彙編》,文物出版社,1981年。
④　羅福頤主編:《故宫博物院藏古璽印選》,文物出版社,1982年。
⑤　莊新興編:《古璽印精品集成》,上海古籍出版社,1998年。
⑥　蕭春源輯:《珍秦齋藏印·漢魏晋唐宋元篇》,澳門民政總署文化康體部,2005年。
⑦　羅福頤編:《漢印文字徵補遺》,文物出版社,1982年。
⑧　許雄志編:《鑒印山房藏古璽印菁華》,河南美術出版社,2006年。
⑨　沈沉主編:《中國篆刻全集》,黑龍江美術出版社,2000年。
⑩　參看張傳官:《〈急就篇〉人名新證》,香港中文大學中國語言及文學系、中國文化研究所劉殿爵中國古籍研究中心編:《古籍新詮——先秦兩漢文獻國際學術研討會論文集》,香港中文大學2020年。
⑪　陳介祺輯:《十鐘山房印舉》,中國書店,1985年。
⑫　吴硯君主編:《盛世璽印録·續壹》,文化藝術出版社,2017年。
⑬　吴硯君主編:《盛世璽印録》,藝文書院,2013年。
⑭　陳寶琛輯:《澂秋館印存》,上海書店,1988年。
⑮　莊新興編:《古璽印精品集成》,上海古籍出版社,1998年。
⑯　小林斗盦編:《中國璽印類編》,天津人民美術出版社,2004年。

前書無釋文，後二書則分別將之釋爲“陳彊”“陳疆”，其釋讀可能都不是嚴格隸定，因爲該璽姓氏在“阜”“東”之間尚有“土”旁，嚴格隸定當作“墬”；而單字名在“弓”之右方、“畺”之下方還有一個偏旁作 ，亦不是嚴格準確的“彊”或“疆”。該偏旁下部筆畫向左彎曲，顯然不是“土”旁（可與“墬”之“土”旁對比），我們認爲這是“虫”旁，該人名嚴格隸定當作“䖪”。古璽中的“虫”有類似的寫法，只是其底部的斜筆向右彎曲而已；①而在戰國文字中，“虫”的這一筆畫向左、向右彎曲並無實質性的區別。② 單字名表示｛疆｝似於義無取，“䖪”應該是表示｛强｝的。

　　“䖪”字的存在，可以爲“强”和“彊”的關係提供一個新的例子。

　　在早期古文字中，强弱之“强”（後文用“｛强｝”來表示這個詞）與疆界之“疆”（後文用“｛疆｝”來表示這個詞）的用字習慣不同：前者用“弘”聲字來表示，後者則用“畺”聲字或“彊”聲字來表示，二者涇渭分明。春秋戰國時期，出現了一些從“弘”或“弜”聲、從“力”或從“木”或從“心”或從“止”之字，皆表示｛强｝。無獨有偶，戰國時期也出現了從“彊”聲、從“力”或從“心”表示｛强｝的文字。③ 可見，從這一時期開始，“弘”聲字與“彊”聲（實爲“畺”聲）字開始產生了密切的關係：“彊”既可表示｛疆｝，亦可表示｛强｝，甚至出現“疆”表示｛强｝的用法。這種情況的出現，應該是由於在表示｛强｝的時候，已經有“心”“力”等偏旁起到一定的表意或限定作用，聲符就不再局限於“弜”，可以將之替換爲音近的“彊”。也就是說，這一時期“彊”聲字開始用來表示｛强｝。此外，需要特別注意的是：傳世和出土的材料中從未出現用“强”表示｛疆｝的例子。

　　按照《説文》的説法，“强”本指一種蟲，也是以“弜”爲聲之字，用來表示｛强｝是其假借用法。“强”至漢代仍多從“口”作，《説文》作“強”則是後起的寫法。④

　　“彊”的兩種用法持續了很長的一段時間，至少在兩漢時期依然如此。後來在表示｛疆｝的時候，“疆”漸行而“彊”漸廢，“彊”更多地只用來表示｛强｝，因此歷來學者大多把

①　參看羅福頤主編：《古璽文編》，文物出版社，1981年，第315—316頁。

②　參看湯餘惠主編：《戰國文字編（修訂本）》，福建人民出版社2015年，第868—873頁。

③　其中“勥”字的“畺”旁，或省作“田”，見荊門市博物館：《郭店楚墓竹簡》，文物出版社，1998年，《五行》簡34等。《説文》古文及其他傳抄古文則不省，見李春桃：《古文異體關係整理與研究》，中華書局，2016年，第291頁。

④　裘錫圭：《甲骨文字考釋（續）·説“弘”“强”》，氏著：《古文字論集》，第55—56頁；又見《裘錫圭學術文集·甲骨文卷》，第186—188頁。“强”和“強”其實是同一個字，只是筆畫略有差別而已，由於出土文獻（璽印）資料中，此字絕大多數寫作“强”，本文除幾處必要者外，均使用“强”這個字形。

“彊”視爲的“强”異體甚至{强}的本字。

《説文·弓部》訓“彊”爲“弓有力”，季旭昇先生已質疑其説。① 該説很可能是在“弜(强)”與“彊”二字産生糾葛甚至被視爲一字異體之後才出現的解釋。實際上，要説訓爲“弓有力”，也只能是“弜”或“弜”，②以“彊”表示{强}很可能也是假借用法。

上引古璽中的“彊”字，應該是在“弜”聲字與“彊”聲(實爲“畺”聲)字産生密切聯繫的背景下出現的，它可能是表示{强}的“彊”聲字中以往尚未出現的新字，也可能是從“彊”字到“强”字的過渡字形；甚至更可能地，它實際上就是“强”字的異體。

《古璽彙編》③第 2204 號爲如下一方古璽：

此印又著録於《中國璽印類編》④第 453 頁、《秦漢印章》⑤第 55 頁、《璽印集林》⑥第 27 頁等，其中後二書無釋文，其餘二書皆將此璽文字釋爲“邦彊”。

按所謂“彊”字的“弓”和“畺”二旁之間的偏旁，從各家著録拓本來看，其下部實無横畫；雖然借下部邊框爲筆畫存在一定的可能，但此旁縱向筆畫與璽面下部的邊框距離較遠，這種可能性並不大。如果上文所揭“彊”字確實存在的話，此旁恐怕不是“十”旁，而更可能是“虫”旁，該字嚴格隸定也應該是“彊”字，戰國文字中“虫”旁下部筆畫寫成竪筆者亦不少見。⑦ 湯餘惠先生主編的《戰國文字編》(修訂本)將此字收“强”字頭下，⑧雖然可能是出於其用法的考慮，但也不排除編者認爲該字從“虫”的可能。

本文所用璽印資料多蒙施謝捷先生和魏宜輝先生惠示，初稿曾蒙魏宜輝先生指正，謹此一併致謝。唯文責自負。

2019 年 8 月 19 日初稿
2019 年 9 月 26 日改定

① 季旭昇：《説文新證》，藝文印書館，2014 年，第 917 頁。
② 季旭昇：《説文新證》，藝文印書館，2014 年，第 917 頁。
③ 羅福頤主編：《古璽彙編》，文物出版社，1981 年。
④ 小林斗盦：《中國璽印類編》，天津人民美術出版社，2004 年。
⑤ 陳爾臣輯：《秦漢印章》，海峽文藝出版社，1997 年。
⑥ 林樹臣輯：《璽印集林》，上海書店，1991 年。
⑦ 參看湯餘惠主編：《戰國文字編(修訂本)》，福建人民出版社 2015 年，第 868—873 頁。
⑧ 參看湯餘惠主編：《戰國文字編(修訂本)》，福建人民出版社 2015 年，第 869 頁。

本文曾在吉林大學古籍研究所、吉林大學中國古文字研究中心主辦"古文字與出土文獻青年學者論壇"（吉林長春，2019 年 9 月 21—23 日）上宣讀，後全文五則曾分別發表：《璽印姓名釋叢（三則）》，《古文字研究》（第 33 輯），中華書局 2020 年，第 629—633 頁；《古代璽印人名考釋二則》，《淮海文博》（第 2 輯），科學出版社 2020 年，第 110—113 頁。今據發表版收入此書。

2022 年 3 月 28 日附記

乾堂藏"焦避"印跋

——馬王堆一號墓主應名"避"補證

紀　帥

（吉林大學考古學院）

　　《乾堂藏古璽印輯存》是鄭州焦新帥氏編著，2021 年由西泠印社出版的其私人藏古印集，其中新公布了不少先秦到兩漢的古璽印珍品，以下討論的"焦避（33 號，圖一）"便是其中之一。

1. 印拓 　　　　2. 印面照片 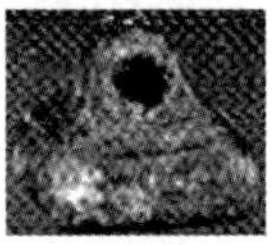　　　　3. 印鈕照片

圖一

　　是印長 10.6 釐米，寬 11.9 釐米，高 8.7 釐米，銅質，鼻鈕，印身有三層臺階，印文有邊框，與大多數秦私印一致，然文字方正規整。由於秦統一後存在時間很短，對所謂"秦私印"來説，究竟是屬於戰國秦、秦代、還是漢初學界尚没有明確的分辨標準，該印也可能是漢初之物。該印的價值在於其人名"避"與馬王堆一號漢墓墓主人、第一代軑侯利蒼之妻的陪葬印"妾避"相同，①如圖二：

1. 印面照片　　　　　2. 摹本

圖二②

①　湖南省博物館、中國科學院考古研究所編：《長沙馬王堆一號漢墓》上集，文物出版社，1973 年，第156 頁。

②　湖南省博物館編：《湖南馬王堆漢墓陳列》，中華書局，2017 年，第 57 頁。

馬王堆一號墓出土的這枚印因印面不夠清晰且作爲明器刻寫草率,①其上人名過去有釋"辛追"和釋"避"之爭。唐蘭先生最早提出該印印文爲"妾辛追",②後多爲學界信從。直到 2019 年,魏宜輝、張傳官、蕭毅三位先生在是年《文史》第 4 輯上發表《馬王堆一號漢墓所謂"妾辛追"印辨正》一文,指出所謂的"辛追"二字應爲"避"字誤讀,並爲該印重新做了摹本如下:③

圖三　《馬王堆一號漢墓所謂"妾
辛追"印辨正》文摹本

按,魏宜輝、張傳官、蕭毅三位先生之説可從。然而 2020 年朱棒又發表《馬王堆一號漢墓出土"妾辛追"印再辨》,依據秦漢印章中"自"部繁寫與"阜"部混用現象和西漢人名無"避"字且漢印中存在"臣/妾+姓+名"的印例,認爲該印仍應釋作"妾辛追"。④ 這一觀點仍爲不少學者所信從。乾堂所藏這枚"焦避"私印"避"字作"　",筆者私下轉發給蕭毅先生,蕭毅先生轉述魏宜輝先生意見認爲該印"從臂從辵,避字異構"。按,所謂的肉旁"　"其實也可能是辟字所從"　"玉璧形之訛,秦漢文字中該形或訛作"口"。此外,秦印中的"嘖"字有作"　"形者,漢印中"君"字有訛作"　"形者,⑤武威漢簡"喙"字有作"　"(簡 79)形者,"和"字有作"　"(簡 51)形者。⑥ 但"肉"旁除了東漢時期的漢簡草書外,幾乎從未見寫作"　"形中間僅一橫者,⑦典籍和後世字書中也未見避字從辵臂聲的異體。其實"　"形兩豎筆下端出頭很可能是製印者爲填滿"　"字下端空白而

① 湖南省博物館、中國科學院考古研究所編:《長沙馬王堆一號漢墓》上集,文物出版社,1973 年,第 129 頁;周世榮:《長沙山上西漢印章及其有關問題研究》,《考古》1978 年第 4 期,第 274 頁。

② 唐蘭:《座談長沙馬王堆一號墓·關於墓的時代、墓主人和墓的名稱》,《文物》1972 年第 9 期,第 54 頁,唐蘭.《長沙馬王堆漢墓軑侯妻辛追墓出土隨葬遺策考釋》,《文史》第 10 輯,中華書局,1980 年,第 1 頁。

③ 魏宜輝、張傳官、蕭毅:《馬王堆一號漢墓所謂"妾辛追"印辨正》,《文史》2019 年第 4 輯,第 261—266 頁。

④ 朱棒:《馬王堆一號漢墓出土"妾辛追"印再辨》,《湖南省博物館館刊》第 16 輯,嶽麓書社,2020 年,第 35—39 頁。

⑤ 趙平安、李婧、石小力編纂:《秦漢印章封泥文字編》,中西書局,2019 年,第 109、123 頁。

⑥ 徐正考、肖攀編著:《漢代文字編》,作家出版社,2016 年,第 180、195 頁。

⑦ 參許雄志編著:《秦印文字彙編(增訂本)》,河南美術出版社,2021 年,第 147—152 頁;徐正考、肖攀編著:《漢代文字編》,作家出版社,2016 年,第 563—590 頁;趙平安、李婧、石小力編纂:《秦漢印章封泥文字編》,中西書局,2019 年,第 343—354 頁。

將"▨"形誤刻所致。《辨正》一文已舉漢代文字中"辟"字(旁)或作"▨",且"辟"字在作偏旁時可省略"口"旁,如"臂""壁"字分別可作"▨""▨"形。因此,將"▨""▨"二形釋作"避"應無問題。而此印因時代爲秦或漢初,與馬王堆一號墓的年代相仿,也證明了朱文所説"西漢無名避者"的結論是錯誤的。馬王堆一號墓主應名"避"無疑。

一枚普通私印雖史料價值平平,但却因成了印證"千年不腐女屍"、馬王堆一號漢墓墓主、史書記載的第一代軑候利蒼之妻名字應釋作"避"的重要依據,變得彌足珍貴。馬王堆二號墓墓主"利蒼"和三號墓墓主"利豨"①分别是見於《史記》《漢書》等典籍記載的第一代、第二代軑候,且三號墓出土了著名的"馬王堆帛書"。李學勤先生曾謂:"發掘墓葬的重要意義,體現在通過對它的整理和研究,改變了我們對歷史上一個時代,或者一個民族、一種文化的認識。馬王堆漢墓就是這樣一種發現。"②由此更顯該印之價值。

2021 年 5 月 10 日改定

附記:本文的寫作得到吴師振武先生和乾堂焦新帥兄的鼓勵,李春桃老師、蕭毅老師、曾慶炳、李昭陽二位師兄、同學蔡振華也爲小文的寫作提出了寶貴意見,謹此致謝!

---

① 孫慰祖:《馬王堆三號墓墓主之争與利豨封泥的復原》,《孫慰祖璽印封泥與篆刻研究文選》,上海古籍出版社,2019 年,第 547—552 頁,原載《上海文博論叢》第 2 輯,上海辭書出版社,2002 年。

② 單穎文:《揭秘馬王堆漢墓挖掘始末》,《文匯報》2014 年 10 月 24 日,第 T03 版。

徐州漢畫像石藝術館藏
《黄石公鎮墓刻石》芻議 *

王　强

（吉林大學考古學院古籍研究所、“古文字與
中華文明傳承發展工程”協同攻關創新平臺）

　　《淮海文博》第 1 輯收録了武利華先生撰寫的《“黄石公禳災鎮墓刻石”釋讀與考證》一文（以下簡稱“武文”），[①]文章介紹了 2000 年徐州出土的一方鎮墓刻石，並對刻文内容進行了釋讀和闡發。此刻石在 2007 年首次披露時稱作“黄石公堪輿風水碑”，[②]在後續報道中則多稱作“黄石公鎮墓刻石”，本文采用後一命名。據文字信息，該刻石爲熹平五年（176 年）之物，現存高度 114 釐米，寬 56 釐米，寬 24 釐米。由於武文所附拓本大比例縮印，文字辨識有一定難度。2019 年 7 月底，我們到徐州參加“漢代璽印封泥國際學術研討會”，會後參觀徐州漢畫像石藝術館時見到了這件刻石，並對刻石及解説牌所附拓片進行拍照。刻石殘泐剥蝕較爲嚴重，但將原物、照片、拓片相互參照閲讀，還是能够看出一些問題。根據行款，刻石文字共分三段，在第一段的文字釋讀和文意理解上，我們有一些與武文不同的意見，下面試寫出來，敬請專家指正。

　　先將武文所作第一段的釋文引録如下：

　　　　黄石公，冢真（鎮）厭諸不食，還自受央（殃）。諸言（營）不可，還自受禍；諸
　　言（營）不朽，還自受其右（祐）；諸言（營）不時，還受其央（殃）。固（痼）言（營）

---

*　本文是國家社科基金青年項目“北京大學藏漢簡《日忌》《日約》兩種未刊數術文獻的整理與研究”（20CYY023）、
　　國家社科基金重大項目“簡帛陰陽五行類文獻集成及綜合研究”（20&ZD272）的階段性研究成果。

①　武利華：《“黄石公禳災鎮墓刻石”釋讀與考證》，徐州博物館編：《淮海文博》第 1 輯，2018 年，第 95—101 頁。
②　武利華：《徐州發現〈黄石公堪輿風水碑〉》，《中國民族報》2007 年 9 月 25 日第 5 版。

從東方來者,西方金伐斬之;固(痼)從南方來者,北方水引而溺煞;固(痼)從西方來者,南方火斬伐而剋之;固(痼)從北方來者,中央土引而塞之;固(痼)從四方來者,日月磨之。

爲了論述方便,我們將這段文字分作三個部分。

黃石公,冢真(鎮)厭諸不食,還自受央(殃)。

關於本句中的"不食",武文認爲:

"鎮厭諸不食"中的"不食",是把握整個碑文的關鍵。"不食"有多種理解,① 不食可以指辟穀不食之人,《論衡·道虛篇》:"世或以辟穀不食爲導術之人,謂王子喬之輩"。② 不食指孤魂野鬼,死去的人,《太平經·不可不祠訣》:"生時皆食有形之物,死當食其氣而反不食。"③ 不食指一種疾病,因病而無食慾的痼疾,《太平經·不食長生法》:"日三食乃生,朝不食一命絕,晝不食二命絕,暮不食三命絕。絕三日不食,九命絕。"不食之症古人稱爲"食噎"、"膈噎",即"膈塞閉絕,上下不通,則暴憂之病也。"碑文禳災對象的"諸不食"顯然是一種頑疾,或是因不食之症而亡的鬼。

今按所謂"食"字,照片作 ▨,拓本作 ▨。"食"字甲骨文寫作:

　　▨《合集》20961　　　　▨《合集》11483 正　　　　▨《粹》700

上象倒口形,下爲盛食器簋,會張口就食之意。在秦漢隸書中寫作:

　　▨ 睡虎地《秦》78　　　　▨《二年律令》421　　　　▨ 北大《蒼頡篇》26"餔"

上部仍可看出是由"口"形演變而來,特徵明顯且十分普遍,與刻石之字顯然不同。結合內容和字形兩方面看,該字其實應釋"良"。"良"字在商周文字中寫法較爲多樣,及至小篆,上下兩部分均有較大變化,寫作 ▨。到秦漢隸書階段,標準寫法中上部獨立爲口形,如: ▨(睡虎地《日書乙種》66)、▨(北大簡《周訓》188),在此基礎上,上部口旁呈現出不同程度的變化和簡省,從而產生如下一些變體:

一種寫法,"口"旁寫作三角形,如: ▨(居延新簡 EPT56∶334)、▨(居延新簡 EPT57.3A)。

另一種寫法,"口"旁與下部形體共用橫畫,左側豎筆連成一筆,如: ▨(居延新簡 EPT59.69)、▨(景君碑)。在這種形體基礎上,"口"旁省簡作 ▨,如: ▨(張遷碑)、▨(許安國祠堂碑)。"口"旁進一步省簡作一點,如: ▨(圉令趙君碑),楷書寫法即由此而來。

　　刻石之"良"顯然屬於第二種寫法，尤其與上引許安國祠堂碑之字近乎全同，許碑年代爲永壽三年(157 年)，而黄石公刻石爲熹平五年(188 年)之物，年代亦十分接近。且改釋之後，"良"與後文"央"字爲韻。《太平經》卷七十一"真道九首得失文訣第一百七"云："四時五行神吏爲人，使名爲具道，可降諸邪也。"陝西高陵出土東漢建和三年朱書陶瓶云："四時五行罰敬不祥。"①《地理新書》卷十四云："故氣邪精不得忏恀，先有居者，永避萬里。"②"諸不良"應該跟這些引文中的"諸邪""不祥""故氣邪精"等是一類事物，在當時人的觀念中，它們不僅會攪擾地下死者的亡靈，也會危害地上生人的生命，所以要設法鎮厭解除。

　　"良""食"二字由於在隸楷階段的寫法有相似之處，從而導致訛混，如敦煌卷子 S.6168《灸法圖》云："心腹滿，虚脹脈，不能良歈，灸一百壯，善。"句中的"良"應爲"食"字之訛。③ 在出土文獻整理中，也有因同樣原因造成誤釋文字的情況。如居延新簡 EPT48·144 中"牀良日"的"良"字，過去就曾一度被釋作"食"。④ 又如著名的萊子侯刻石"良"字作 🀆，也有不少釋文誤作"食"。⑤

　　了解這一情況，可以爲我們正確解讀香港中文大學文物館藏松人解除木牘文字中一段話提供幫助。牘文云："死者洛子，日時不食，復重拘校，與生人相妨，故作松柏人以解咎殃。"⑥所謂"食"字寫作 ▨，字形符合隸楷階段"食"字的書寫特徵，釋讀無誤。但如結合文意，我們認爲當看作"良"之誤字。墓主人"洛子"的死亡時間"復重拘校，與生人相妨"，其日時自然屬於"不良"，所以才用松柏人來解殃除咎。2007 年，臨潼新豐鐵路編組站長條村取土場 M1 出土鎮墓陶罐上有朱書文字云："郭伯陽以五月六日死=(死，死)日不吉，時不良……"⑦2011 年咸陽五陵原渭城區東漢墓 M3、M6 各出土建和二年(公元 148 年)朱書陶瓶一件，其上均有"死者去時不良"之語。⑧ 這兩處朱書文字無疑可以証明我們的看法。

---

① 劉衛鵬：《陝西高陵出土的東漢建和三年朱書陶瓶》，《文物》2009 年第 12 期。

② 除此之外，"故氣邪精"還常見於歷代買地券。參毛遠明：《釋"忏恀"》，《中國語文》2008 年第 4 期。

③ 沈澍農：《中醫古籍用字研究》，學苑出版社，2007 年，第 337 頁。

④ "良"字從陸平先生改釋，參氏著：《散見漢日書零簡輯證》，南京師範大學碩士論文，2009 年，第 56 頁。"牀"字的釋讀，參拙文：《簡帛數術文獻字詞札記》，《簡帛》第 21 輯，上海古籍出版社，2020 年。

⑤ 早期著録如瞿中溶《古泉山館金石文編》即釋作"食"。這一誤釋在近年的論著中仍然存在，如徐玉立主編：《漢碑全集》(一)，河南美術出版社，2006 年，第 63 頁；張桂光：《萊子侯刻石跋》，《古文字論壇》第 2 輯，2016 年。

⑥ 陳松長編著：《香港中文大學文物館藏簡牘》，香港中文大學文物館，2001 年，第 112 頁。斷句從連劭名，參連邵名：《建興廿八年"松人"解除簡考述》，《世界宗教研究》1996 年第 3 期。

⑦ 西安市文物保護考古所編著：《西安東漢墓》，文物出版社，2009 年，第 867—868 頁。

⑧ 釋文參孔德超：《東漢建和二年鎮墓文校正》，《中國文字研究》第 28 輯，上海書店出版社，2018 年，第 95—100 頁。

諸言(讆)不可,還自受禍;諸言(讆)不朽,還自受其右(祐);諸言(讆)不時,還受其央(殃)。

這幾句話中的"言"字,武文均破讀爲"讆",其具體論述爲:

> 文中的"諸言不可"、"諸言不朽"、"諸言不時"中的"言"不作言語講,爲"讆"字的簡寫。"讆"爲古"愆"字,指災禍或嚴重的疾病。《左傳·昭公二十六年》記王子朝語云:"至於夷王,王愆於厥身。"杜預注:"惡疾也。""言"爲"愆"的例子很多,《周易》有"鴻漸於干,小子厲,有言,無咎。"聞一多《周易義證類纂》:"《易》凡言'有言'讀爲'有愆'。"

《周易》屢見之"有言"是否如聞氏所説讀作"有愆",學界看法並不統一,我們在此不作討論。就刻文行文來看,"諸言"其實不用破讀。"諸言"爲古書習語,其義與"凡言"相近,帶有舉例性質。如《史記·劉敬叔孫通列傳》:"言反者下吏,非所宜言,諸言盜者皆罷之。"《詩·邶風·簡兮》:"碩人俣俣,公庭万舞。"孔穎達疏:"碩者,美大之稱。故諸言'碩人'者,傳皆以爲大德。"《山海經·大荒東經》:"帝俊生黑齒。"郭璞注:"諸言生者,多謂其苗裔,未必是親所産。"《鬼谷子·捭闔》:"諸言法陽之類者皆曰始,言善以始其事;諸言法陰之類者皆曰終,言惡以終爲謀。"我們認爲首句"黃石公冢真(鎮)厭諸不良,還自受央(殃)"是總説,"諸言"之後則是用舉例方式來具體説明。

此外,三例"諸言"之後的文字在釋讀上也存在一定問題。所謂"朽"字,照片作 ,左旁明顯不從木,頗疑是"工"旁之誤刻,因此整字可釋作"巧"。"時"字照片作 ,拓本作 ,右旁筆畫較爲凌亂,我們在初稿中認爲武文的釋讀可疑,將此字改釋爲"勝",但細審左旁從日無誤,因此我們的意見顯然並不可信。鄔可晶先生提示我們下文所謂"央"字與刻文其他"央"字寫法有別,且前後出現兩次"還受其央"也比較奇怪,他懷疑所謂"央"可能是"災"之誤釋。按,此處所謂"央"字作 ,前文確切的"央"字作 ,差別確實明顯。"災"與"時"同屬之部,從押韻角度考慮,"時"與"災"兩字的釋讀可以互爲支撐,因此武文和鄔先生的釋讀意見可能是符合事實的,只是兩字刻寫得比較潦草罷了。所謂"右"字,武文讀作"祐"。按該字照片作 ,拓本作 ,上部與"又"旁明顯有別,因此釋"右"也不可信,其實此字乃"咎"字異體。"咎"字隸書正常寫作 (熹平石經),但右上"卜"形有時省作一點,如 (居延新簡 EPT59:556)、(武威《儀禮甲本·服傳》26)、(建和三年朱書陶瓶)等,這種異體也習見於六朝以來碑刻,敦煌卷子中也有用例。[①] 刻石之字正是這種寫法的"咎"字。改釋之後,三"諸言"分別對應"咎""禍""災",文意前後統一。並

---

① 毛遠明:《漢魏六朝碑刻異體字典》,中華書局,2014 年,第 446 頁。張涌泉:《敦煌俗字研究(第二版)》,上海教育出版社,2015 年,第 377 頁。

且“諸言”領起的三個短句中，“可”“禍”押歌部韻，“巧”“咎”押幽部韻，“時”“災”押之部韻。“不可”“不巧”“不時”，應該是“諸不良”中的三類典型代表，如不對它們采取措施，就會爲害死者或生人，而藉助黄石公的神力可以使之自受禍殃。至於它們的具體含義，目前尚不能準確理解，總之是一些不該出現而出現的殃咎。

固（痼）言（詟）從東方來者，西方金伐斬之；固（痼）從南方來者，北方水引而溺煞；固（痼）從西方來者，南方火斬伐而尅之；固（痼）從北方來者，中央土引而塞之；固（痼）從四方來者，日月磨之。

關於這一段中的幾個“固”字，武文認爲：

> “固”是一個多意字，本意爲四面閉塞，這裏的“固”通“痼”，“痼”是一種積久難愈的頑疾。《玉篇·疒部》：“痼，久病也。”《吕氏春秋》：“國多痼疾，命之曰逆。”《後漢書·皇甫規傳》：“臣素有痼疾。”《後漢書·周章傳》：“鄧太后以皇子勝有痼疾。”漢延熹元年《鄭固碑》：“以及錮辭，未滿期限。”錮、痼、固互通，這裏的“固”就是所謂氣血不和、胃氣不順的“不食”之疾。首句“固（痼）言（詟）”爲同義複詞，其他四處“固”省略了“言”，同爲疾病的意思。該段以五行相尅的原理，對於來自東、西、南、北各方向的痼愆給予鎮厭方案。

前文已對“諸言”作了辨析，這裏“固言”之“言”自然也不宜按照武文的意見讀作“詟”，進而與之連言的“固”字如何解釋也應重新考慮，因爲“痼言”是無法講通的。我們認爲此處“固”應讀“故”，“故”作爲虛詞時，有多種不同意義和用法，其中一種與“若”相近。如《禮記》云：“若無禮，則手足無所措”，《孔子家語·論禮》寫作“故無禮”。《戰國策·楚策》：“陳軫習於三晋之事，故逐之，則楚無謀臣矣。”《賈子·連語》云：“故材性乃上主也，賢人必合，而不肖人必離，國家必治，無可憂者也；若材性下主也，邪人必合，賢正必遠，坐而須亡耳，又不可勝憂矣。”同書《修正語》云：“故使人味食然後食者，其得味也多；若使人味言然後聞言者，其得言也少。”此二例“故”“若”互文，尤其能够説明問題。這種用法的“故”有時就寫作“固”，如《新序·雜事第五》：“固賢人也，任之未晚也。”刻文這一部分仍是針對首句“諸不良”所作的闡發，是説根據五行相尅原理，針對從不同方向來的“諸不良”當如何應對，“固”解作“若”可謂文從字順。

最後一句“日月磨之”，武文認爲“‘磨’有以石碾壓泯滅的意思”。侯馬盟書習見“麻夷非是”一語，經朱德熙、裴錫圭先生考證，其與《公羊傳》“昧〈眛〉雉彼視”爲一語之轉，麻、昧通作蔑，是消滅的意思。[1]“磨”從“麻”得聲，刻文中用作消滅義也許就是侯馬盟書

---

[1]　朱德熙、裴錫圭：《戰國文字研究六種·侯馬載書“麻夷非是”解》，《朱德熙文集》第5卷，商務印書館，1999年，第31—32頁。

用法的延續。①

　　再回到刻文起始部分,武文認爲"該石發現的地點與黄石公冢並無直接關係,因此,該句的斷句不是'黄石公冢',而是'黄石公,冢鎮厭……'",按該墓葬與黄石公本人之墓没有關係,這是毫無疑問的,但是"冢"字屬下讀似乎也不好理解。值得注意的是,武文提到刻石碑額刻有一人的面部,只不過由於原石殘缺,只存鼻、嘴和鬚髯,且鼻子的位置似刻有銘文,但已漫漶不清。我們在徐州漢畫像石藝術館參觀時也觀察到了這一特徵,並且注意到刻石整體形狀並不作方正的石碑,特别是中部兩側削成圓弧狀,使得刻石整體看來酷似人形(如圖一所示)。② 因此我們大膽猜想:刻石上刻畫的,或者説刻石本身所代表的人物形象可能就是黄石公。這與將同樣用於鎮墓的松柏木牘做成人形如出一轍,圖二所示揚州城北鄉三星村出土五代解除木人可資對比。③ 黄石公故事見諸《史記》,傳説其原形爲黄石,用石頭來表現其形象或與此有關。黄石公在道教中有一定地位,《搜神記》卷四記有黄石公神祠。後世堪輿書則多有託名黄石公者,如唐代孫季雍所

圖一　　　　　　　　　　　　　圖二

① 看校追記:本文對所謂"磨"字的認識有誤。陳劍先生在成都中醫藥大學講座(2022 年 10 月 10 日)時指出此字應釋爲"磿(歷)",讀爲"轢",表"輾軋""碾壓"一類意義。

② 當然,從頭部殘缺情況來看,我們現在看到的中下部形態也可能是被毁壞斷折之後的面貌。圖像采自徐州博物館網站,https://www.xzmuseum.com/news_detail.aspx?id=19435,發布時間:2020/6/2 9:47:20。

③ Cheng Shaoxuan and Liu Gang, Newly Unearthed Wooden Figures for Averting Misfortune from Yangzhou(揚州新出土五代解除木人研究).*Bamboo and Silk*, Volume 2, Issue 1.

奏請停廢的僞爛葬書中包括《黄石公下元遷葬五行玄關玉穴經》《黄石公補氣三元神龜序三光宅經》兩書。①《宋史·藝文志》"五行類"下有《黄石公備氣三元經》一卷、《黄石公地鏡訣》一卷、《八宅》二卷。② 凡此可以反映黄石公在時人心目中和墓葬儀式中的影響力。如果此猜想成立，那麼首句可斷讀爲："黄石公冢，真（鎮）厭諸不良，還自受央（殃）。"所謂"黄石公冢"，其實就是指埋放了黄石公鎮墓刻石的墳冢。

綜合前文的討論，刻石第一段文字可以釋讀標點爲：

> 黄石公冢，真（鎮）厭諸不良，還自受央（殃）。諸言不可，還自受禍；諸言不巧，還自受其咎；諸言不時，還受其災。固（故）言從東方來者，西方金伐斬之；固（故）從南方來者，北方水引而溺煞（殺）；固（故）從西方來者，南方火斬伐而克之；固（故）從北方來者，中央土引而塞之；固（故）從四方來者，日月磨之。

以上我們對三段中内容較爲重要且問題較多的第一段進行了補釋，希望可以釐清一些不必要的誤解。誠如武文所説，熹平五年處在太平道活動的重要時期，刻文内容深受這一思潮的影響，同時該刻石也是關於黄石公最早的石刻文字資料，因而在道教考古研究方面無疑具有重要價值。

附記：本文初稿曾在 2019 年 9 月 23 日吉林大學"古文字與出土文獻"青年學者論壇上宣讀，蒙鄔可晶先生提供重要修改意見。張傳官、熊長云兩位先生慷慨提供他們拍攝的照片供我們使用。修改過程得到賀璐璐先生的幫助。在此向他們表示誠摯的感謝！

又，2019 年徐州漢畫像石藝術館編《徐州漢畫像石》收録了黄石公刻石。武文後收入武先生 2019 年出版的《徐州漢碑刻石通論》，除刻文拓片外還附有拓片黑白翻轉之後的描字圖版。同時武文 2020 年被徐州博物館網站轉載（https://www.xzmuseum.com/news_detail.aspx?id＝19435），所附照片和拓片較爲清晰。此次我們參考這些新資料對初稿進行了較大幅度的修改。

---

① 潘晟懷疑《黄石公下元遷葬五行玄關玉穴經》應爲《黄石公下元遷葬經》和《五行玄關玉穴經》兩書的誤合。説見氏著：《知識、禮俗與政治：宋代地理術的知識社會史探》，江蘇人民出版社，2018 年，第 41 頁。

② 歷代藝文經籍志記載黄石公著作情況，參余嘉錫：《四庫提要辨證》，雲南人民出版社，2004 年，第 507—508 頁。只是余書誤《八宅》爲《公宅》，卷數也誤記爲一卷。

古籍字詞新證四則

黃豔玲

（吉林大學古籍研究所）

一、縶禦之使

《吳越春秋·闔閭內傳》：

> 闔閭曰："非夫子，寡人不免於縶禦之使。今幸奉一言之教，乃至於斯。何爲中道生進退耶？"

此段話中的"夫子"指伍子胥。有關"縶禦"一詞的注解，諸家有不同的看法。薛耀天《吳越春秋譯注》注"縶禦"云："縶禦，拘禁。徐乃昌引盧氏云：'禦、圄同'。"①黃仁生《新譯吳越春秋》、②劉玉才《吳越春秋選譯》③從之。張覺《吳越春秋校正注疏》云："縶，用繩索栓縛馬足。《楚辭·九歌·國殤》：'霾兩輪兮縶四馬。'禦，抵禦。縶禦之使：栓縛馬足、抵禦敵人的差使。指奉命出外征戰殺敵。"④

不過，上述兩種解釋似有可商榷之處。闔閭不爭王位，仍是吳國貴族公子，不至拘於囹圄，就像其兄弟季札仍可周遊列國。張覺之説也缺乏證據。張覺以爲闔閭若不能成爲吳王，就可能要外出征戰。其實，即使闔閭爭得王位，也是要帶兵打仗的，春秋時君主親自帶兵是很常見的的事，如晋文公城濮之戰對戰楚國，宋襄公帶領率領大軍參加泓水之戰等。事實上闔閭正是在與越國的戰爭中受傷而死。結合文意，我們認爲縶即執字，禦通御。"執御"一詞，典籍有見，《勾踐入臣外傳》中説："越王再拜跪伏，吳王乃引越

---

① 薛耀天：《吳越春秋譯注》，天津古籍出版社，1992年，第97頁。

② 黃仁生：《新譯吳越春秋》，（臺）三民書局，2009年，第67頁。

③ 劉玉才：《吳越春秋選譯》，巴蜀書社，1991年，第35頁。

④ 張覺：《吳越春秋校正注疏（增訂本）》，嶽麓書社，2019年，第86頁。

王登車,范蠡執御,遂去。"《史記·孔子世家》:"子聞之曰:'我何執? 執御乎? 執射乎? 我執御矣。'"執御即駕車,執御之人就是馬夫。《史記·管晏列傳》:"假令晏子而在,余雖爲之執鞭,所忻慕焉。"《索隱》云:"太史公之羨慕仰企平仲之行,假令晏生在世,己雖與之爲僕隸,爲之執鞭,亦所忻慕。"① 執鞭與執御意思相近,太史公願爲晏子駕車,其實也不一定非要駕車,而是以願從事此卑賤之職來表達自己的崇敬之情。

《吳越春秋》中的"執御之使"也不是指公子光真給吳王僚駕車,而是一種謙稱,意思是公子光卑處下位,如牽馬墜鐙之人受吳王僚的使喚。就像太史公在《報任安書》中云"太史公牛馬走,司馬遷再拜言",稱自己爲"牛馬走",意思是自己像被牛馬驅使勞役的人,而非真正説自己是牛馬。

二、嘔養帝會

《勾踐歸國外傳》云:

> 越王曰:"寡人聞崑崙之山,乃地之柱,上承皇天,氣吐宇内,下處后土,稟受無外,滋聖生神,嘔養帝會,故帝處其陽陸,三王居其正地。"

徐天祐在"故"字下云:"'帝'字上當有'五'字。"② 張覺《吳越春秋校正注疏》、③ 黃仁生《新譯吳越春秋》、④ 薛耀天《吳越春秋譯注》⑤ 都把"會"字理解爲都會,"嘔養帝會",意爲(崑崙山是)養育帝王的都會。文獻記載崑崙山上有帝王居住,《山海經·海内北經》:"帝堯臺、帝嚳臺、帝丹朱臺、帝舜臺,各二臺,臺四方,在崑崙東北。"《竹書紀年·穆王》:"十七年,王西征昆侖丘,見西王母。"⑥《穆天子傳》卷二:"吉日辛酉,天子升於崑崙之丘,以觀黃帝之宮,而豐隆之葬,以詔後世。"《淮南子·地形訓》:"崑崙之丘……或上倍之,乃維上天,登之乃神,是謂太帝之居。"《漢書·揚雄傳上》:"配帝居之縣圃兮,象泰壹之威神。"服虔曰:"曾城、縣圃、閬風,昆侖之山三重也,天帝神在其上。"⑦ 可以看出,崑崙山上居住着不少帝王仙人,但因此把"會"理解爲都會,文意似有不通。

① 〔漢〕司馬遷撰,〔宋〕裴駰集解,〔唐〕司馬貞索隱,〔唐〕張守節正義:《史記》,中華書局,2014 年,第 2601 頁。
② 〔漢〕趙曄撰:《吳越春秋》,商務印書館,1937 年,卷五,第 166 頁(叢書集成初編本)。
③ 張覺:《吳越春秋校正注疏(增訂本)》,嶽麓書社,2019 年,第 86 頁。
④ 黃仁生:《新譯吳越春秋》,(臺)三民書局,2009 年,第 269 頁。
⑤ 薛耀天:《吳越春秋譯注》,天津古籍出版社,1992 年,第 321 頁。
⑥ 〔梁〕沈約注,〔明〕范欽訂:《竹書紀年》,嘉靖中四明范氏天一閣刊本,卷十第 9 頁。
⑦ 〔漢〕班固:《漢書》,中華書局,1964 年,第 3526 頁。按《竹書紀年》與中華書局本《漢書》"崑崙"作"昆侖",本文據引書仍寫作"昆侖"。

我們認爲此處的"會"當通爲"裔","帝會"即帝裔,意思是帝王的後裔。《左傳·昭公二十年》:"梁丘據與裔款言於公曰。"《晏子春秋·内篇·諫上》"裔款"作"會譴"。"會"與"裔"古音皆屬月部,音近可通。"嘔養帝裔"就是養育帝王的後裔。崑崙之山氣吐宇内,稟受萬象,正是滋養聖神、養育帝王後人的好地方,"上有木禾,其脩五尋,珠樹、玉樹、琁樹、不死樹在其西,沙棠、琅玕在其東,絳樹在其南,碧樹、瑶樹在其北",①因此五帝三王才在此居住。《淮南子·地形訓》:"禹乃以息土填洪水以爲名山,掘崑崙虚以下地,中有增城九重,其高萬一千里百一十四步二尺六寸。"按照《淮南子》的説法,似乎是大禹創建了崑崙山上的宮殿,但這種説法目前只見於此書。雖然如此,禹作爲三皇五帝中的一位,應該也居住在此山上。勾踐是大禹的後代,《史記·越王勾踐世家》云:"越王勾踐,其先禹之苗裔,而夏后帝少康之庶子也。"所以當范蠡築造的越國新都顯示出崑崙之象時,也預示了身爲大禹後裔的越王,能得帝王之化,稱霸一方。

三、男 女 及 信

《吴越春秋·勾踐陰謀外傳》:

> 越王曰:"何謂'死生''真僞'乎?"
>
> 計硯曰:"春種八穀,夏長而養,秋成而聚,冬畜而藏。……夫天時有生,勤者老,作者少,反氣應數,不失厥理,一生也;留意省察,謹除苗穢,穢除苗盛,二生也;前時設備,物至則收,國無逋税,民無失穗,三生也;倉已封塗,除陳入新,君樂臣歡,男女及信,四生也。"

"男女及信",張覺《吴越春秋校正注疏》譯作"男男女女相互信任",②薛耀天《吴越春秋譯注》譯作"男女都很誠實",③黄仁生《新譯吴越春秋》譯作"男女百姓無不信從",④劉玉才《吴越春秋選譯》譯作"男女百姓也會信從"。⑤

按此上文注釋不甚確切,"及"字似略而不譯。且除陳納新,君臣歡樂,人民信從,又何必特言"男女"? 此"男女"應指男女之情。男女相合,孕育生命,增加人口,這是社會充滿活力的表現,也是國家生存,興越滅吴的重要保障。《管子·重令》:"地大國富,人

① 何寧撰:《淮南子集釋》,中華書局,1998年,第323頁。

② 張覺:《吴越春秋校正注疏(增訂本)》,嶽麓書社,2019年,第346頁。

③ 薛耀天:《吴越春秋譯注》,天津古籍出版社,1992年,第374頁。

④ 黄仁生:《新譯吴越春秋》,(臺)三民書局,2009年,第307頁。

⑤ 劉玉才:《吴越春秋選譯》,巴蜀書社,1991年,第307頁。

衆兵强,此霸王之本也。"連年的戰争,男性大量戰死,男女失時,民生凋敝。《墨子·辭過》云:"是以天下之男多寡無妻,女多拘無夫,男女失時,故民少。"[①]《墨子·節葬下》:"是故百妻姓冬不仞寒,夏不仞暑,作疾病死者不可勝計也。此其爲敗男女之交多矣。"《韓詩外傳》卷三第十九章:"太平之時,民行役者不踰時,男女不失時以偶。"《管子·七法》:"定宗廟,育男女,天下莫之能傷,然後可以有國。"今越國保存,得以休養生息,不敗男女相合之時,那麼"及信"似可以理解爲男女及時婚嫁,如此才可繁育子民,强大越國。《周禮·地官·媒氏》:"男三十而娶,女二十而嫁。"當然,婚嫁時間也非完全固定,在男女身體發育完全及進入壯年即可。《孔子家語·本命解》:"公曰:'男子十六精通,女子十四而化,是則可以生民矣。而禮男子必三十而有室,女子必二十而有夫也,豈不晚哉?孔子曰:'夫禮言其極,不是過也。男子二十而冠,有爲人父之端;女子十五許嫁,有適人之道。於此而往,則自婚矣。'"所謂"男大當婚,女大當嫁",便是這一現象的寫照。及時婚嫁是繁育人口,維持社會穩定的重要方式,所以歷代統治者對此十分重視,甚至不惜頒布强制性政令,《墨子·聖王》云:"昔者聖王爲法曰'丈夫每二十,無敢不處家;女子每十五,無敢不事人'。"《説苑·貴德》:"桓公之平陵,見家人有年老而自養者,公問其故,對曰:'吾有子九人,家貧無以妻之,吾使傭而未返也。'桓公取外御者五人妻之,管仲入見曰:'公之施惠不亦小矣。'公曰:'何也?'對曰:'公待所見而施惠焉,則齊國之有妻者少矣。'公曰:'若何?'管仲曰:'令國丈夫二十而室,女子十五而嫁。'"《勾踐伐吳外傳》中越王勾踐曰:"寡人不能爲政,將率二三子以蕃。令壯者無娶老妻,老者無娶壯婦。女子十七未嫁,其父母有罪;丈夫二十不娶,其父母有罪。將免者以告於孤,令醫守之。"男女不以時婚嫁,其父母有罪,這正是"失信"的懲罰。《漢書·惠帝紀》:"女子年十五以上至三十不嫁,五算。"女子過了三十歲不嫁人,就要繳納五倍的算賦。種種措施都爲促進男女相合,積極繁育人口,如此國家才能興旺,即計硯所言第四生也。

四、皆 應 皆 對

《韓非子·八姦》:

> 二曰在旁。何謂在旁?曰:"優笑侏儒,左右近習,此人主未命而唯唯,未使而諾諾,先意承旨,觀貌察色,以先諸心者也。此皆俱進俱退,皆應皆對,一辭同軌以移主心者也。"

---

① "男女"之"女"原作"子",據孫詒讓《墨子間詁》改。孫詒讓撰,孫啓治點校:《墨子間詁》,中華書局,2001年,第37頁。

其中"皆應皆對"一句注云:"謂君所欲進,則左右近習俱共進之;所欲退,則俱共退之。命之則皆應,問之則皆對。"陳奇猷案:"此謂優笑、侏儒、左右近習相與比周,同其進退,即下文同軌。人主有所問,彼輩應對如出一口,即下文一辭。"①

相對於舊注,陳氏所言更符合文意。"俱進俱退",意在強調左右近習之人行動一致。對於主上的問話,也應該是共應共對,言詞一致,而非有問必答,因爲有問必答,左右回答的内容不一定都能相同,不能與下文"一辭同軌"相對應。如此"皆"字從文意上講應通爲"偕","皆""偕"通假之例,古籍習見。《書·湯誓》:"予及汝皆亡。"《孟子·梁惠王上》引皆作偕。《詩·秦風·無衣》:"與子偕行。"《漢書·趙充國辛慶忌傳贊》引偕作皆。②《秋胡變文》:"今將心求學,勤心皆於古人,三二年間,定當歸舍。"注云:"原文'皆'當爲'偕',偕,比並。"③《吕氏春秋·離俗覽·上德》:"小民皆之。"高注:"皆公己也。"于省吾云:"按注說望文生義,不可爲據。皆、偕古字通。"④上博簡四《逸詩·交交鳴鳥》簡 3"皆上皆下",簡 4"皆小皆大",馬承源讀"皆"爲"偕"。⑤ 阜陽漢簡《詩經·邶風》簡 S027:"[與]子皆老",⑥"皆",今本作"偕"。

在本文中,"偕應偕對"指一起回應君主的問題,上承前文之"俱進俱退",下與後文"一辭同軌"相對應。《韓非子·内儲説上七術》魯哀公問於孔子曰:"鄙諺曰:'莫衆而迷',今寡人舉事與群臣慮之,而國愈亂,其故何也?"孔子對曰:"明主之問臣,一人知之,一人不知也。如是者,明主在上,群臣直議於下。今群臣無不一辭同軌乎季孫者,舉魯國盡化爲一,君雖問境内之人,猶不免於亂也。"⑦魯君問臣下,臣下回答言辭相同,如出一人之口,正可作爲"偕應偕對"的注脚。

① 陳奇猷校注:《韓非子集釋》,上海人民出版社,1974 年,第 155 頁。

② 高亨纂著,董治安整理:《古字通假會典》,第 517 頁。

③ 項楚:《敦煌變文選注》,巴蜀書社,1990 年,第 279 頁。

④ 于省吾:《雙劍誃諸子新證》,上海書店出版社,1999 年,第 393 頁。

⑤ 馬承源:《上海博物館藏戰國楚竹書(四)》,上海古籍出版社,2004 年,第 176—177 頁。季旭昇讀"皆"爲"諧"(季旭昇:《〈上海博物館藏戰國楚竹書(四)〉讀本》,(臺)萬卷樓圖書股份有限公司,2007 年,第 40—42 頁)。廖名春讀爲本字,訓嘉(廖名春:《楚簡〈逸詩·交交鳴鳥〉補釋》,《中華文化研究》,2005 年第 1 期,14—15 頁)。

⑥ 胡平生、韓自强:《阜陽漢簡詩經研究》,上海古籍出版社,1988 年,第 2 頁。

⑦ 王先慎撰,鐘哲點校:《韓非子集解》,中華書局,1998 年,第 234 頁。

圖書在版編目(CIP)數據

"古文字與出土文獻"青年學者論壇(2019)論文集 /
吉林大學中國古文字研究中心編. —上海:上海古籍出
版社,2023.4

ISBN 978-7-5732-0666-4

Ⅰ.①古… Ⅱ.①吉… Ⅲ.①漢字-古文字學-文集
②出土文物-文獻-中國-文集 Ⅳ.①H121-53
②K877.04-53

中國國家版本館 CIP 數據核字(2023)第 058955 號

"古文字與出土文獻"青年學者論壇(2019)論文集

吉林大學中國古文字研究中心　編

上海古籍出版社出版發行

(上海市閔行區號景路 159 弄 1-5 號 A 座 5F　郵政編碼 201101)

(1) 網址：www.guji.com.cn

(2) E-mail：guji1@guji.com.cn

(3) 易文網網址：www.ewen.co

上海惠敦印務科技有限公司印刷

開本 787×1092　1/16　印張 15　插頁 2　字數 285,000

2023 年 4 月第 1 版　2023 年 4 月第 1 次印刷

ISBN 978-7-5732-0666-4

K·3358　定價：88.00 元

如有質量問題,請與承印公司聯繫